Peter Himmelhuber

Wasser im Garten

Naturnahe Teiche, Bachläufe und Badestellen selbst bauen

ökobuch

Bibliografische Information der Deutschen Nationalbibliothek

Die Deutsche Nationalbibliothek verzeichnet diese Publikation in der Deutschen Nationalbibliografie; detaillierte bibliografische Angaben sind im Internet unter http://dnb.d-nb.de abrufbar.

Unsere Bücher werden nach höchsten Ansprüchen an Nachhaltigkeit und Ökologie produziert und wir optimieren ständig weiter:

- Papiere und Pappen sind FSC® oder PEFC™ zertifiziert
- Druckfarben auf Pflanzenölbasis
- Druckplattenbelichtung komplett chemiefrei
- Klebstoffe lösungsmittelfrei
- 100% Öko-Strom bei Druck und Bindung
- Müllvermeidung und Recycling bei der Produktion
- kurze Wege, gedruckt in Deutschland

FSC
www.fsc.org
MIX
Papier aus verantwortungsvollen Quellen
FSC® C043106

ISBN 978-3-936896-71-8

3. Auflage 2022

Königstr. 43, 26180 Rastede
E-Mail: verlag@oekobuch.de
http://www.oekobuch.de

Alle Fotos auf dem Umschlag stammen vom Autor.

Druck: Grafisches Centrum Cuno, Calbe

Inhaltsverzeichnis

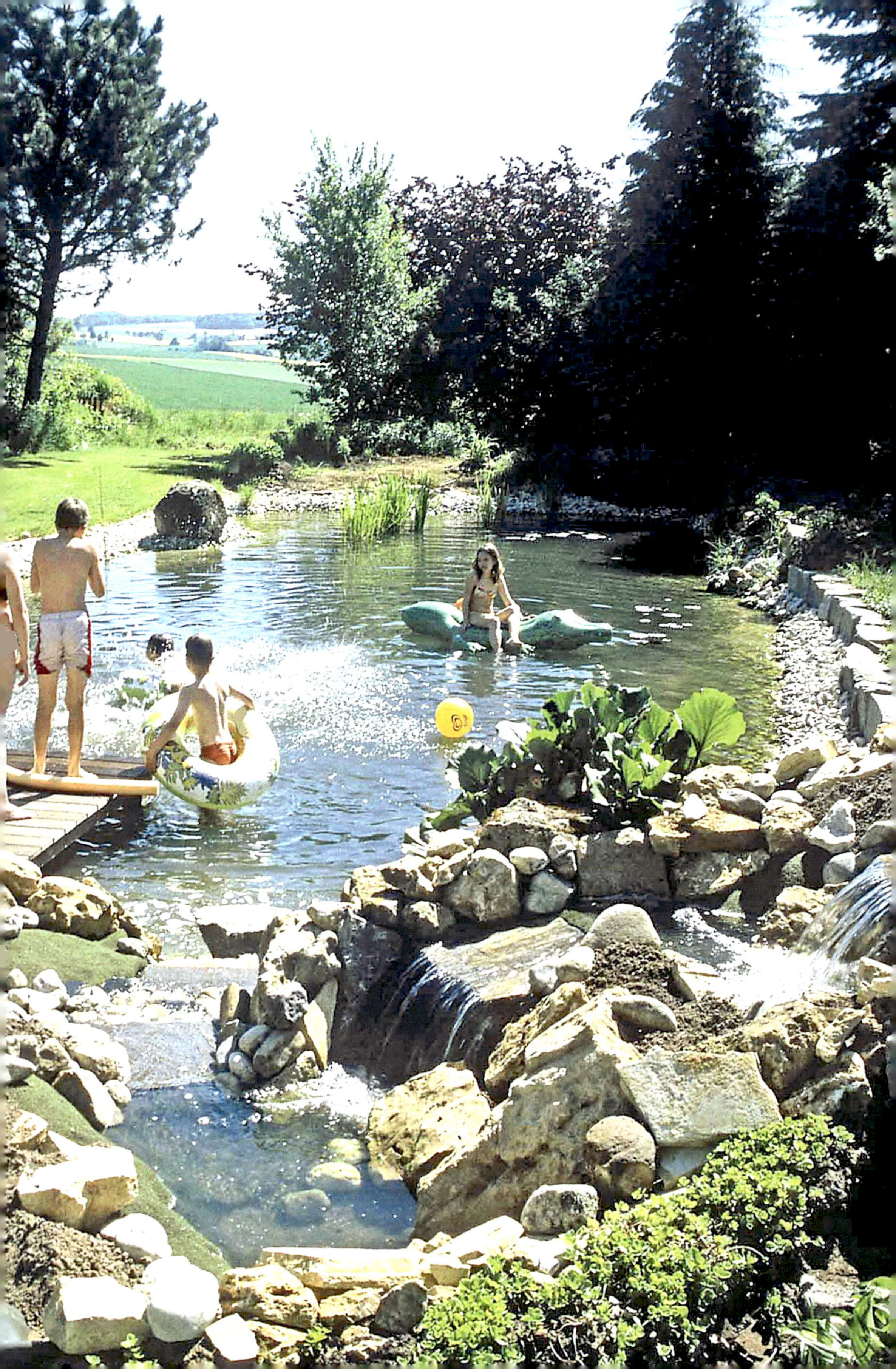

1 Wasser

Lebensnotwendig für Menschen, Tiere und Pflanzen

Mit dem Wasser ist es wie mit vielen Lebensmitteln und Gegenständen: Ihr Wert wird oft erst dann deutlich, wenn sie fehlen. Während ein Mangel an Trinkwasser schon nach wenigen Tagen lebensbedrohend wirkt, wird der Wassermangel im Garten besonders bei Hitzeperioden deutlich sichtbar. Empfindliche Pflanzen beginnen nach kurzer Zeit ohne Wasserzufuhr zu erschlaffen. Wert und Nutzen des Wassers werden aber auch an solchen Plätzen deutlich, an denen es als Gestaltungsmittel fehlt. Gärten ohne Wasserstellen in Form von Brunnen, Teichen oder Bächen wirken lebloser als Anlagen mit stehendem oder sprudelndem Nass.

Nicht nur die Pflanzen sind auf Wasser angewiesen, sondern auch die Tiere. Wer einen Teich oder eine Wasserstelle baut, kann es beobachten: Schon bald werden sich dort durstige Singvögel einfinden; Libellen kommen sogar bereits während des Teichbaus in den Garten – als ob sie wüssten, dass es hier bald Wasser geben wird. Unverzichtbar ist das flüssige Element für Tiere, die darin leben, wie Fische, Frösche und Molche. Auch viele Insekten siedeln sich nur dann im Garten an, wenn sie eine Wasserstelle vorfinden. Fische und Lurche sind sogar standorttreu; sie können alt werden, wenn ihnen die Lebensbedingungen behagen. Die Wasserstelle muss allerdings so tief sein, dass sie an kalten Wintertagen nicht bis zum Grund durchfriert. Zudem ist ein geschütztes Umfeld nötig, damit die Tiere ungestört sind oder Ruheplätze für den Rückzug finden. Nicht zuletzt haben auch Haustiere wie Katzen oder Hunde einen Nutzen von einer Wasserstelle im Garten.

Aber nicht nur zu wenig Wasser, auch zu viel davon kann schädlich wirken. Überschwemmungen nach anhaltenden Regenfällen, bedingt durch konsequente Entwässerung und die Kanalisierung und Begradigung der Flüsse, hinterlassen immer wieder erhebliche Schäden in der Natur sowie an Gebäuden. Umso wichtiger ist es, den Wasserläufen wieder mehr Ausbreitungsflächen einzuräumen. Die Renaturierung von Fluss- und Bachläufen sowie das Schaffen von Überflutungsgebieten hat im Rahmen der Landschaftsgestaltung mittlerweile wieder

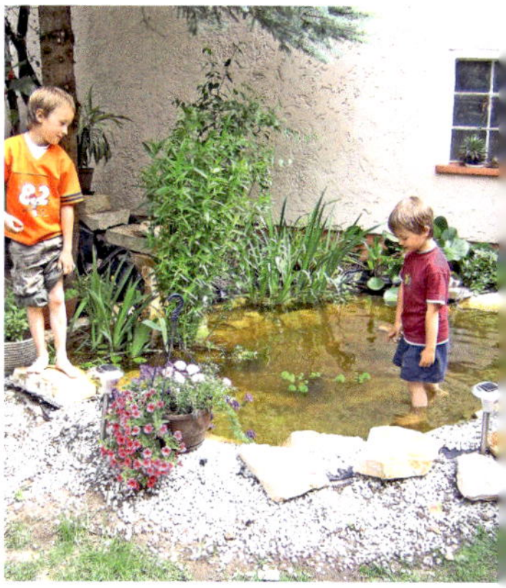

1.1 Ein Kneipp-Bad erfrischt. Wassertreten im Kleinteich (s. Baubeispiel 5.2, Seite 34 ff).

1.2 Blühender Blutweiderich *(Lythrum salicaria)*

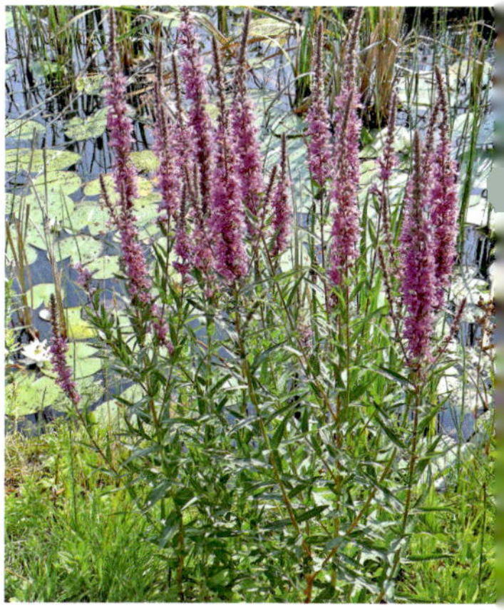

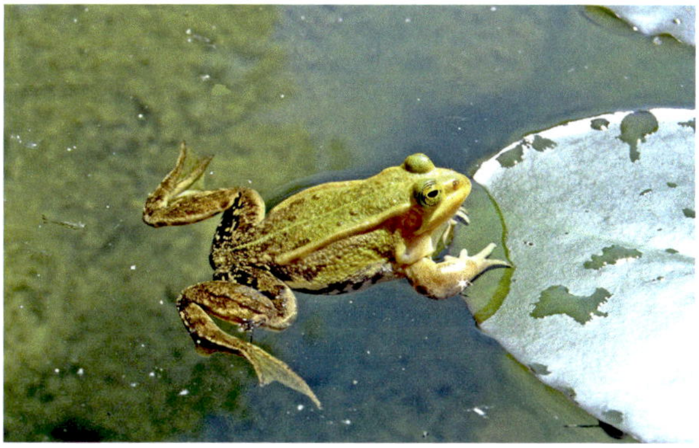

1.3 Wasserfrosch mit Schwimmhilfe

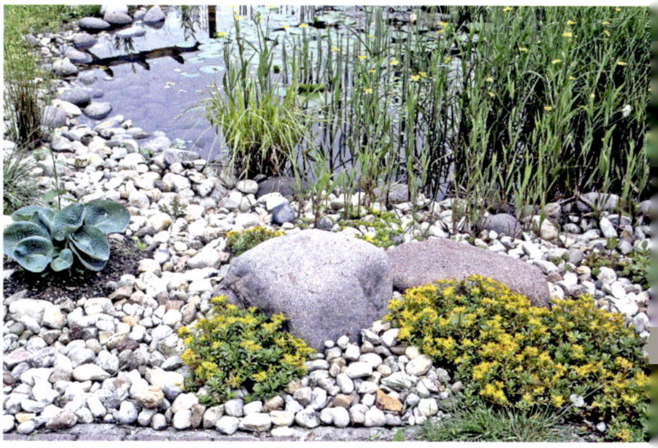

1.4 Teich mit Kiesbeet

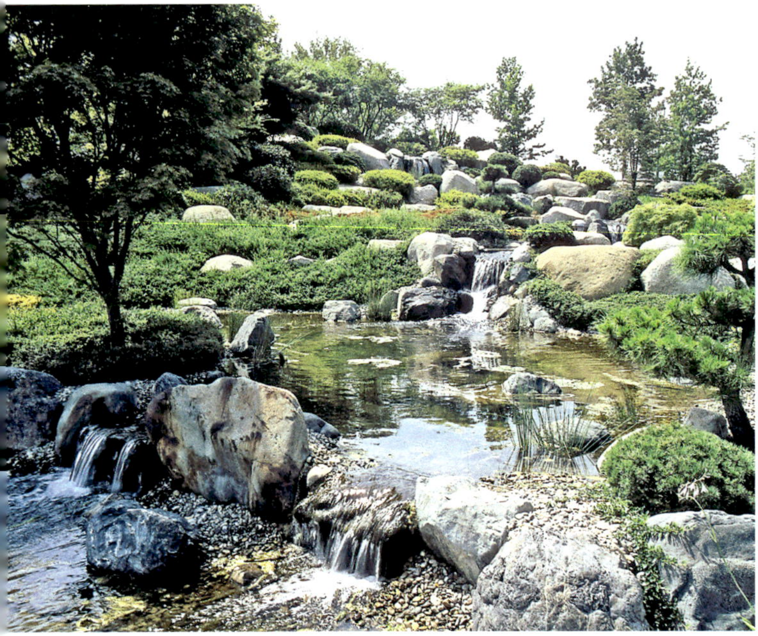

1.5
In japanischen Gärten ist Wasser ein wesentliches Gestaltungselement. Die geschickte Anlage und Platzierung von Natursteinen und Pflanzen macht außergewöhnliche Wassergärten möglich.

größere Bedeutung erlangt. Auch im Garten sind Beiträge zum Wasserrückhalt möglich. So tragen eigene Zisternen und Regensammelsysteme zur Speicherung von überschüssigem Niederschlagswasser bei. Das Auffangen von Regenwasser entlastet nicht nur die Kanalisation, dieses Wasser kann auch für die Gartenbewässerung genutzt werden und hilft dann, große Mengen an wertvollem Trinkwasser einzusparen.
Wasserstellen sind also auf jeden Fall eine Bereicherung, nicht nur für die Fauna, sondern auch für die Gestaltung des Gartens. Deshalb ist der Gartenteich, die häufigste Form einer Wasserstelle, bei Gartenbesitzern sehr beliebt. Gartenteiche lassen sich in sehr unterschiedlichen Größen, passend zur Größe des Gartens realisieren. Sie können als stehendes Gewässer ganz ohne Technik ausgeführt werden, lassen sich aber durch zusätzliche Elemente wie Sprudelstein, Wasserspeier, Wasserfall oder gar durch einen Bachlauf um lebendige Gestaltungselemente erweitern, was dann auch ein gewisses Maß an Technik (z.B. eine Umwälzpumpe) erfordert.

Ein Teich im Garten kann vorrangig aus unterschiedlichen Gründen gewünscht sein:

- Als Teich für Pflanzen mit Seerosen, Schwimmblattpflanzen, Exoten u.a., aber auch mit Pflanzen für die Wasserreinigung.
- Als Teich für Tiere, der hauptsächlich Vogeltränke und Biotop für Lurche und Insekten ist, aber auch für Gold- und andere Zierfische angelegt werden kann.
- Als Teich für Menschen, der als Planschbecken, Kneippanlage, Sprudelbecken oder auch als Bade- bzw. Schwimmteich genutzt werden kann.

Außerdem sind auch andere Formen von Wasserstellen im Garten möglich, z.B. ein Sumpfbereich, ein Brunnen mit Wasserspeier, ein Springbrunnen, ein Bachlauf, der in den Teich mündet, ggf. mit Kaskaden etc.
Wie Teiche selbst angelegt werden können, ist Thema dieses Buches; dabei werden auch Projekte wie Badestellen, Bachläufe und Sumpfbeete im Einzelnen beschrieben.

2 Planung

Größe und Standort

Grundsätzlich ist es ratsam, einen Teich so groß wie möglich anzulegen, denn ein großer Teich wirkt besser und ist zudem in seinem biologischen Gefüge stabiler als ein kleiner Tümpel. In der Praxis spielt die Größe des Grundstückes natürlich eine entscheidende Rolle, denn schließlich soll sich der Teich auch gestalterisch gut in den Garten einfügen. Neben dem Teich bzw. einem Badebecken wird in den meisten Fällen noch Raum für Rasen, Gemüsebeete, für eine Staudenrabatte oder für einen Gehölzstreifen gewünscht. Bei großer Vorliebe für einen Wassergarten kann aber durchaus auch (fast) die gesamte Gartenfläche als Teich angelegt werden, wobei ein Abstand von mindestens 2 m zur Grundstücksgrenze eingehalten werden sollte.

Auf einem Reihenhausgrundstück mit 150 m² verbleibender Freifläche wird man eher einen kleinen Teich mit 10 - 30 m² Fläche vorsehen, damit noch ausreichend Platz für die Terrasse, für eine Grünfläche und für Pflanzenbeete übrig bleibt. Auch bei kleinen Teichen sind verschiedene Zonen wie eine Feucht-, Flachwasser- und Tiefwasserzone möglich. Steht auf einem großen Grundstück dagegen eine Fläche von 300 - 500 m² für den Teich zur Verfügung, kann dort ein sehr abwechslungsreicher Wassergarten angelegt werden, sogar mit kleinen Inseln. Diese können entstehen, indem beim Erdaushub hier und da Hügel erhalten bleiben oder im Zuge des Ausbaus im ausgekofferten Teichbett Sandhügel aufgeschüttet werden. Solche Inseln bieten sich nach der Begrü-

2.1
Schon ein kleiner Teich an der Terrasse ist ein wertvolles Element im Garten für Pflanze, Tier und Mensch.

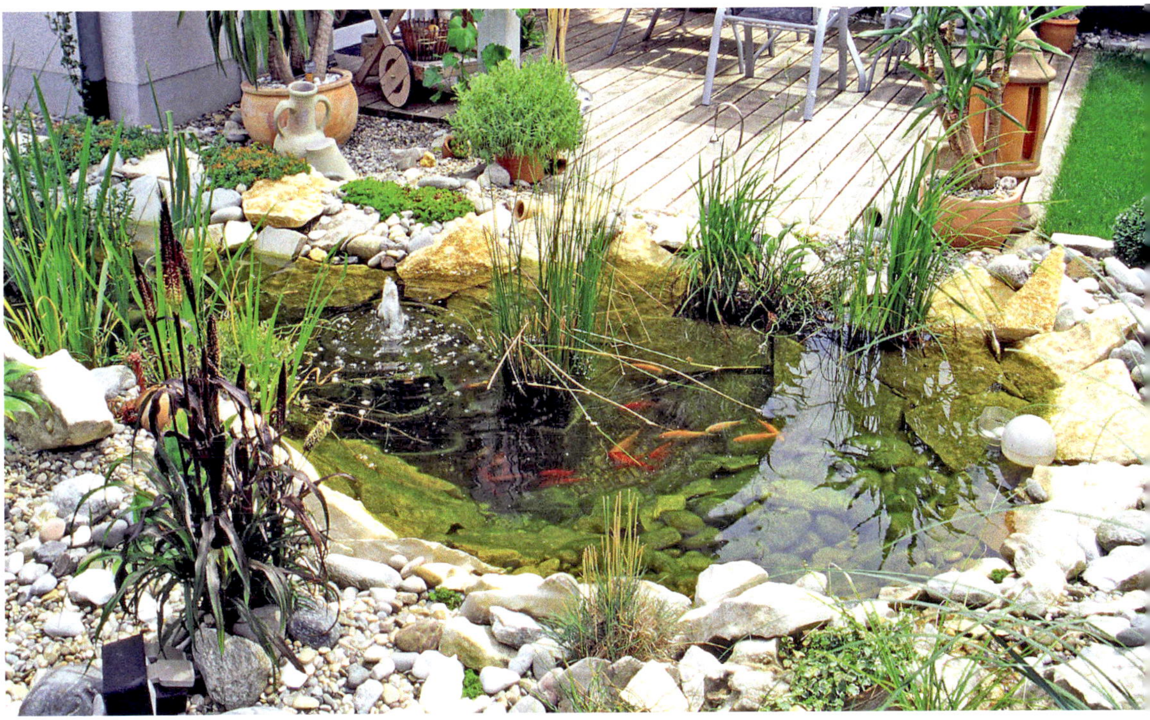

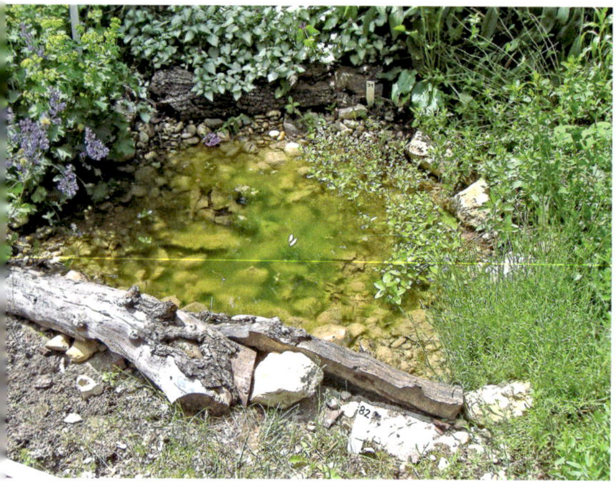

2.2 Naturbelassene Vogeltränke

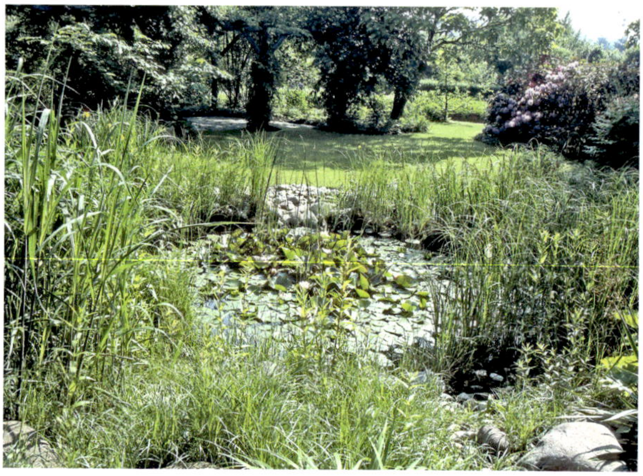

2.3 Dieser Teich ist fast zugewachsen.

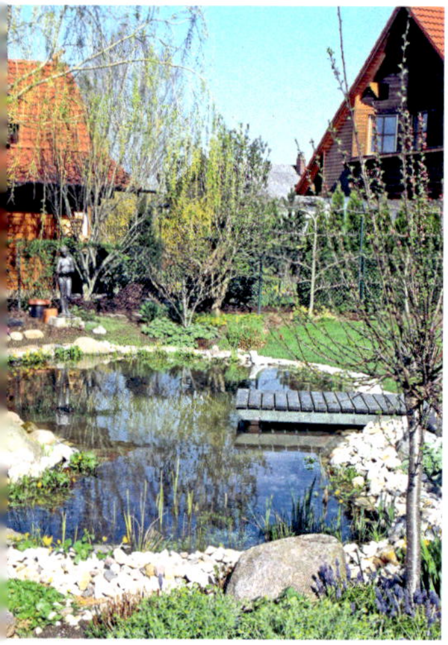

2.4
Gartenteich mit Holzsteg

nung als ideale Ruheplätze für Singvögel an. Bei kleinen Teichen ist der Einbau von Inseln bei einer Wassertiefe von mindestens 70 cm nur mit Steilwänden zu realisieren. Allerdings lassen sich in jedem Teich auch nachträglich schwimmende Inseln in Form von Pontons aus Kunststoff oder Holz einsetzen, die mit Pflanzsubstrat bestückt und begrünt werden.

Während sich kleine Teiche vielleicht noch von Hand ausheben und gestalten lassen, sind große Teiche kaum ohne den Einsatz von Maschinen, insbesondere eines Mini-Baggers für den Erdaushub zu realisieren. In bereits bestehenden, angelegten Gärten erfordert der Teichbau einen Fahrweg in den Garten, der ggf. auch durch Öffnen eines Zaunelementes geschaffen werden kann. Meist sind nach Abschluss solcher Bauarbeiten dann einige Rekultivierungsarbeiten nicht zu vermeiden.

Hinsichtlich der Lage des Teiches stellt sich die Frage: „*Lieber in der Sonne oder besser im Schatten?*". Je sonniger ein Teich gelegen ist, desto stärker erwärmt sich das Wasser und umso stärker ist die Algenbildung. Umso üppiger ist aber auch das Wachstum der Uferbepflanzung. Umgekehrt gilt: Je schattiger die Lage ist, desto langsamer ist die Pflanzenentwicklung, es sei denn, es kommen typische Schattenpflanzen zum Einsatz.

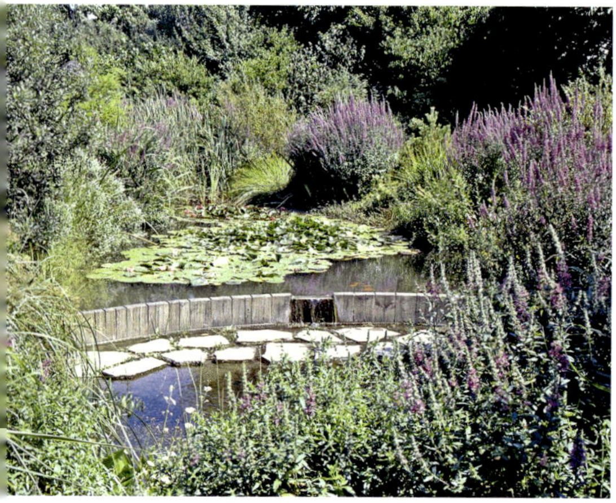

2.5 Teich mit Staustufe und Trittplatten

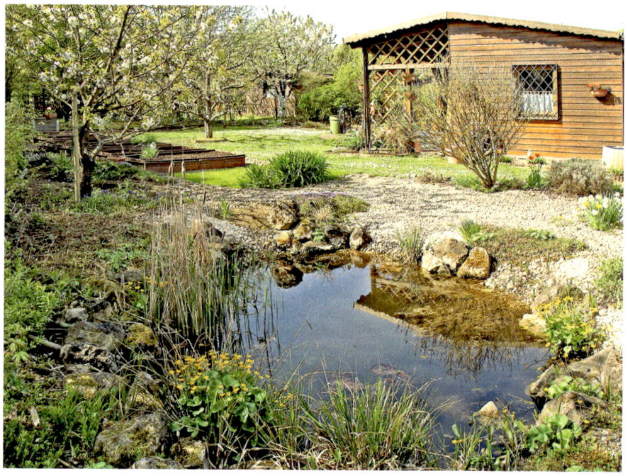

2.6 Teich in einem Schrebergarten

Eine schattige Lage direkt unter laubabwerfenden Bäumen ist aber auch nicht erstrebenswert, da durch fallendes Laub im Herbst viel Biomasse in das Wasser gelangt, die konsequent entfernt werden muss. Auch sollte der Teich dem Wurzelbereich von Bäumen nicht zu nahe kommen, damit beim Ausschachten das Wurzelwerk nicht verletzt wird.
Weiter ist zu bedenken: Je geschützter der Wassergarten liegt, desto ungestörter können sich Fauna und Flora entwickeln. Andererseits ist oftmals eine Lage in Sichtweite der Terrasse gewünscht, um den Teich und das Leben am Wasser gut beobachten zu können.
Um im Einzelfall zu einer guten Lösung zu gelangen, hilft es oft, im Zuge der eigenen Planungsüberlegungen verschiedene Lösungen hinsichtlich Lage, Größe und Form zu skizzieren und ihre Vor- und Nachteile sorgsam gegeneinander abzuwägen. Anregungen finden sich nicht nur in Zeitschriften, sondern können beim Besuch von Gartenanlagen gewonnen werden.

Das Teich-Profil

Die Form eines Teiches und sein Querschnitt, das Teichprofil, können grundsätzlich frei gestaltet werden. Teichfolien erlauben beliebige Ufer-Formen und Teichprofile. Das elastische Kunststoffmaterial lässt sich an jedes gewünschte Teichbett anpassen. Die Form der Wasserstelle sollte deshalb eher nach dem Gartengelände ausgerichtet werden als nach einer bestimmten Foliengröße. So können Folienteiche z.B. an der Terrasse teilweise direkt an den Plattenbelag angrenzen und zum Rasen hin in geschwungener Form verlaufen, wobei nahestehende Bäume oder Beete leicht ausgespart werden können.
Die Vorzüge der elastischen Folie kommen besonders bei der Gestaltung von Teichkombinationen zur Geltung, wenn z.B. in der Schwimmzone einer Badestelle steile Seitenwände auszukleiden sind, während die zugehörigen Pflanzzonen flach auslaufen sollen. Ebenso wie die Folie passen sich auch Teichvliese (Seite 16) jedem Profil an. Bei den käuflichen kleineren Fertigteichen aus Hartkunststoff sind dagegen Beckenform und Uferprofil durch das Produkt fest vorgegeben.

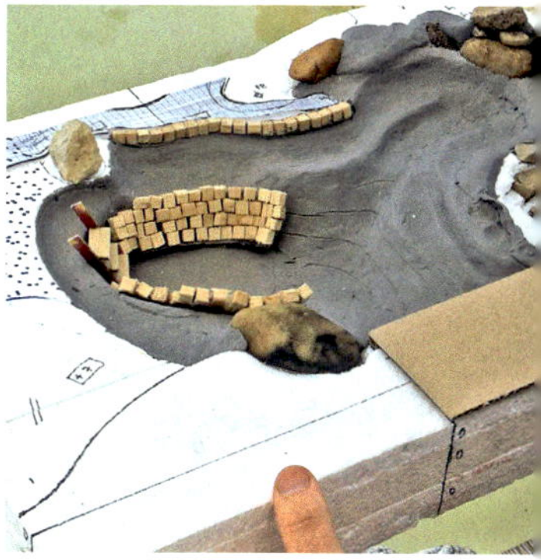

2.7
Am Modell dieses kleinen Badeteiches am Haus kann auch gleich die Ufergestaltung geplant werden.

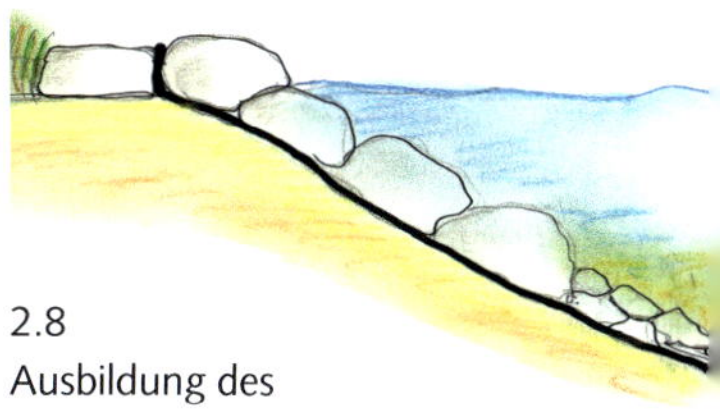

2.8
Ausbildung des Teichrandes: Die Folie wird nach oben hochgezogen und z.B. zwischen Steine eingebettet. Dadurch wird ein Einwuchern der Teichrandbepflanzung verhindert.

2.9 Teichzonen

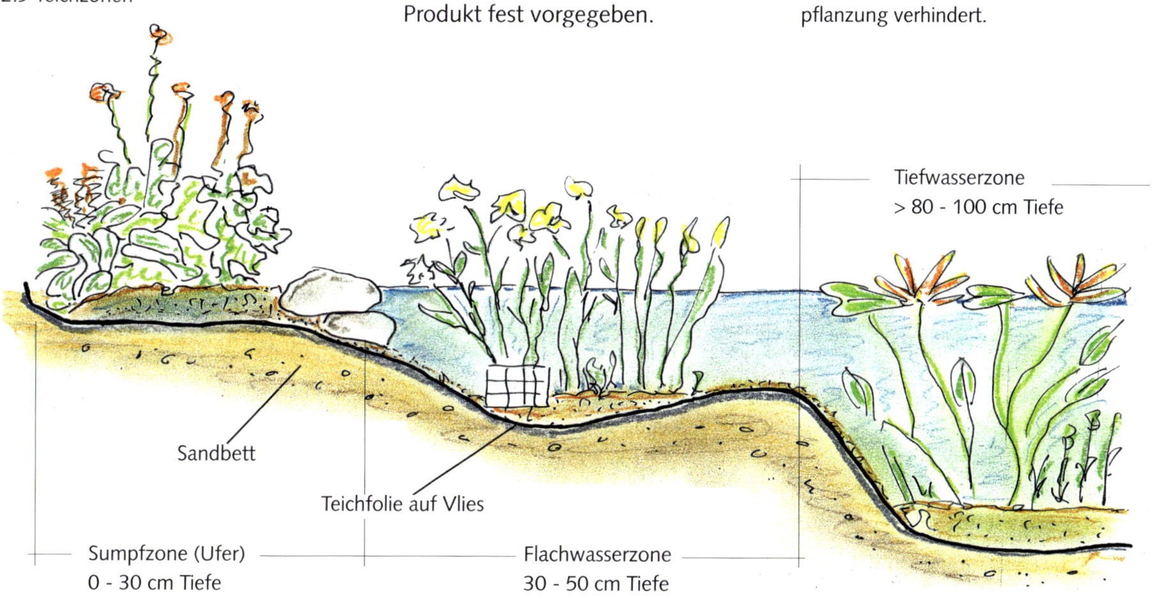

Beim Teichprofil empfiehlt es sich, verschiedene Zonen für Ufer-, Flachwasser- und Tiefwasserpflanzen einzuplanen (siehe Schemazeichnung S. 9). Da die Flachwasserzonen mit dem Pflanzenbewuchs wesentlich zur Nährstoffzehrung und Wasserreinigung eines Teiches beitragen, sollte diese Zone nicht zu klein sein. Bewährt hat sich eine Uferzone mit 0 - 30 cm Wassertiefe, die etwa 30% der Teichfläche einnimmt, eine Flachwasserzone mit 30 - 50 cm Wassertiefe (weitere ca. 30% der Fläche) und eine Tiefwasserzone, die mindestens 0,8 - 1,0 m Tiefe hat und ca 40% der Fläche betragen sollte. Beim Erdaushub werden dazu in unterschiedlichen Tiefen Plateaus geschaffen, damit sich die Pflanzen bzw. die Pflanzkörbe dort leicht platzieren lassen. Steile Böschungen sollten möglichst vermieden werden, denn dort rutschen die Kiesel ab und auch die Pflanzen können sich nicht halten. Sind Steilstellen nicht zu vermeiden, etwa in Badeteichen, sollten sie bei Folienteichen möglichst mit Kiessäcken (siehe Seite 77), Natursteinen, Pflastersteinen oder Holzlattenrosten stabilisiert werden. Anderenfalls ist der Kunststoff später sichtbar und vor Beschädigungen nicht geschützt. Die tiefste Stelle des Teiches sollte immer frostfrei unter dem Erdniveau liegen, damit das Wasser im Winter nicht bis zum Boden durchfrieren kann und die Tiere einen Rückzugsbereich haben. Da unter der Folie zu deren Schutz gewöhnlich ein etwa 20 cm dickes Sandpolster eingebracht werden sollte, muss das Teichbett überall 20 cm tiefer als die endgültig vorgesehene Teichtiefe ausgehoben werden.

Nach der Fertigstellung des Teiches werden die Pflanzen im und am Teich wachsen und dadurch immer wieder Veränderungen im Erscheinungsbild mit sich bringen. Dabei gilt es zu beachten:

- Auch Wasserpflanzen produzieren Abfälle und Verwesungsprodukte; je mehr Pflanzen im Teich wachsen, desto mehr Mulm bildet sich am Boden.
- Nährstoffreiches Bodensubstrat für die Wasserpflanzen begünstigt die Algenbildung und Trübung des Wassers und sollte daher nicht eingebracht werden.
- Die meisten Wasserpflanzen sind wirkungsvolle Wasserfilter. Sie sind genügsam und weder auf nährstoffreichen Boden noch auf Dünger angewiesen.

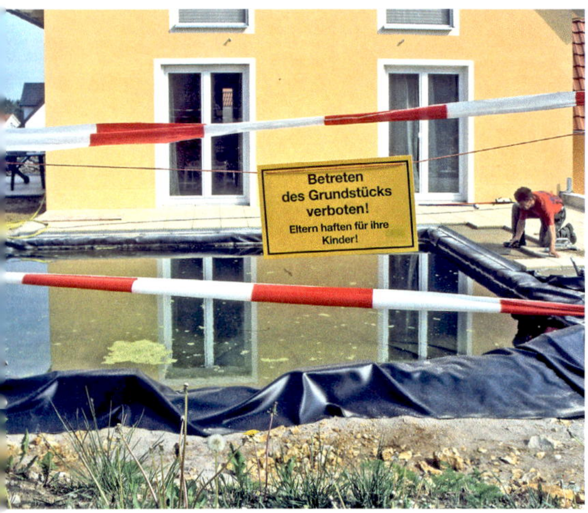

2.10
Sicherheitsmaßnahmen schon während der Bauzeit sind unerlässlich.

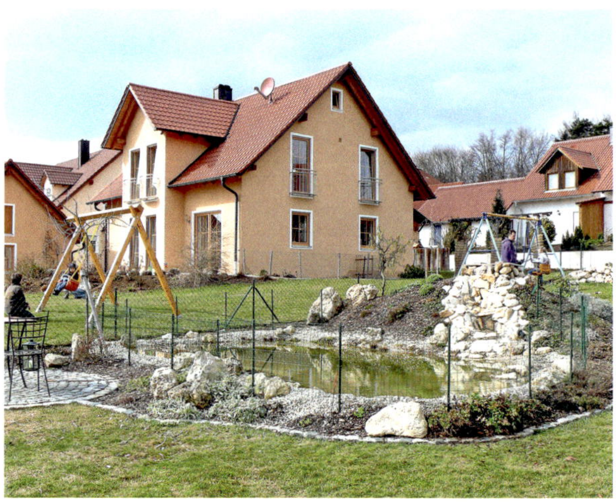

2.11
Der recht unauffällige Zaun um den Teich verhindert, dass Kleinkinder gefährlich nah an das Nass gelangen. Wichtig: Damit auch kleine Tiere weiterhin das Wasser erreichen, sollte er mit geringem Abstand zum Boden montiert werden.

Genehmigung und Haftung

Leider kommt es an Teichen und anderen Wasserstellen immer wieder zu Unfällen, die durch einfache Sicherheitsmaßnahmen zu vermeiden gewesen wären. Aus diesem Grund gibt es gesetzliche Vorschriften, die Personenschäden vorbeugen und Schäden an Bauwerken verhindern sollen, aber auch solche, die zum nachbarschaftlichen Frieden beitragen. So sind Teichanlagen oder Schwimmbecken in privaten Gärten nur bis zu einer bestimmten Größe ohne Baugenehmigung erlaubt. Nach der bayerischen Bauordnung sind z.B. Wasserbecken in Wohngebieten bis zu einem Volumen von maximal 100 m^3 verfahrensfrei, d.h. ohne Baugenehmigung zulässig, größere Becken, sowie solche im Außenbereich, erfordern auf jeden Fall ein Baugenehmigungsverfahren. In den Bauordnungen der anderen Bundesländer finden sich in der Regel ähnliche Vorgaben.

Auch hinsichtlich der Nutzung sind Vorschriften zu beachten. So ist gelegentlich die Anlage von Teichen für Kleintiere wie Enten oder Gänse nicht gestattet. Hier stehen die Bau-Satzungen der Städte und Gemeinden über den Gesetzen der Länder. In der Regel ist in neuen Wohnsiedlungen die Nutztierhaltung (z.B. Zuchtenten, Fischzucht) untersagt. Auskünfte über die geltenden Bestimmungen sind beim jeweiligen Ordnungsamt bzw. bei der Gemeinde- oder Stadtverwaltung erhältlich.

Der Bau von Teichen ist dagegen genehmigungsfrei, wenn es sich um Zierteiche, kleine Bachläufe oder ähnliche Projekte handelt. Im Sinne des nachbarschaftlichen Friedens empfiehlt es sich trotzdem, vor dem Bau eines Teiches, z.B. in Grenznähe, die betroffenen Anlieger zu informieren, vielleicht sind in Gemeinschaft ja sogar grenzüberschreitende Projekte durchführbar. Ebenso ist eine Rücksichtnahme im Mehrfamilienhaus auf die anderen Bewohner ratsam. Zum Schutz kleiner Kinder oder behinderter Mitbewohner ist auf einen Teich zu verzichten, wenn davon eine Gefahr ausgehen könnte. Teiche, die an Straßen oder an Nachbargrundstücke grenzen, sollten mit einem Zaun gesichert werden.

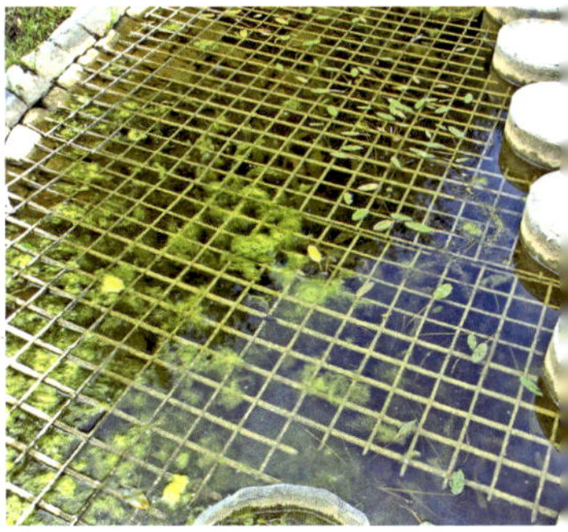

2.12
Bei diesem Teich dienen fest montierte und belastbare Baustahlstahlmatten als Kindersicherung.

Sicherheit für Mensch und Tier

Die Wirkung von glitzerndem Wasser auf Kleinkinder ist gewaltig und im Krabbelalter können selbst flache Becken gefährlich sein! Es genügt nicht, die Kinder von Wasserstellen im Garten abzuhalten, denn auf Dauer ist dies ohnehin kaum möglich. Die Gefahrenstelle kann nur durch eine ausreichende und stabile Absperrung gesichert werden, z.B. in Form eines handelsüblichen Zaunes oder, bei einem kleinen Teich, auch durch eine belastbare, engmaschige und unverrückbar befestigte Gitterauflage aus starrem Metallgewebe (kein Netz!).

Im Winter ist eine Eisfläche oft ebenso reizvoll wie das offene Wasser; sie stellt insofern eine besondere Gefahr dar, weil sie vermeintlich hart und begehbar ist, das Eis u.U. aber nur eine dünne Decke bildet. Dabei lockt sie nicht nur kleine Kinder an, sondern auch große, für die ein Einbruch durch das Eis an einer tiefen Stelle ebenfalls durchaus gefährlich werden kann. Hier hilft nur nachhaltig wirksame Aufklärung, zumal das Betreten einer Eisfläche auf dem Gartenteich ohnehin schädlich für die Fische und andere scheue Teichtiere ist.

Auch Zisternen, Brunnen und andere Wasserspeicher können für Kinder wie Erwachsene zur Falle werden, wenn sie nicht hinreichend abgedeckt und gesichert sind. Ähnliches gilt für Schwimmbecken bzw. Badestellen, die bei Nacht schon zu manchem unverhofften und ungewollten Bad geführt haben. Tiefe Wasserbecken müssen deshalb auf jeden Fall gesichert werden, etwa durch eine ausreichende Beleuchtung bei Nacht.

Auch für Tiere sollten die Wasserstellen sicher gestaltet werden; aus einem Teich mit steilen Wänden können Igel, Mäuse und andere Tiere nur dann wieder entkommen, wenn wenigstens an manchen Stellen flache Übergänge vom Wasser zum Ufer angelegt wurden.

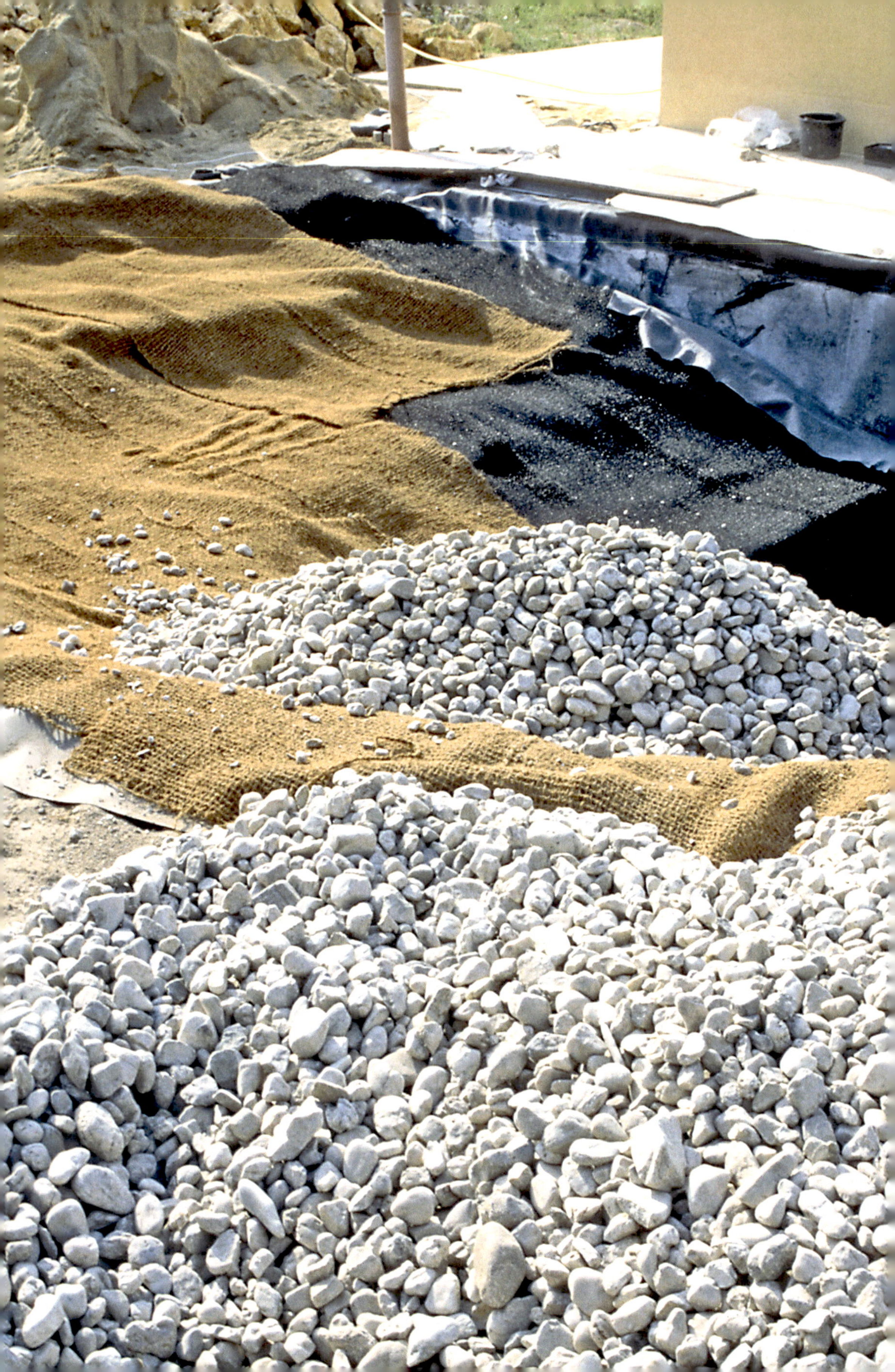

3 Baustoffe

Abdichtung

Nach anhaltenden Regenfällen bilden sich natürliche Wasserstellen in Senken und Mulden, insbesondere dort, wo der Untergrund aus verdichteten Ton- oder Lehmböden besteht. Wo solche schweren Böden im Garten vorliegen, könnte man meinen, dass der Baustoff für die wasserdichte Schale des Teiches schon vorhanden ist. Allerdings sind solche Böden in den üblichen Hausgärten selten, zumal beim Erdaushub für ein Wohngebäude ein verdichteter Untergrund mit dem Bagger ausgekoffert und per LKW abtransportiert wird. Nach der Fertigstellung des Wohnhauses verfüllt die Baufirma den Erdaushub gewöhnlich mit einem leidlich guten Gartenboden, der meist aus sandigem Lehm oder lehmigem Sand mit Humusanteil besteht, wie er im Zuge der Erschließung von Neubaugebieten auf vormals landwirtschaftlich genutzten Flächen anfällt.

Gewachsener Ton- oder Lehmboden kann als Abdichtung für einen Teich erhalten bleiben, wenn er von sich aus eine ausreichend gute Dichtheit aufweist. Das Maß der Dichtheit wird bereits nach einem Regenguss deutlich. Meist versickert das Wasser dennoch langsam durch vorhandene kapillare Risse und Poren, durch abgestorbene Wurzeln oder andere Einlagerungen in den Untergrund. Um dem abzuhelfen, kann der Ton- oder Lehmboden durch Verdichten mit einer Rüttelplatte bzw. mit einem Stampfer oder durch das zusätzliche Auskleiden mit reinem Ton zu einer wasserdichten Teichschale geformt werden. Insgesamt ist der Teichbau mit verdichtetem Naturboden unter Zuhilfenahme von zugekauftem Ton aus einer Grube verhältnismäßig mühsam und (kosten-)aufwändig, da erhebliche Bodenmassen bewegt und bearbeitet werden müssen. Die schweren Tonbrocken sollten nach der Lieferung zügig verarbeitet werden, damit sie nicht austrocknen und hart werden. Trotzdem besteht bei wechselnden Wasserständen die Gefahr, dass die Lehmschale im trockenliegenden Bereich Schwindrisse bekommt und undicht wird.

Eine nicht ganz perfekte Abdichtung durch gewachsenen Lehmboden ist dann hinnehmbar, wenn die Wasserstelle von Anfang an als Sumpfbereich geplant ist, der zeitweise bzw. teilwei-

3.1
Lehmboden ist als Schale für Wasserstellen geeignet, wenn er mit einem Vibrationsverdichter gefestigt ist. Allerdings sickert ständig Wasser durch die Wandung.

3.2
Ein typischer Teichbecken-Aufbau: Sandpolster-Vlies-Teichfolie

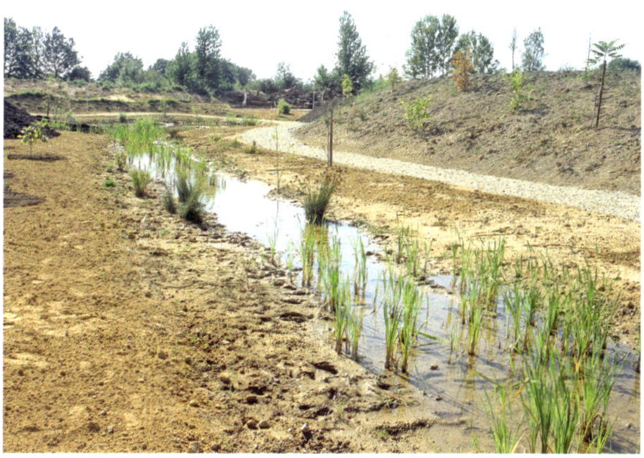

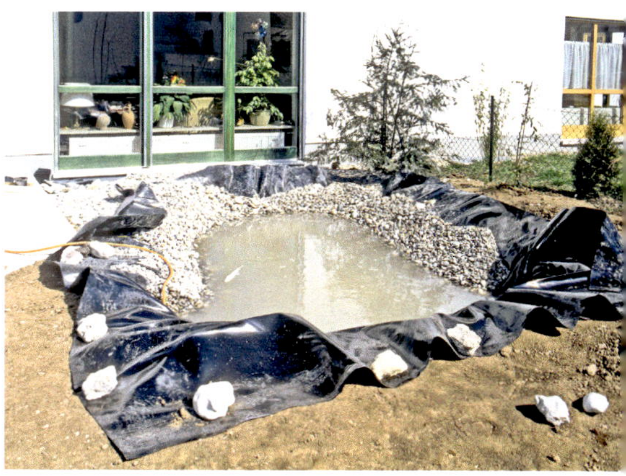

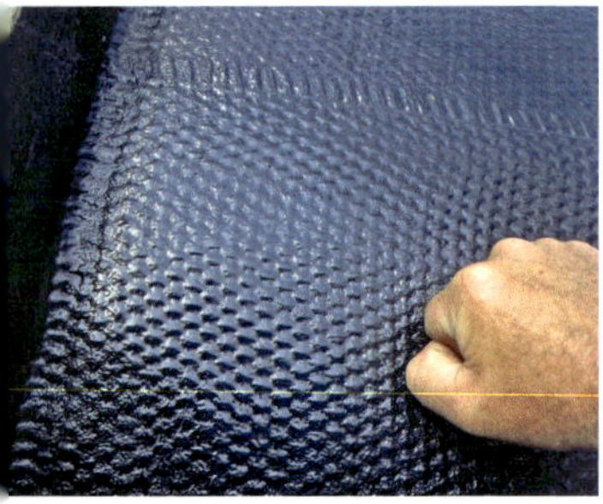

3.3
Schon bei Berührung wird die Stabilität der Kunststoffbecken erkennbar. GFK-Becken zeichnen sich durch starre Wandungen aus. Einfache PP- oder PE-Wannen geben dem Druck nach und verziehen sich.

3.4
Teichfolien lassen sich beliebig formen; das macht sie für das Auskleiden vielgestaltiger Profile wertvoll. Zum Schutz der elastischen Kunststoffbahnen werden darunter Teichvliese ausgelegt.

se austrocknen darf oder regelmäßig mit reichlich Regenwasser, etwa vom Hausdach, nachgefüllt wird.

Kunststoff-Folien

Üblicherweise werden Teiche, ebenso wie Badestellen bzw. Badeteiche, mit Folien abgedichtet. Folien sind preiswert, lassen sich meist ohne besondere Vorkenntnisse und Mittel verarbeiten, sind dabei elastisch und gleichzeitig so stabil, dass beinahe beliebige Teichprofile ausgekleidet werden können. Die Teichfolie muss lichtbeständig und verrottungsfest sein, erwünscht ist zudem eine gewisse Elastizität und Weichheit, damit sie sich leicht verlegen und den Unebenheiten und Formen des Untergrundes gut anpassen lässt. Gebräuchliche Folienmaterialien sind Polyethylen, PVC und Kautschuk (EPDM), die für besondere Beanspruchungen auch mit Gewebeeinlage erhältlich sind.

Für den Teichbau geeignet sind spezielle Folien aus **modifiziertem, uv-stabilisiertem Polyethylen** (LD-PE), sogenannte Öko-Teichfolien. Sie sind in Materialstärken von 0,5 - 1,5 mm erhältlich, äußerst haltbar und dennoch umweltverträglich und daher für naturnahe Teiche zu empfehlen. Allerdings ist das Material nicht so flexibel und dehnbar wie die Kautschukfolien (siehe unten) und insbesondere bei niedrigen Außentemperaturen schwer zu verlegen. In den Baubeispielen werden Teiche gezeigt, die zum Teil schon über 20 Jahre bestehen und keinerlei Schäden aufweisen. Die Materialkosten liegen je nach Foliendicke bei etwa 5 €/m² für 1 mm dicke Folien bis 8 €/m² für die 1,5 mm dicke Folie. Die Lebensdauer der PE-Teichfolien wird mit 30 Jahren und mehr angegeben, Herstellergarantien von 10 - 20 Jahren sind üblich. Die Folien sind in Breiten und Längen bis etwa 30 m erhältlich. Größere Abmessungen müssen vom Hersteller bzw. von Fachbetrieben aus Folienbahnen mit Spezialgeräten (Heißluft oder Elektrozange) zusammengeschweißt werden. Einfache Polyethylenfolien, wie sie als Haushaltsfolien und Abdeck-Plastikplanen im Baumarkt angeboten werden, sind völlig ungeeignet; diese sind zwar umweltfreundlich und preiswert, aber viel zu dünn; obendrein werden sie schnell spröde und reißen.

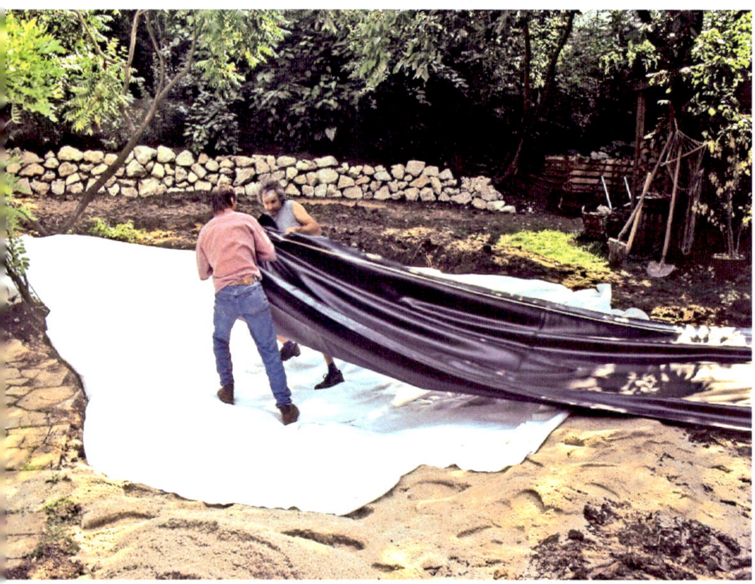

Teichfolien aus PVC (Polyvinylchlorid) werden hier nicht empfohlen, da das Material schädliche Weichmacher und Stabilisatoren enthält, die bei der Herstellung der Folien, beim Gebrauch und bei der Entsorgung in die Umwelt abgegeben werden und diese belasten. Ein gewisser Vorteil der PVC-Folien liegt darin, dass die Folienbahnen mit dem richtigen Kleber leicht (d.h. auch vom Selbstbauer) zur erforderlichen Größe zusammengeklebt und Löcher in der Folie ggf. durch Aufkleben von Flicken repariert werden können. Materialstärke und -kosten sind etwa vergleichbar mit den PE-Folien, die Haltbarkeit dürfte aufgrund von Materialversprödung eher etwas ungünstiger ausfallen; aber auch hier sind 20-jährige Herstellergarantien für die Materialhaltbarkeit üblich.

Einige Hersteller bieten auch **Kautschukfolien** an. Die aus synthetischem EPDM-Material(Ethylen-Propylen-Dien-Monomer) bestehende Folie hat Eigenschaften wie Gummi: Hohe Dehn-, Zug- und Reißfestigkeit. Außerdem ist sie beständig gegen Ozon, UV-Strahlung und Alterung durch thermische Wechselbelastung. Das Material gilt als umweltfreundlich, da es keine toxischen Inhaltsstoffe aufweist. Folien bis 15 m Breite und 60 m Länge sind erhältlich. Über diese Abmessungen hinausgehende Folien lassen sich mit einem speziellen Gummikleber verbinden (dieses „Vulkanisieren" sollte erfahrenen Fachbetrieben überlassen werden); für Löcher in der Folie werden entsprechende Reparatursets aus Kleber und Folie angeboten. Die Kosten der EPDM-Folie sind mit 8 - 15 €/m² für 1,0 - 1,5 mm Stärke deutlich höher als für PE- und PVC-Folien; hinsichtlich Haltbarkeit sind auch hier 20-jährige Herstellergarantien üblich.

Die meisten Folien sind in schwarzer, brauner oder grüner Farbe erhältlich, Schwimmbadfolien (in der Regel aus PVC) auch in schwimmbadblau. Da sie aber ohnehin meist mit Kies, Sand oder Substrat bedeckt werden, spielt die Farbe eine untergeordnete Rolle. Im Handel gibt es auch mit Sand oder Kies beschichtete Folien. Ihr Einsatz ist Geschmackssache. Außerdem kosten sie wesentlich mehr als die üblichen Teichfolien. Im Hinblick auf die Beschaffung und Verarbeitung ist das nicht unerhebliche Gewicht der Folie (1 bis 1,5 kg/m² Folie bei 1 bzw. 1,5 mm Dicke) zu beachten.

Da der Druck auf die Folie mit zunehmender Wassertiefe steigt, sollte die Folie umso dicker sein, je tiefer der Teich ist. Bewährt haben sich 1 mm starke Teichfolien für Wasserbecken bis etwa 1,2 - 1,5 m Wassertiefe, bei größerer Wassertiefe muss auf jeden Fall die 1,5 mm starke Folie gewählt werden.

Teichfolien lassen sich gut verarbeiten und sind dennoch ausreichend reiß- und wurzelfest. Wurzelschäden drohen allerdings dort, wo Gehölze nahe an den Teich angrenzen. Meist suchen sich die Wurzeln aber den einfacheren Weg und schieben sich an der Folie vorbei, statt sie zu durchdringen. Dabei drücken sie zwar auf die Folie, doch das Material ist in der Regel elastisch genug und gibt bis zu einem gewissen Grad nach, ohne zu reißen. Dennoch sollte das Teichbett sehr sorgfältig vorbereitet werden. Insbesondere ist es wichtig, dicke Wurzeln zu durchtrennen und spitze Gegenstände auszugraben oder großzügig zu polstern. Die Mühe lohnt sich, denn ein gut gepolstertes Teichbett verlängert die Lebensdauer der Folie merklich. Gefahr droht der Folie aber nicht nur durch spitze Steine und Scherben im Erdreich, sondern auch durch andere Baustoffe wie unverträgliche Kleber und Dichtungsbänder. Solche Materialien können die Teichfolie angreifen und sie an den Berührungsstellen aufweichen oder auflösen. Das Verstärken oder Verkleben der Folie ist also nur mit den vom Hersteller empfohlenen Hilfsstoffen durchzuführen.

Beim Kauf der Folie ist darauf zu achten, dass sie etwas größer bemessen wird als nach dem Ausmessen des Teichprofils nötig ist, denn sie soll am Ufer noch überstehen, zumal sie nach

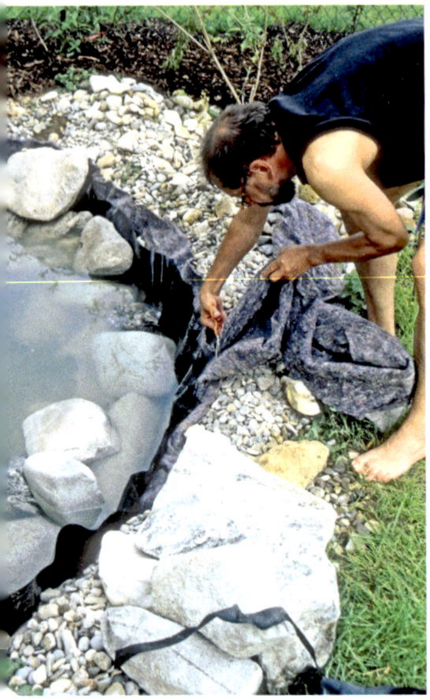

3.5
Teichfolie ist nicht nur wegen ihrer Elastizität ein beliebter Baustoff, sondern auch, weil sie gut mit haushaltsüblichem Werkzeug zu bearbeiten ist.

3.6
Teichvliese aus verrottungsfesten Acrylstoffen sind als Meterware erhältlich. Die Farbe ist unwichtig, sowohl weiße als auch bläuliche Produkte sind geeignet. Das Beschweren mit Kieseln verhindert Verwehungen beim Auslegen der relativ leichten Vliese.

dem Verlegen beim ersten Befüllen des Teiches vom Wasserdruck fest in das Teichbett gepresst wird und dabei ein Stück absackt. Die Folie sollte am besten als ganzes Stück bestellt und gekauft werden, denn die Hersteller haben die nötige Übung im Verschweißen der Folienbahnen.

Verarbeitung von Teichfolien

Die Folien lassen sich biegen, schneiden und manche auch kleben. Die Falten, die sich beim Verlegen im Teichbett bilden, schaden übrigens nicht. Sie bieten kleinen Tieren Unterschlupf und verschwinden nach dem Auskleiden des Teichbodens unsichtbar unter der Kies- oder Sandschicht. Allerdings erfordert die Verarbeitung besondere Aufmerksamkeit, denn kleine Fehler können – zu spät entdeckt – langwierige Reparaturen zur Folge haben. Angeboten werden Folienbahnen in genormten Breiten als Meterware von der Rolle. Beim Kauf von Meterware nimmt man fast immer einen Verschnitt in Kauf. Daher ist es meist lohnend (und bei PE-Folien unumgänglich), eine Folie in der gewünschten Größe zu bestellen, z.B. beim örtlichen Fachhändler oder ggf. auch im Versandhandel. Das hat bei der Anlage eines großen Teiches außerdem den Vorteil, dass die riesigen Bahnen nicht noch vor Ort verarbeitet werden müssen. Die meisten Hersteller gewähren auch für die auf Bestellung angefertigten Verschweißungen die für die Folie übliche Garantie. Wenn die Teichfolie dagegen selbst verklebt wird, erlischt dieser Garantieanspruch, zumindest für die Verklebungen. Eigene Klebestellen sind daher möglichst zu vermeiden, denn sie stellen immer Schwachstellen dar. Wo sie unumgänglich sind, sollte sorgfältig mit den zum Material passenden Mitteln gearbeitet werden. Es gibt verschiedene Mittel und Klebeverfahren – vom Spezialkleber bis zu Klebebändern von der Rolle, die unter Zuhilfenahme von Heißluft aufgebracht werden. Bei allen Arbeiten mit Folie sind ein glatter bzw. weicher Boden und „ungefährliche" Kleidung wie etwa Turnschuhe wichtig, um eine Beschädigung der Folie bei der Verarbeitung zu vermeiden.

Folienreste entsorgen: Reste von Kunststoff-Folien dürfen nicht in Hausöfen verbrannt werden. Die Bezeichnung „bei der Verbrennung rückstandsfrei" gilt nur für spezielle Müllverbrennungsöfen! Reste oder alte Folien gehören zur Wertstoffsammelstelle und keinesfalls in den Ofen. Teichfolienreste sind auch zum Mulchen der Beete am Teichufer geeignet, die dann mit Kies oder einem anderen natürlichen Material abgedeckt werden.

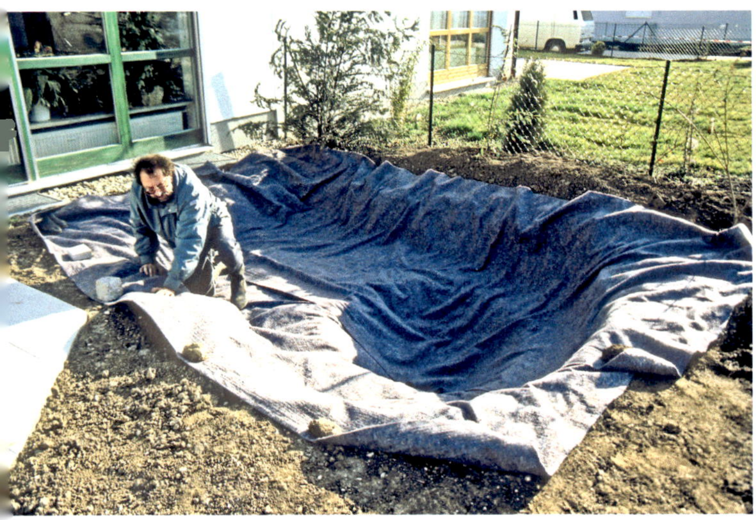

Unterbau und Vliese

Jede Teichschale ist nur so dauerhaft wie ihr Schutzmantel. Aus diesem Grund ist es wichtig, das Teichbett nach dem Erdaushub und der

Modellierung des Teichprofils zu polstern, sofern der Boden selbst nicht aus Sand, Lehm oder einem anderen feinkörnigen mineralischen Substrat besteht. Keinesfalls sollte die Teichfolie direkt auf einen humosen, durchwurzelten Boden gelegt werden, denn die Humusstruktur verändert sich mit der Zeit durch Bodenlebewesen und organische Bestandteile. So können sich beispielsweise aufgrund absterbender Wurzeln Hohlräume bilden, in welche die Teichfolie früher oder später vorzudringen sucht. Solche Dehnungen und Materialbeanspruchungen sind am Ende die Ursache für Risse in der Folie, die dann eine aufwendige Reparatur erfordern. Ebenso wenig eignet sich steiniger Boden als Unterlage für die Teichschale, denn die Steine drücken permanent auf die Wandung. Dies ist in besonderem Maße dann der Fall, wenn der Frost, der bis in eine Tiefe von etwa 80 cm wirkt, Steine unter der Folie durch Auffrieren bewegt. Durch die wechselnden Spannungen wird die Teichschale mit der Zeit spröde.

Auf einem sandigen oder feinlehmigen Grundstück sind nach dem Erdaushub nur Steine, Wurzeln und andere grobe Bestandteile zu entfernen. Nach dem Glätten der Unebenheiten ist das Teichbett bereit zum Auskleiden. Ist der Boden aber stark durchwurzelt oder steinig, reicht das Glätten des Teichbettes nicht aus. Dann sollte es besser weitere 20 cm tiefer ausgekoffert und mit einer ebenso dicken Sandschicht aufgefüllt werden.

Auch bei mit Sand ausgepolstertem Teichgrund kann der (zusätzliche) Einsatz eines Teichvlieses sinnvoll sein, um die eigentliche Folie besser zu schützen. Teichvlies ist ein verrottungsfestes Gewebe aus Textil- oder Kunststoff-Fasern (meist Polypropylen), die speziell als Unterlage für Teichfolien entwickelt wurden. Die leichten Vliese (100 – 1000 g/m^2) sind selbst für spitze Steine kaum zu durchdringen und geben der Teichfolie zum Erdreich hin einen guten Schutz, insbesondere an steilen Böschungen, an denen eine Schutzschicht aus Sand kaum anzubringen ist. Aufgrund ihres geringen Gewichtes lassen sie sich leicht verlegen. Teichvliese kosten ca. 1,50 - 4 € /m^2.

Um die Folie an Steilwänden zu schützen und zu bedecken, können dort sogenannte Böschungsmatten aus Kokos- oder Jutefasern aufgelegt werden, die im geringen Maße auch Sand und feine Bodenpartikel aufnehmen und binden.

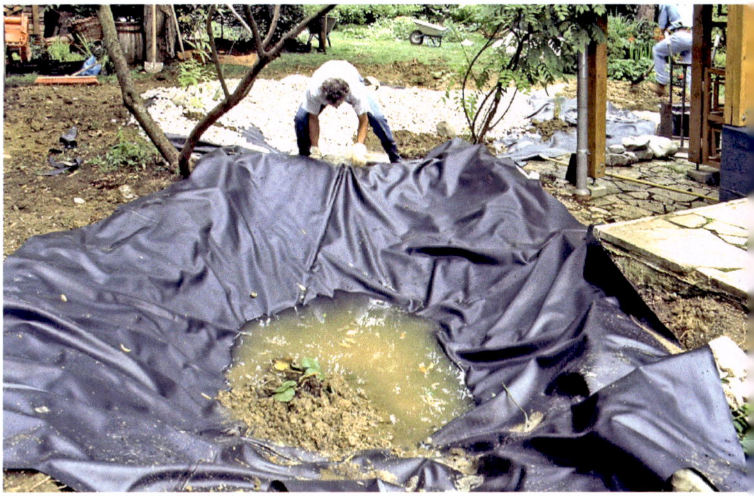

3.7
Beim Ausbreiten der Teichfolie sind Spannungen zu vermeiden. Falten stören dagegen nicht. Sie verschwinden später unter der Kiesschicht und bieten den Teichtieren Verstecke. Damit genügend Substanz zum Auslegen an kritischen Stellen verfügbar ist, sollte die Folie etwas größer als nötig gekauft werden.

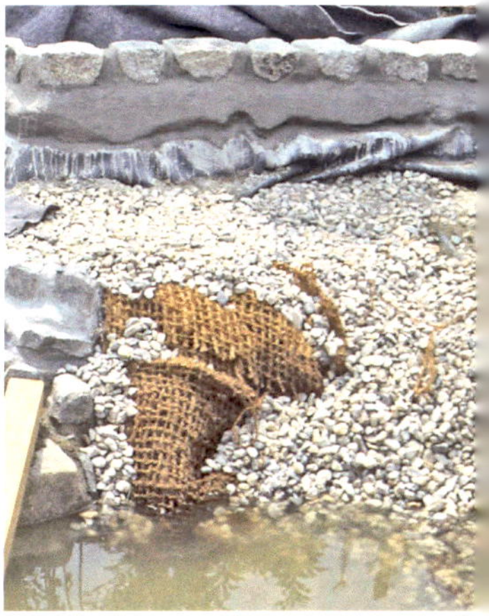

3.8
Eine Böschungsmatte aus Jute oder Kokoswolle verhindert am abschüssigen Teichufer, dass Rollkies in das Wasser abrutscht.

Behälter aus Hartkunststoff

Soll die Wasserstelle als Planschbecken dienen, kann ein Teichbecken aus Hartkunststoff besser geeignet sein als eine Auskleidung mit Folie. Jedes Gartencenter bietet heute Teichbecken aus PE (Polyethylen) oder GFK (glasfaserverstärktem Polyester) an. PE-Becken sind in Größen bis ca. 2 m Durchmesser und 50 cm Tiefe in ver-

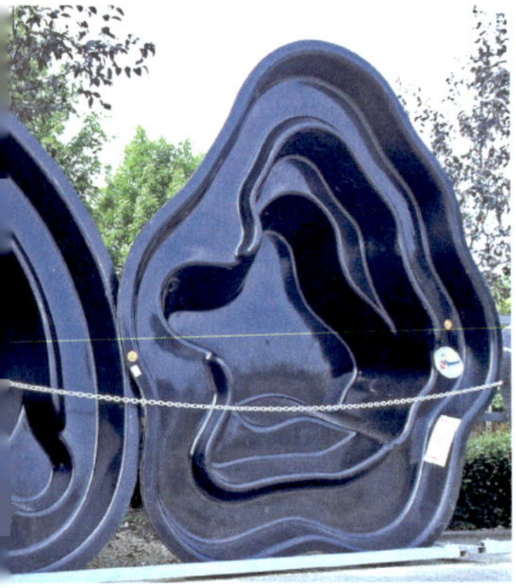

3.9 Anders als Folien passen sich die starren Kunststoffbekken nicht dem Boden an; sie brauchen deshalb einen gut vorbereiteten Standort.

3.10 Nach dem Platzieren im Teichbett hilft eine Richtlatte beim waagerechten Einrichten. Das Fluten mit Wasser hält das Becken in der vorgesehenen Stellung.

3.11 Tiefe Teichbecken sind Gefahrenstellen im Garten. Zum Schutz der Kinder wurde das starre Kunststoffbekken hier mit Rollkies gefüllt. Die Wasserstelle dient als Plantschbecken. Später, wenn die Kinder älter sind, lässt sich der Kies ausräumen und für die Ufergestaltung nutzen.

schiedenen Formen mit integrierten Flachwasserzonen oder mit glatten Steilwänden erhältlich. Sie sind frostbeständig, verrottungsfest, uv-unempfindlich und ausreichend stabil, wenn sie ohne Verzug und mit Sandpolsterung in den Boden eingesenkt werden. Verspannungen, z.B. durch Bodenunebenheiten beim Einsenken, können Risse verursachen, zumal PE-Becken keine verstärkten Wände haben. Es lohnt sich, die verschiedenen Teichbecken genau zu prüfen.
Der Unterschied zwischen leichten PE-Becken und den robusteren glasfaserverstärkten GFK-Teichen wird bereits bei der Berührung erkennbar. GFK-Teichbecken zeichnen sich durch eine sehr gute Druckstabilität und Steife aus. Sichtbar sind auch die eingelagerten Glasfasergewebe. Solche Becken werden im Spritzfaser-Verfahren und teilweise in mehreren Schichten – wie beim Bootsbau – im Handauflege-Verfahren produziert. Für diese Becken gibt es eine Herstellergarantie von 15 Jahren, wobei sie in der Regel viele Jahrzehnte halten.
Neben fertigen Becken in runden, ovalen oder eckigen Formen bieten einige Hersteller auch elementierte Behälter an, die vor Ort zusammengesetzt werden. Dadurch sind fast beliebig große Hartkunststoffbecken herstellbar, wie sie z.B. für Schwimmteiche gewünscht werden. Die Teile werden nach Plan bestellt; nach dem Einsetzen in den Boden werden die Teile über angearbeitete Flansche dicht miteinander verschraubt.
Neben Teichelementen sind auch spezielle Elemente aus Hartkunststoff für den Bachbau im Handel, sowohl mit glatter wie auch mit besandeter Oberfläche, die nach dem Einbau wie ein Sandbett wirken.

Tierschutz: Eine Wasserstelle ist für viele Tiere ein wertvoller und interessanter Platz. So kommen Vögel zum Trinken und Baden. Ebenso finden sich Libellen und andere Insekten von selbst ein. Der Einsatz von Fischen ist möglich. Sie halten Stechmückenlarven zurück. Allerdings lassen sie auch keine Wasserläufer und andere kleine Teichtierchen aufkommen. Kunststoffbecken mit steilen Wänden sind insbesondere für Igel Gefahrenstellen. Die Tiere suchen die Teiche zum Trinken auf und fallen ins Wasser. Damit sie die Wasserstellen leicht erreichen und ihnen die Rückkehr zum Ufer nicht verwehrt bleibt, sollten Steilwände mit Natursteinen, Kies, Sand o.ä. angeböscht werden.

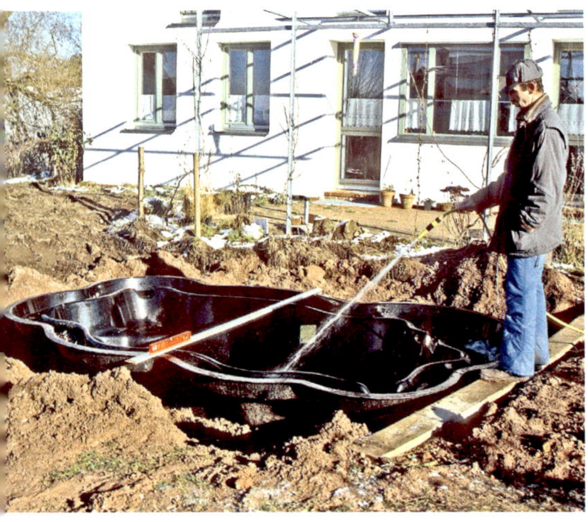

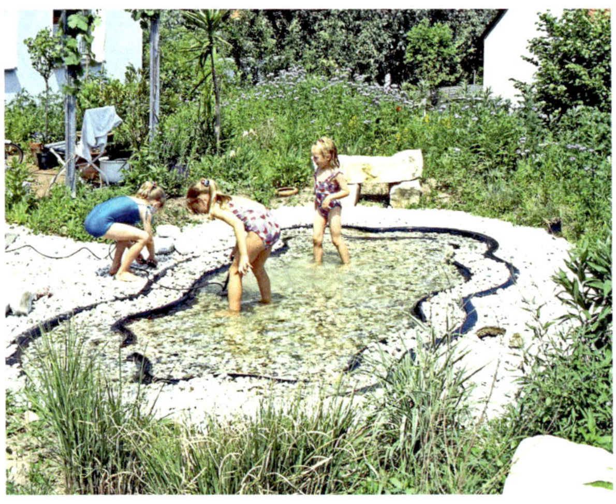

Kies, Sand und Steine

Zum Auskleiden der Teichwände wird üblicherweise runder **Kies** aus der Region verwendet, sogenannter Rollkies, der beim Hausbau zur Rollierung des Fundamentes dient. Je nach Region ist der Kies unterschiedlich beschaffen, denn die Kiesel stammen aus Gebirgsregionen und wurden als Felsbrocken von den Flüssen in die Niederungen transportiert. Auf ihrer Reise erhielten sie durch die Kraft des reißenden Wassers und den ständigen gegenseitigen Abrieb ihre typische runde Form. Gewöhnlicher Flusskies ist in unterschiedlichen Körnungen direkt in regionalen Kiesgruben oder über Speditionen/Baumärkte erhältlich. Aus welchen Gesteinsarten er besteht, hängt davon ab, aus welchen Gebirgsregionen die Flüsse das Material zu Tal gefördert haben. So enthält beispielsweise Donaukies andere Gesteinsarten als Oberrheinkies. Kies aus Baggerseen wurde schon in den Eiszeiten dort abgelagert. Wird ein bestimmter Kies z.B. mit vorwiegend weißen Steinen oder aber unauffälliger grauer Kies gewünscht, kann er im Kieswerk bzw. bei der Spedition oftmals entsprechend bestellt werden.

In einer Schüttelsiebanlage werden die Kieselsteine nach Größe bzw. Körnung sortiert. So sind neben dem unbehandelten Kies, der Steine aller Körnungen enthält und in der Regel als Betonkies verwendet wird, auch spezielle Rollkies-Sorten zu bekommen. Ein kleinformatiger Kies mit einer Körnung von 12 - 22 mm eignet sich beispielsweise gut für ein Kneippbecken im Garten, weil man angenehm darauf laufen kann. Dagegen ist grober Rollkies mit einer Körnung von 32 - 40 mm besser für die Ufergestaltung geeignet.

Neben Kies kann auch **Sand** für die Abdeckung des Teichbodens und für die Randgestaltung verbaut werden. Sand ist außerdem ein sehr guter Baustoff, um vor dem Auslegen der Folie ein weiches, glattes Teichbett zu schaffen. Sand kann wie Kies in Kiesgruben oder im Baustoffhandel bezogen werden.

Größere Steine werden u.a. zur Gestaltung der Teichränder eingesetzt, neben Bruchsteinen, Findlingen und Feldsteinen eignen sich auch mehr oder weniger naturbelassene Werksteine. Bruchsteine sind in Gebirgsregionen recht preisgünstig aus Steinbrüchen erhältlich. Gelegentlich fallen beim Ausbaggern von Kiesgruben

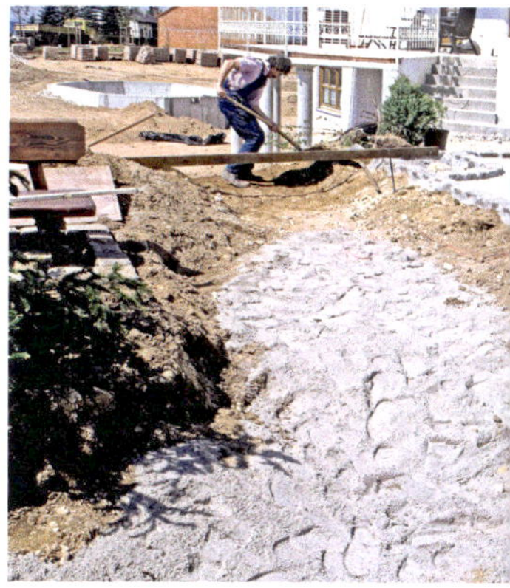

3.12 Sand ist beim Teichbau unverzichtbar, als Polster unter der Teichfolie ebenso wie zum Auskleiden der Folie und zum Mischen von Substraten für Wasserpflanzen.

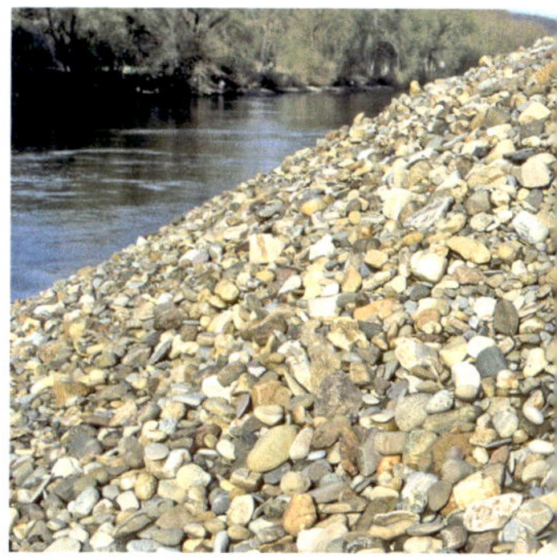

3.13 Wasser und Kies gehören einfach zusammen: Der Naturbaustoff Kies ist bei der Gestaltung von Teichen im Garten (fast) unverzichtbar.

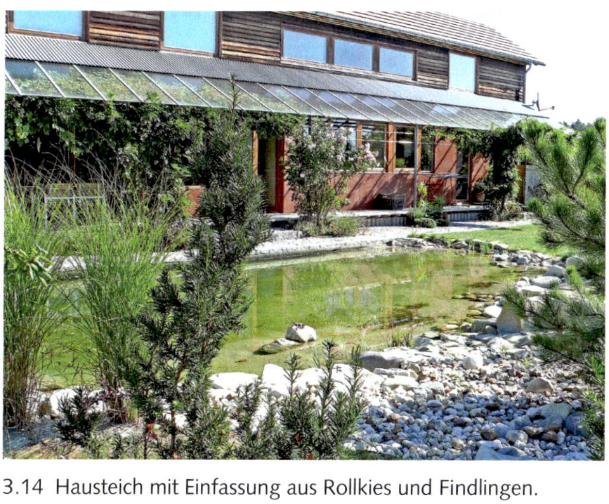

3.14 Hausteich mit Einfassung aus Rollkies und Findlingen.

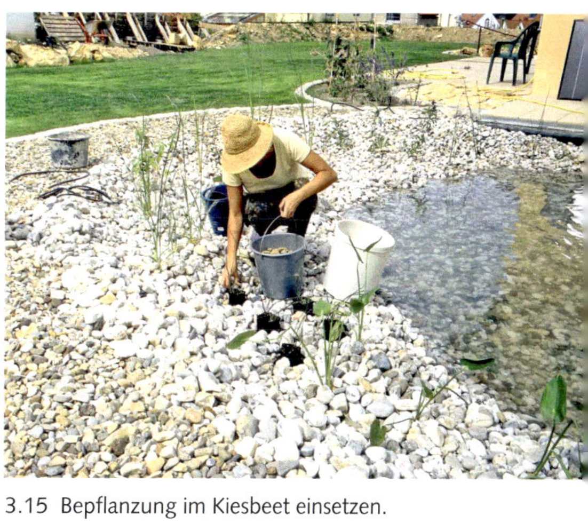

3.15 Bepflanzung im Kiesbeet einsetzen.

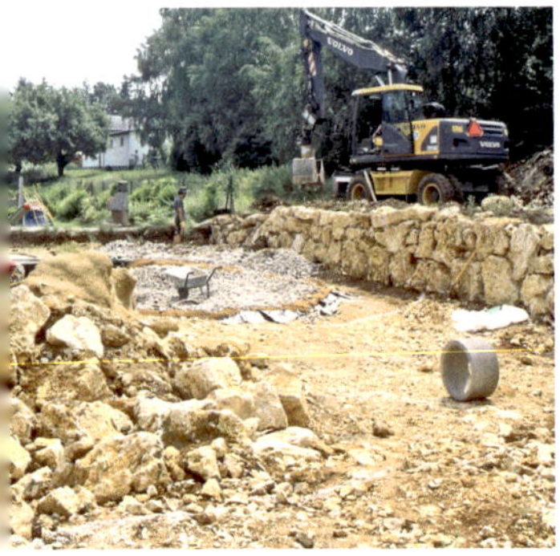

3.16 In Gebirgsregionen ist der Baustoff für Trockenmauern und Steingärten oftmals direkt auf der Baustelle zu finden. Beim Aushub der Baugrube fördert der Bagger Felsbrocken zutage, die sich auch für die Teichgestaltung im Garten nutzen lassen.

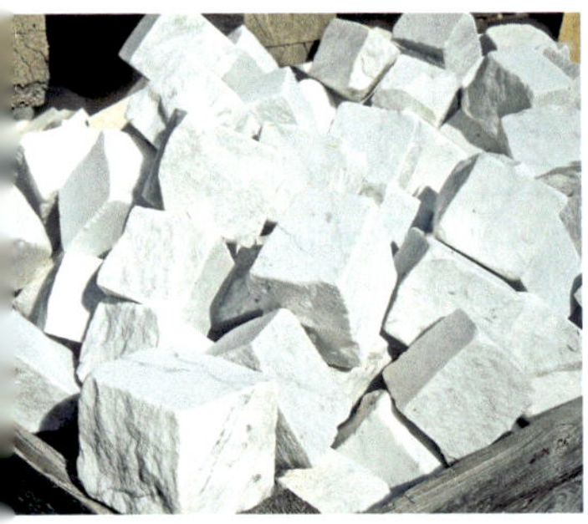

3.17 Würfelförmig behauene Natursteine aus dem Pflasterbau eignen sich auch für die Gestaltung naturnaher Wassergärten, z.B. zur Einfassung von Teichrändern.

große Kiesel an, die sich vorzüglich für die Teichgestaltung eignen. Als Bezugsquelle für Feldsteine kommen außerdem die Äcker in der Umgebung in Betracht. Auf Anfrage geben manche Bauern die Feldsteine gerne ab, die sie beim Pflügen aus dem Boden reißen. Findlinge in freier Landschaft dürfen nicht einfach abtransportiert werden, was bei großen Exemplaren ohnehin nur mit Maschinen möglich wäre. In Gärten, die auf steinigen Grundstücken entstehen, liegt der Rohstoff oft vor der eigenen Haustüre. So lohnt es sich schon beim Erdaushub für das Wohnhaus, auf brauchbare Steine zu achten und sie während der Bauarbeiten abseits zu lagern. Solange die schweren Baumaschinen noch am Ort sind, ist selbst der Transport großer Felsbrocken an einen passenden Platz im Garten kein Problem.

Holz

Der Naturbaustoff Holz hat bei der Anlage von Wasserstellen im Garten einen besonderen Wert, weniger für den Teichbau an sich, als für den Bau und die Gestaltung des Teichrandes und der Uferzonen. Denn aus Holz lassen sich schöne Ufer-Terrassen sowie Stege und Brücken am Teich bauen.

Als tragfähige Basis für die Holzbohlen aller Art dienen Holzbalken, die auf Punktfundamenten aus Beton gegründet werden und so vor dauerhafter Einwirkung durch (Boden-) Feuchtigkeit geschützt sind. Die massiven Holzbeläge und Seitenwände sollten stets mit Edelstahlschrauben auf den Balken bzw. an der Tragkonstruktion befestigt werden. Als Gartenbauholz haben sich insbesondere am Wasser Balken, Bohlen oder Bretter aus Lärche, Robinie oder Douglasie bewährt. Wer exotisches Holz wie das dunkelbraune Bangkirai aus Indonesien (aus Gründen der Haltbarkeit) den heimischen Hölzern vorzieht, sollte unbedingt das ökologisch weniger bedenkliche Tropenholz aus nachweislich forstwirtschaftlich gepflegten Plantagen (mit FSC-Zertifikat) wählen.

Konstruktiver Holzschutz: Gartenhölzer sind stets dem Wetter ausgesetzt. Nässe, Wind und Sonnenlicht wirken fortwährend auf deren Oberfläche ein, so dass das Holz mit der Zeit vergraut und rissig wird. Bei Holz mit Bodenkontakt entwickeln sich schnell Holzpilze, welche die Verrottung enorm beschleunigen. Morsche Stellen entstehen auch überall dort, wo Regenwasser nicht abfließen und das Holz nicht trocknen kann. Der konstruktive Holzschutz zielt darauf,

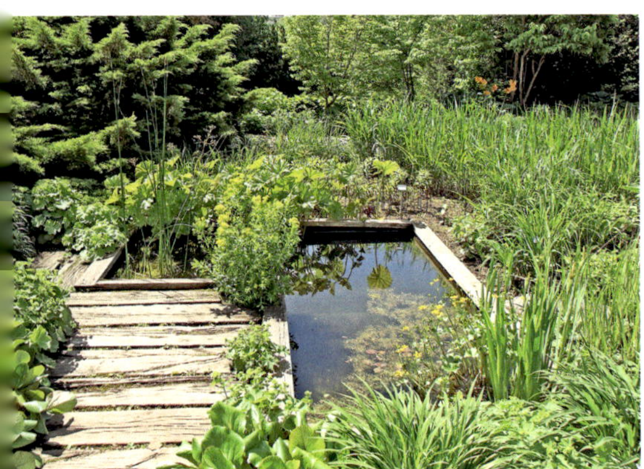

3.18 Kleiner Teich mit Holzumrandung

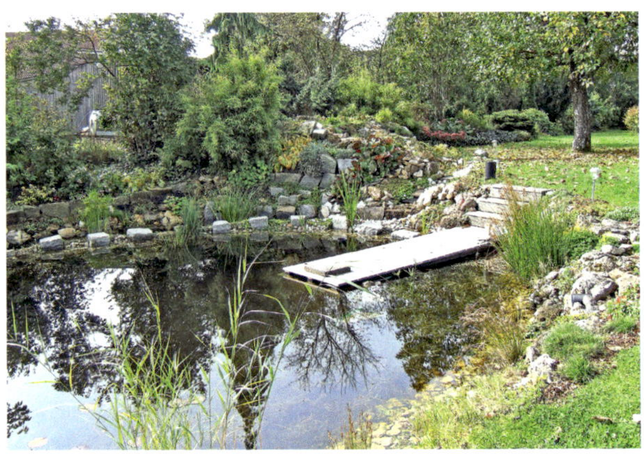

3.19 Der Holzsteg fügt sich harmonisch in die Umgebung ein.

solche kritischen Stellen durch fachgerechte Konstruktionen möglichst zu vermeiden. Die Bodenbretter von Holzdecks sollten stets mit offenen Fugen (1 - 2 cm breit) verlegt werden, um stehende Nässe an den Übergängen zu verhindern. Grundsätzlich verlängert bei allen Holzbauten ein luftiger, trockener Stand mit ausreichendem Abstand zum Boden die Haltbarkeit. Übrigens: Unbehandelte Holzteile im Wasser, z.B. aus Lärche, mit denen unterschiedliche Teichbereiche abgetrennt werden, faulen nicht, wenn sie allseitig von Wasser umgeben sind!

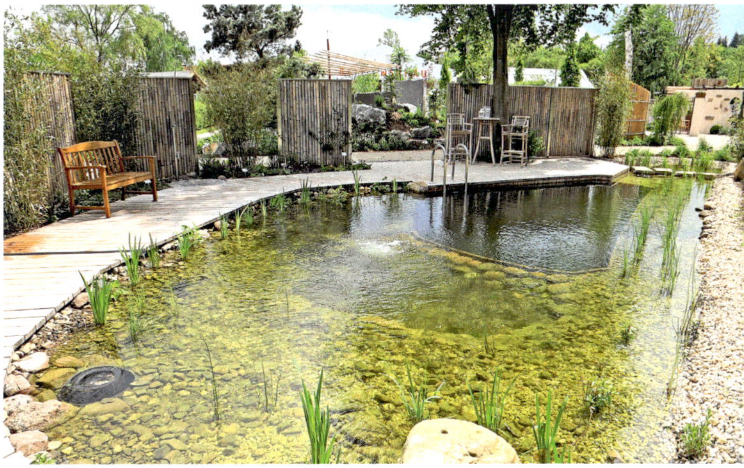

3.20
Fußwarme Holzeinfassung am Badeteich

Flechtwerk aus Weiden

Einsatzgebiete für Weidenflechtwerk gibt es vielerorts im Wassergarten. Aus den langen, elastischen Ruten lassen sich Schutzzäune, Hangabsicherungen, Kletterhilfen, Körbe für Wasserpflanzen und viele andere natürliche Gestaltungselemente konstruieren. Dickere Stämme oder Äste können auch zur Hangabsicherung, als Bauholz für Brücken, Stege und dergleichen eingesetzt werden. Das Besondere daran ist, dass lebendes Weidenholz auch ohne Imprägnierung haltbar bleibt. Die Stämme und Pflöcke treiben bei Bodenberührung Wurzeln und wachsen an der Baustelle an.

Kosten

Die Kosten für einen normalen Folienteich sind relativ gering. Der Quadratmeter Teichfolie (1 mm PE-Folie) ist für etwa 5 € erhältlich, für das Vlies darunter kommen ggf. noch etwa 2 - 3 €/m^2 hinzu. Ein Kubikmeter Sand kostet etwa 15 € und 1 m^3 Kies (Rollkies) etwas weniger. Hinzu kommen die Kosten für die Lieferung. Es lohnt sich, bei Kies und Sand eine größere Fuhre zu bestellen, damit sich die Transportkosten (ca. 50 € je nach Entfernung) bezahlt machen.

Während die Kosten des „Rohteichs“ somit relativ überschaubar sind, kann der Ausbau mit Pflanzen und Technik vergleichsweise beträchtlich zu Buche schlagen. Die Preise für Wasserpflanzen liegen je nach Art und Größe zwischen 3 bis 10 € pro Stück. Hier kann der Austausch mit anderen Teichbesitzern hilfreich und kostensparend sein, denn diese haben nach einigen Jahren oftmals Wasserpflanzen in einer solchen Fülle, dass sie nicht wissen, wohin damit. Die meisten Wasserpflanzen sind so vital, so dass sie immer wieder reduziert werden müssen und können. Die Vermehrung durch Teilung, Stecklinge oder Aussaat stellt im Allgemeinen kein Problem dar (siehe Seite 94 ff).

Pumpen, Filter oder andere technische Hilfsmittel (siehe Seite 65 ff) sind für einen einfachen Gartenteich mit ausreichend großer Pflanzenzone nicht unbedingt erforderlich.

3.21
Weidenflechtwerk kann beim Teichbau am Hang zur Absicherung lockerer Erde, insbesondere aufgeschütteter Erdhügel, dienen. Während die senkrecht in den Boden geschlagenen Pflöcke Wurzeln bilden und austreiben, fangen die waagerecht eingeflochtenen Ruten die lose Erde ab.

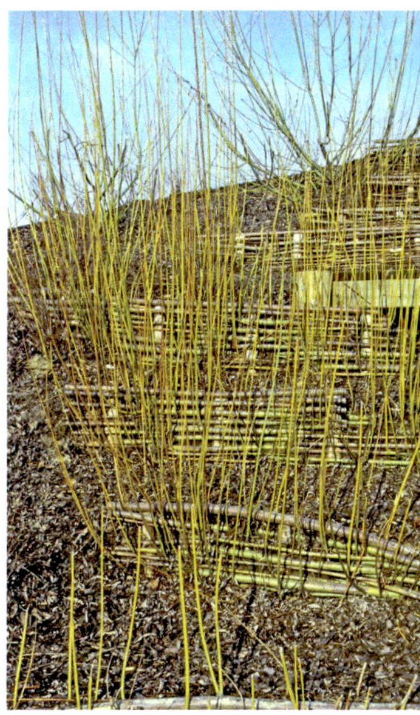

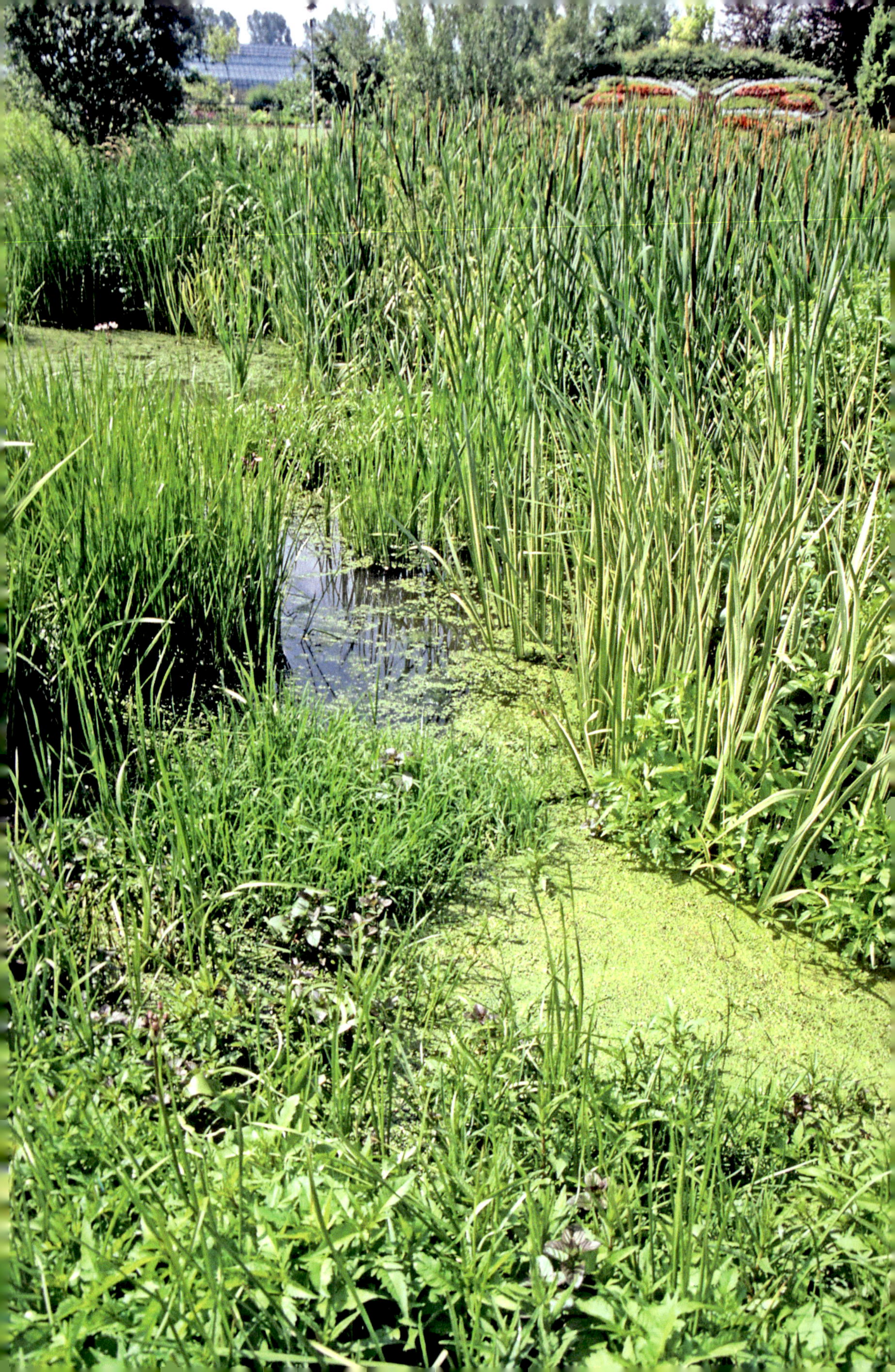

4 Der Sumpf

Ein spezielles Biotop für Pflanzen und Tiere

Sümpfe sind Biotope besonderer Art: Sie entstehen in der Natur in ruhigen Uferzonen und Buchten, in denen organische Stoffe und feinste Mineralien aus dem Wasser zu Boden sinken und eine schlammige Schicht bilden. Darin entwickelt sich eine eigene Flora und Fauna, die den nassen Schlick zum Leben brauchen. In Seen und Teichen ist meist nur das Oberflächenwasser klar, sonst sind diese Gewässer durch Algen, Kleinlebewesen und feinste Bodenpartikel mehr oder weniger trüb. Wenn sich die Trübstoffe ablagern und im Laufe der Zeit wachsende Schlammschichten bilden, entstehen Sumpfzonen, die relativ nährstoffreich sind. Entsprechend zeichnet sich die typische Sumpfflora durch eine besondere Vitalität aus.

Auch im Garten kann die Anlage eines Sumpfbeetes sinnvoll sein, entweder als eigenständiges Feuchtbiotop dort, wo ein Teich zu aufwändig wäre oder nicht gewünscht ist, oder als Reinigungselement und ökologische Aufwertung in Verbindung mit einem Teich oder mit einer Badestelle, wenn die Wasserstelle selbst weitgehend frei von einer Bepflanzung bleiben soll.

In letzterem Fall sollte die Sumpfzone mindestens so groß sein wie ein Viertel der gesamten Teichfläche; sie dient dann der Filterung und Reinigung des Teichwassers, wobei die Sumpfpflanzen dem Wasser Nährstoffe entziehen und das Bodensubstrat der Filterung des Wassers dient. Wird die Sumpfzone nicht unmittelbar in den Randbereich des Teiches integriert, sondern separat angelegt, muss durch eine Pumpe für eine mehr oder weniger kontinuierliche Wasserströmung aus der Tiefwasserzone in den Sumpfbereich gesorgt werden. Beim Teich mit integrierter Sumpfzone reicht im Allgemeinen die natürliche Wasserbewegung durch Wind und thermische Umwälzung aus, um eine leichte Strömung Richtung Sumpfzone sicherzustellen.

Die Vitalität der Sumpfflora ist bei der Anlage des Gartenteiches zu beachten, damit die Wasserfläche nicht in kurzer Zeit völlig zugewachsen ist. Rohrkolben, Binsen und andere stark wuchernden Sumpfpflanzen sollten auf jeden Fall in Pflanzgefäßen eingebracht oder durch Barrieren in ihrem Wachstum begrenzt werden. Es sei denn, es ist beabsichtigt, dass sie üppig gedeihen und das Wasserbecken bald gezielt überwuchern.

Der Bau eines abgetrennten Sumpfbeckens bietet sich an, wenn ein Teich offen, d.h. ohne dichte Ufervegetation

4.1
Teich mit schön angelegtem Sumpfbeet (Wasserschwertlilien, *Iris pseudacorus*) in einer Wohnanlage.

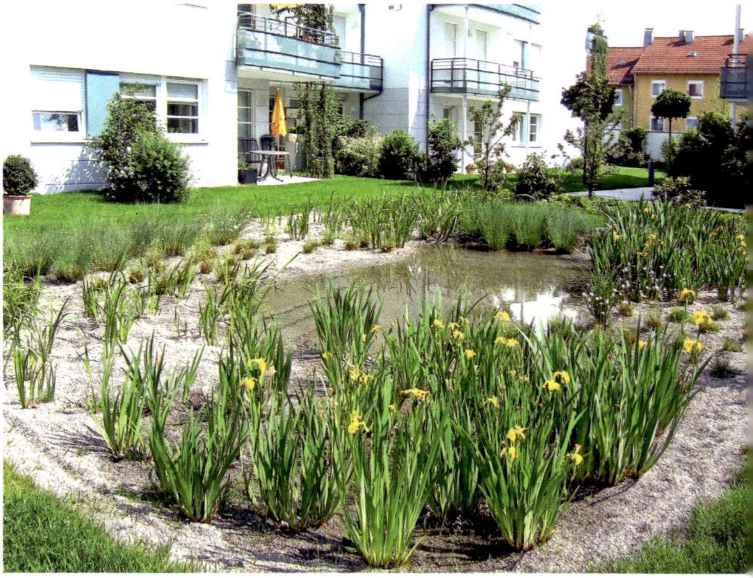

bleiben soll, aber auch dann, wenn eine größere Fläche mit attraktiven Sumpfpflanzen im Garten erwünscht ist. Das Sumpfbecken kann mit Wasser versorgt werden, indem z.B. regelmäßig Wasser aus dem Teich in das Sumpfbecken gepumpt wird und wieder in den Teich zurückfließt. Alternativ kann auch Regenwasser vom Hausdach in den Teich eingeleitet werden, wobei der Überlauf des Teiches in das Sumpfbeet geleitet wird. Gewöhnlich reicht eine gelegentliche Wasserzufuhr aus, zumal die Sumpfpflanzen Wasserschwankungen und sogar gelegentliche Trockenheit hinnehmen.
Je größer ein Sumpfbecken gebaut wird, desto stabiler und natürlich auch ökologisch wertvoller ist es, weil sich viele Pflanzenarten ausbreiten können und für diesen Lebensraum typische Tiere wie Kröten oder Molche Unterschlupf finden.

Anlegen eines Sumpfes

Ein Sumpf lässt sich ohne künstliche Abdichtung dort gut anlegen, wo ein relativ dichter Lehm- oder Tonboden von Natur aus vorhanden ist. Wird dieser Boden nach Aushub und Modellierung gestampft oder mit einem Rüttler verdichtet, ist es möglich, einen ausreichend dichten Beckengrund herzustellen. Ein Lehm- oder Tonbett ist jedoch selten völlig dicht und erfordert daher insbesondere bei Trockenheit eine regelmäßige Wasserzufuhr. Alternativ bietet sich wie beim Teichbau die Auskleidung des Beckens mit Folie an. Wie beim Teichbau wird die Folie am besten so groß gekauft, dass sie am Stück, d.h. ohne Klebestellen, verlegt werden kann. Zum Schutz der Folie ist auch hier ein Unterpolster aus Sand und/oder Teichvlies zu empfehlen. Die Erdarbeiten lassen sich bei einem kleinen Becken von Hand erledigen. Das Sumpfbett wird recht flach ausgehoben, eine Tiefstelle mit etwa 60 - 80 cm Tiefe ist jedoch sinnvoll, damit im Wasser überwinternde Tiere bei starkem Frost einen Rückzugsbereich finden. Ansonsten reicht eine Beckentiefe von 20 - 40 cm aus, zumal die heimischen Sumpfpflanzen frosthart sind. Beim Ausheben der Vertiefung wird ein Teil der Erde zwischengelagert und nach dem Auskleiden mit Folie wieder eingefüllt. Denn anders als bei einem Teich darf die Erde im Sumpf nährstoffhaltig sein, um das Anwachsen und Gedeihen der Sumpfpflanzen zu verbessern. Vor allem sehr starkwüchsige Pflanzen wie

4.2 bis 4.4
Ein Sumpfbeet entsteht: Erde ausschachten – Vlies und Folie auslegen – eine Schicht Kies aufbringen – Wässern und Sumpfpflanzen einsetzen.

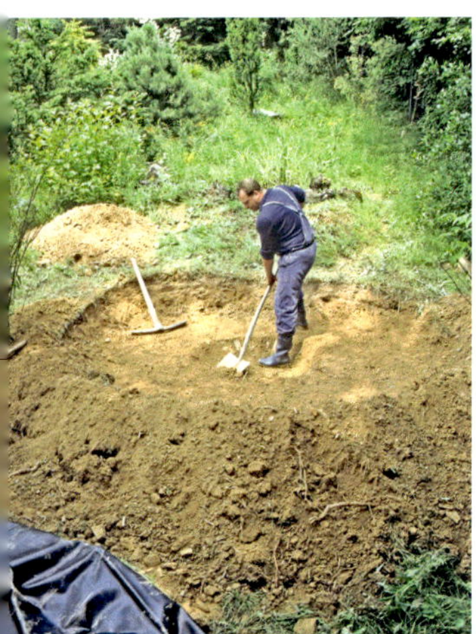
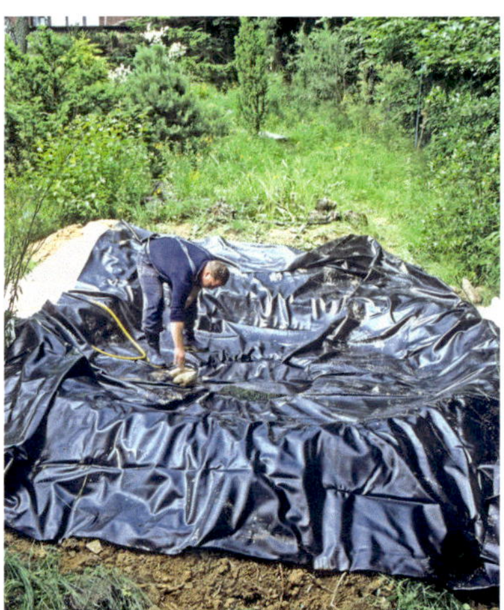
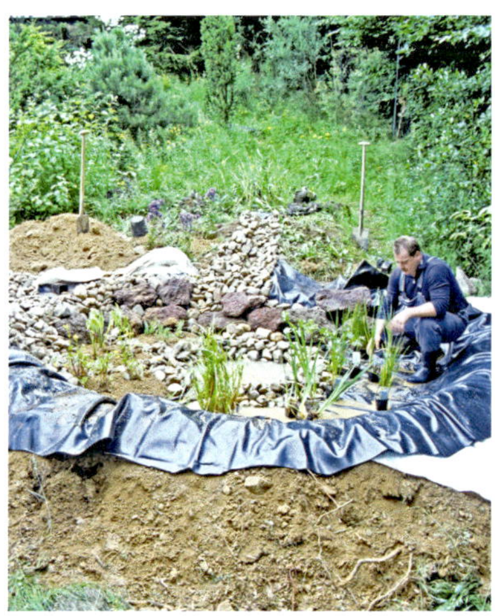

Binsen oder Rohrkolben sind sparsam einzusetzen, damit sie die weniger starkwüchsigen Sumpfdotterblumen, Wasserschwertlilien oder Tannenwedel nicht unterdrücken. Sichtbare Folienflächen werden mit Erde und/oder mit Kiesel bedeckt, einerseits, um sie zu kaschieren, aber auch, um sie zu schützen. Nach dem Auskleiden, Befüllen und Bepflanzen kann das Sumpfbeet geflutet werden, zunächst noch mit Leitungs- oder Brunnenwasser. Später genügt in der Regel der Überlauf vom Teich, wenn dieser mit Regenwasser vom Hausdach versorgt wird. Um das Sumpfbeet fertigzustellen, ist es nur noch nötig, die Folienränder abzuschneiden und das Ufer mit Gräsern und Stauden zu bepflanzen. Besondere Pflege braucht ein Sumpf nicht. Es genügt, bei Trockenheit zu wässern und abgestorbene Pflanzenteile zu entfernen. Wuchernde Pflanzen sind hin und wieder einzudämmen, d.h. zurückzuschneiden.

Übrigens: Ein Sumpf verbreitet keine üblen, fauligen Gerüche, ebenso wenig gehen von der Sumpfzone in einem Teich schlechte Gerüche aus. Allenfalls wenn im Schlamm gewühlt wird, können gelegentlich Faulgase entweichen und aufsteigen.

Sumpfpflanzen-Auswahl

Zur Bepflanzung des Sumpfes sind folgende Pflanzen geeignet (in alphabetischer Reihenfolge der lateinischen Namen): Kalmus *(Acorus calamus)*, Froschlöffel *(Alisma plantago-aquatica)*, Schwanenblume *(Butomus umbellatus)*, Sumpfkalla *(Calla palustris)*, Sumpfdotterblume *(Caltha palustris)*, Segge *(Carex-Arten)*, Zypergras *(Cyperus longus)*, Wollgras *(Eriophorum)*, Tannenwedel *(Hippuris vulgaris)*, Wasserfeder *(Hottonia palustris)*, Schumpfschwertlilie *(Iris-Arten)*, Binse *(Juncus)*, Gilbweiderich *(Lysimachia-Arten)*, Blutweiderich *(Lythrum salicaria)*, Wasserminze *(Mentha aquatica)*, Fieberklee *(Menyanthes trifoliata)*, Sumpfvergißmeinnicht *(Myosotis palustris)*, Brunnenkresse *(Nasturtium officinale)*, Schilfrohr *(Phragmites australis)*, Sumpfhahnenfuß *(Ranunculus lingua)*, Pfeilkraut *(Sagittaria)*, Teichsimse *(Scirpus lacustris)*, Rohrkolben (*Typha-Arten)*, Bachbunge *(Veronica beccabunga)*.

Beschreibungen einiger Sumpfpflanzen sind auf Seite 97 ff. zu finden.

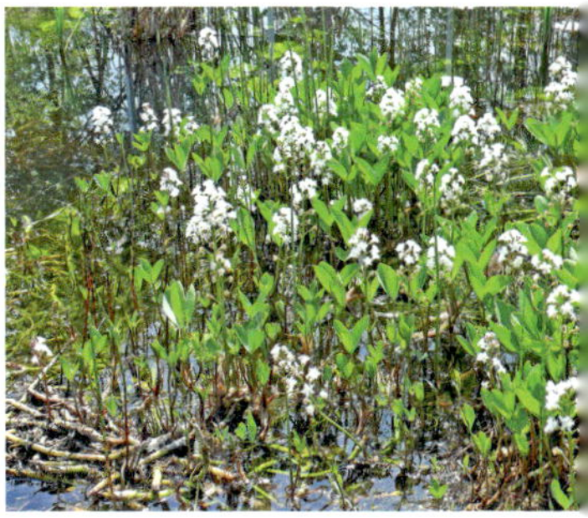

4.5 Fieberklee *(Menyanthes trifoliata)*

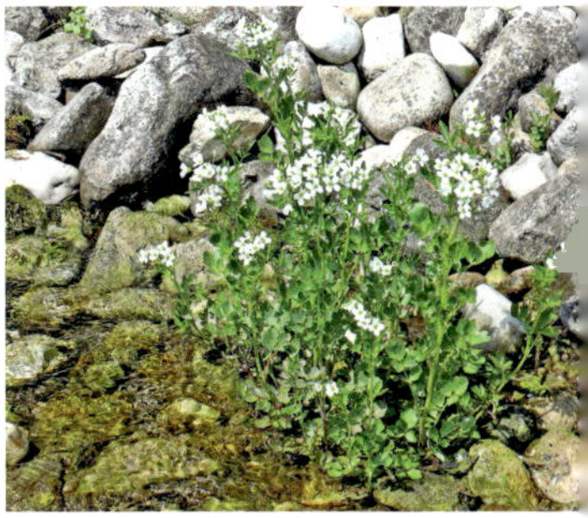

4.6 Brunnenkresse *(Nasturtium officinalis)*

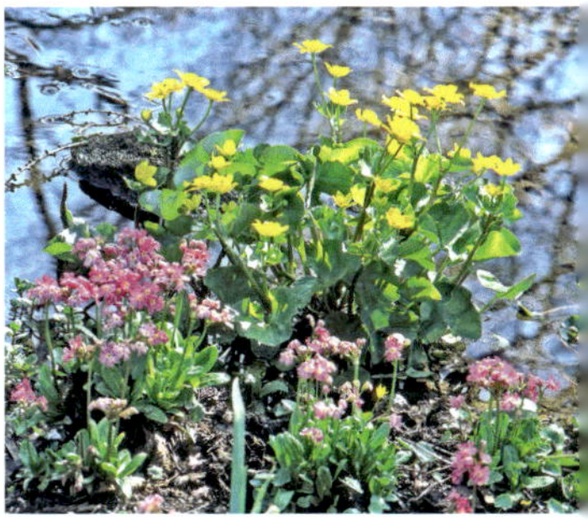

4.7 Sumpfdotterblume *(Caltha palustris)*

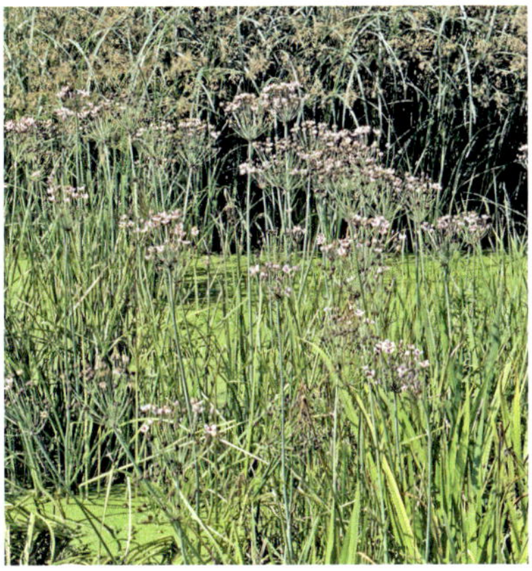

4.8 Blumenbinse *(Butomus umbellatus)*

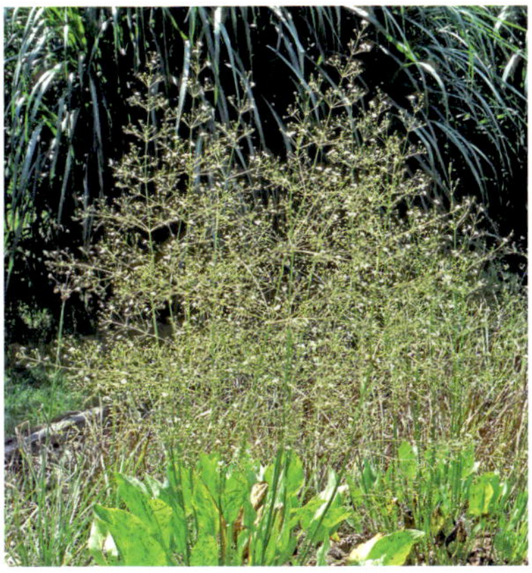

4.9 Froschlöffel, auch Wasserwegerich genannt *(Alisma plantago-aquatica)*

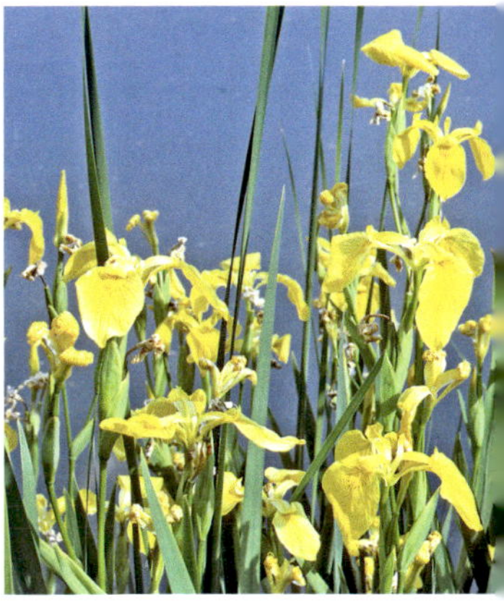

4.10 Wasserschwertlilie *(Iris pseudacorus)*

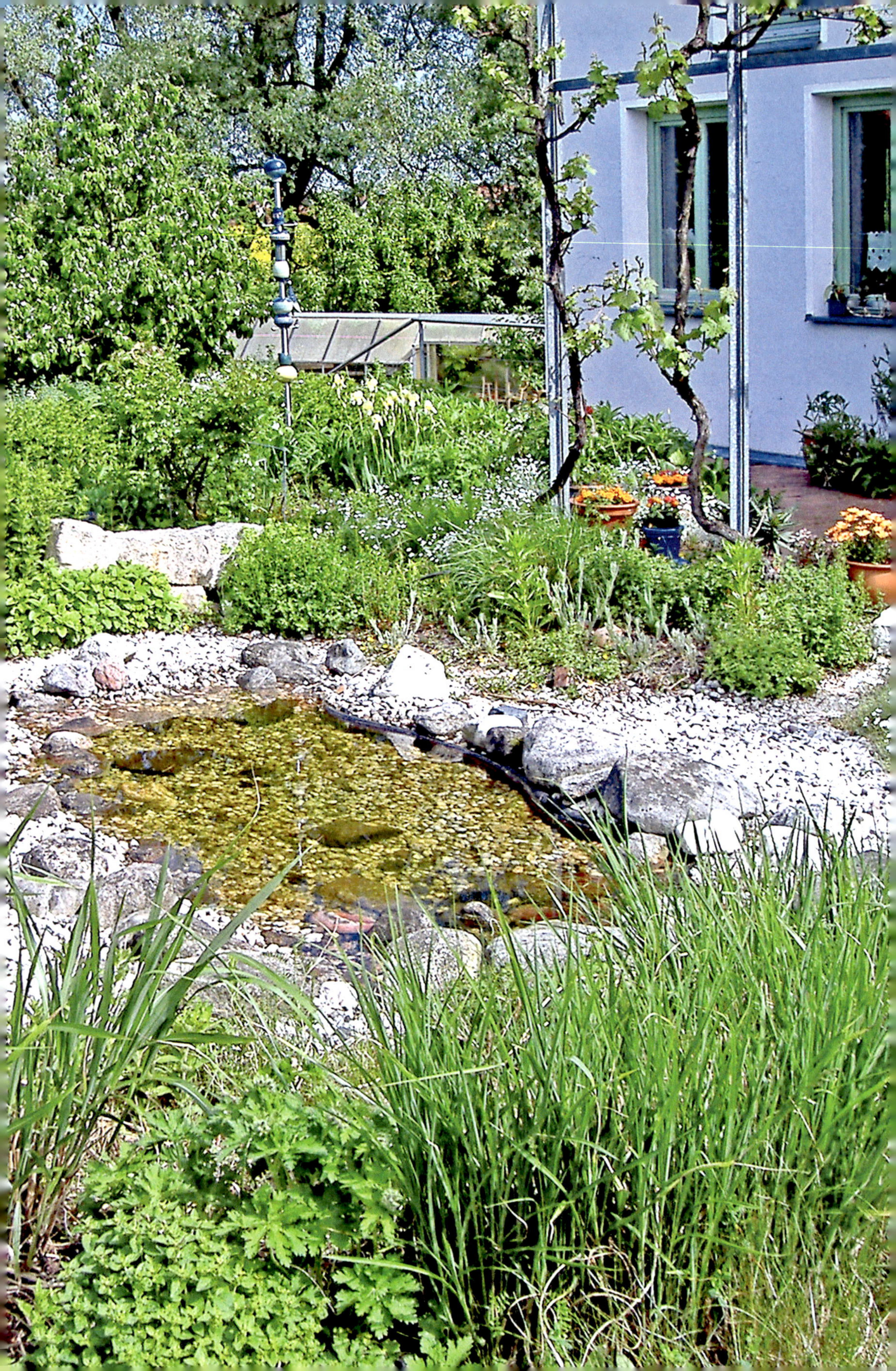

5 Teiche

Arten der Nutzung

Teiche lassen sich in nahezu beliebiger Form und Größe bauen. Die vorgesehene Nutzung hat einen nicht unerheblichen Einfluss auf die Größe:
Will man einen **Teich mit Zierfischen**, wird man für den Teich unbedingt eine Stelle wählen, an der sich Teich und Fische gut beobachten lassen. Je nach Fischbesatz sollte der Teich mindestens 6 – 10 m² groß sein und eine mindestens 1 m tiefe frostfreie Zone aufweisen. Vor allem bei dichtem Fischbesatz wird man auch auf ein gewisses Maß an Teichtechnik, z.B. Wasserfilter, Pumpen und Belüftung des Wassers, zur Sicherung der Wasserqualität und des Fischlebens kaum verzichten können.
Der **Naturteich** oder **naturnahe Teich** als Refugium für Pflanzen und Tiere ist idealerweise größer (mindestens 15 – 30 m²) und sollte besser an einem ruhigen, geschützten Platz im Garten angeordnet werden. Vom Konzept her sollte man nach dem Anlegen des Teiches der Natur hier weitgehend freien Lauf lassen und nur eingreifen, wenn grobe Fehlentwicklungen erkennbar werden, wie z.B. starke Algenvermehrung oder unerwünschtes Zuwachsen durch Wasserpflanzen. Technische Geräte wie Pumpen sind bei dieser Art Teich überflüssig.
Ein **kleiner Naturteich** oder **Zierteich** am Haus bzw. in der Nähe der Terrasse ist ein sehr häufiger Wunsch, insbesondere wenn der für den Garten verbleibende Grundstücksteil nicht allzu groß ist und dennoch naturnah gestaltet werden soll. Hier ist eine Teichgröße von 5 m² als Minimum anzusehen. Größere Wasserflächen bieten mehr Möglichkeiten der Gestaltung und mehr Platz für eine ansprechende Bepflanzung. Wird auf den Besatz mit Fischen verzichtet, kann auch der Zierteich ohne Pumpe und Filtertechnik auskommen, die Wasserpflanzen sorgen für die nötige Reinigung und Belebung des Wassers.

Durch regelmäßiges **Umwälzen des Wassers** mit Hilfe einer Tauch-/Umwälzpumpe kann der Zierteich um einen Wasserfall oder einen Quellstein erweitert und belebt werden. Durch die Wasserbewegung wird auch Sauerstoff in das Teichwasser eingebracht, was insbesondere im Sommer bei höheren Wassertemperaturen Vorteile

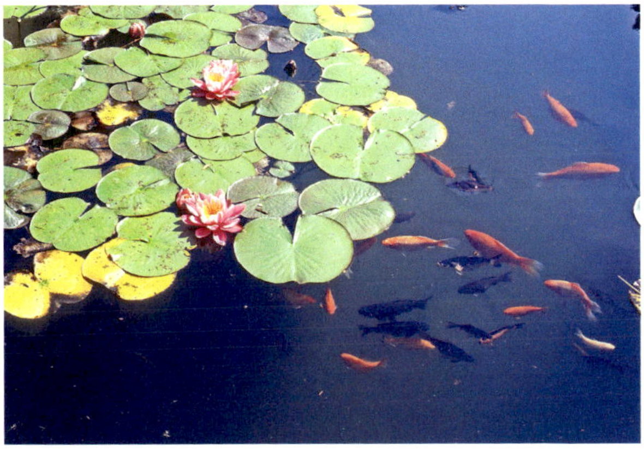

5.1
Ein Teich für Tiere und Pflanzen

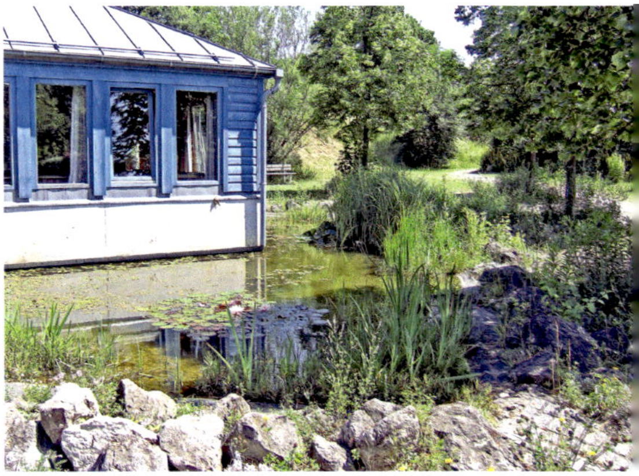

5.2
Näher geht nicht: Teich um ein Gemeinschaftshaus in einer Schrebergartenanlage.

5.3
Naturnaher Teich mit kleinem Bachlauf

5.4
Privater Schwimmteich in ländlicher Umgebung

bringt. Mit einer Umwälzpumpe kann das Wasser natürlich auch zu einer etwas höher gelegenen Quellfassung gepumpt und von dort über einen Bachlauf zurück in den Teich geführt werden. Die Anlage solcher Bachläufe wird im nächsten Kapitel (Seite 39 ff.) ausführlicher beschrieben.

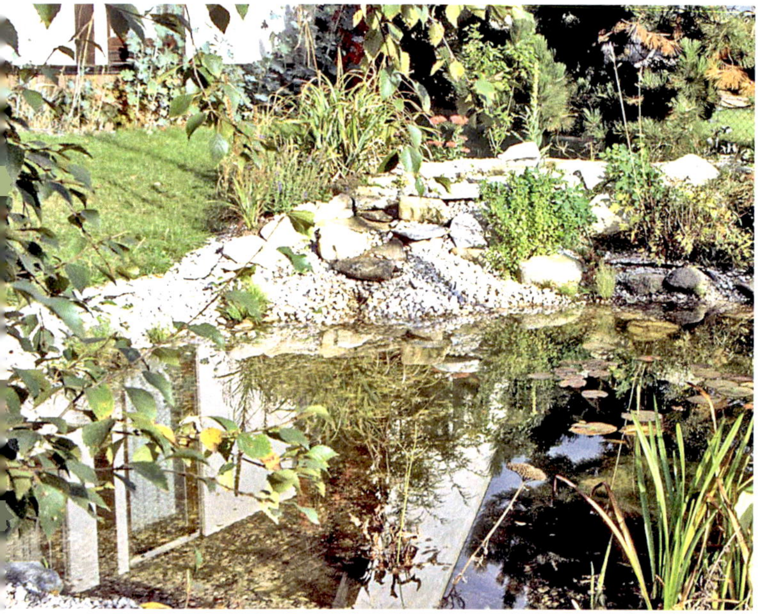

Badeteiche: Größere Teiche ab 30 m^2 Fläche können auch so angelegt werden, dass es möglich ist, darin zu baden. Ein Teil des Beckens kann für diesen Zweck abgeteilt werden, er sollte eine Tiefe von mindestens 1,2 - 1,5 m aufweisen. Hier entscheiden vor allem die Intensität der Badenutzung und die Anforderungen an die Wasserqualität darüber, welche Maßnahmen zur Reinigung und Filterung des Badewassers getroffen werden müssen. Vom naturnahen Badeteich mit großer Pflanzenzone, die auch ohne Technik die Wasserreinigung bewältigen kann, bis hin zum intensiv genutzten Schwimmteich mit Wasserumwälzung und externem Intensiv-Pflanzenfilter ist (fast) alles möglich. In Kap. 8, S. 73 ff. werden naturnahe Badeteiche näher beschrieben und in 2 Beispielen einfachere Bauweisen vorgestellt.

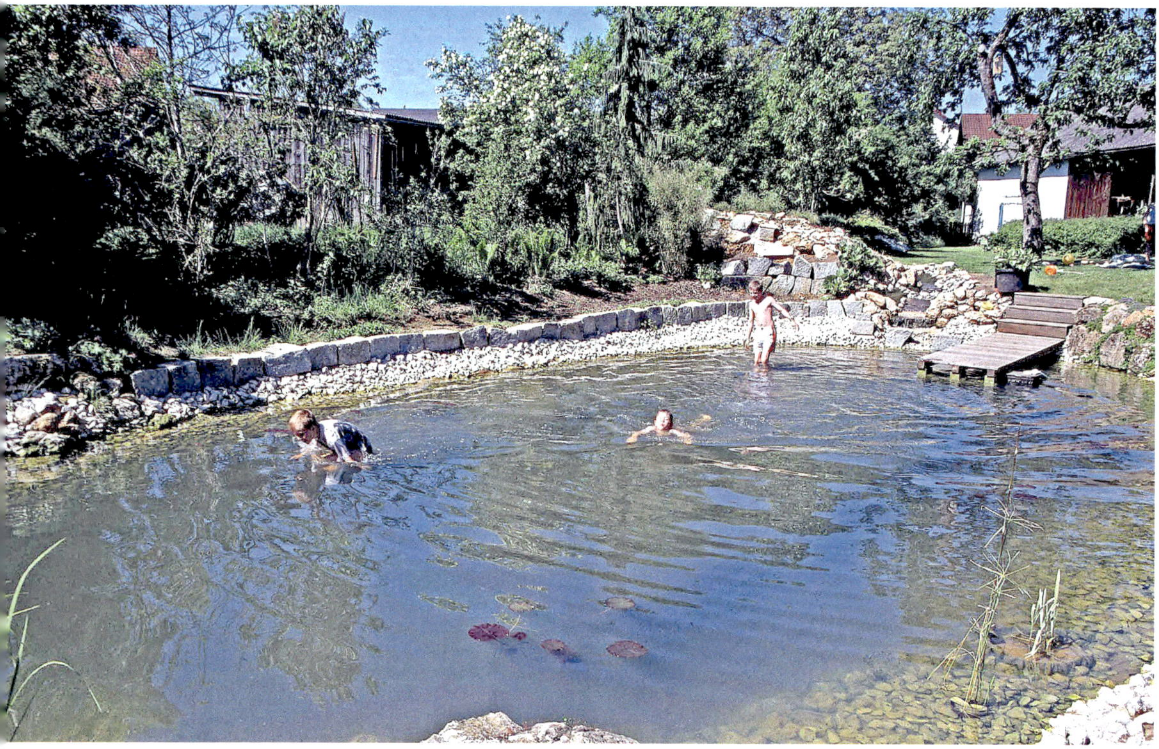

Anlegen eines Teiches

Als Mindestgröße kann eine Teichfläche von etwa 5 m^2 gelten, noch kleinere Wasserstellen verdienen die Bezeichnung „Teich" eigentlich nicht. Mit der Größe der Wasserfläche nehmen auch Bauaufwand und Baukosten zu, was es grundsätzlich zu bedenken gilt. Während sich ein 5 - 10 m^2 großer Teich noch gut von Hand ausschachten und anlegen lässt, wird man für größere Erdbewegungen wohl gern einen Minibagger zur Hilfe nehmen oder ein Unternehmen mit den Erdbewegungen beauftragen.
Wenn Lage und Größe des Teiches sowie Tiefe und angestrebtes Teichprofil im Zuge der Planung geklärt sind, kann der Umriss im Garten abgesteckt bzw. mittels Bodenmarkierungen angezeichnet werden.
Nach dem groben Erdaushub werden die unterschiedlichen Pflanzzonen ausgeformt und eine 5 - 10 cm dicke, weiche Schicht aus gesiebtem Feinsand als Basis für das Teichvlies in die Grube eingebracht.
Erst wenn das Profil des Teichbettes vollständig festgelegt ist, kann die genaue Größe des Vlieses und der Teichfolie mit einem Maßband ermittelt werden. Dabei sollte an allen Uferseiten ein Zuschlag von je 50 cm für die Randgestaltung hinzugerechnet werden. Die Teichfolie wird am besten auf Maß bestellt und kommt dann fertig verschweißt, aufgerollt oder zusammengefaltet (mit Faltplan), vom Hersteller oder Folienlieferanten. Bei größeren Teichgruben erleichtert der Faltplan das richtige Auslegen und Ausbreiten der relativ schweren Folie, so dass ein mehrfaches Hin- und Herziehen bzw. Wenden vermieden werden kann.

Nach dem Aufbringen des Vlieses, das die Folie vor Durchwurzelung schützt, wird für das Auslegen der Folie am besten ein warmer Tag gewählt, da die Folie dann geschmeidiger ist und sich leichter verlegen lässt. Die Folie muss dabei hier und da in Falten gelegt werden, um sie auch ohne Wasserfüllung schon sauber an die Bodenkonturen anpassen zu können; gleichzeitig sollte sie an den Teichrändern gleichmäßig (ca. 50 cm) überstehen.
Die Folie wird später mit einer Schutzschicht aus Kies bedeckt; zunächst aber wird bereits jetzt an den tiefer gelegenen Stellen die Bepflanzung eingebracht. Zur Bepflanzung dienen Gitterkörbe aus Weidengeflecht, Kunststoff oder auch Betonringe, die mit Substrat – einer Mischung aus lehmiger Aushuberde und Sand – gefüllt werden. Dort, wo die Ausbreitung vitaler Wasserpflanzen durch Wurzelausläufer erwünscht ist, kann das Substrat auch in kleinen Hügeln ohne eingrenzende Behälter im Teichbett verteilt werden. In den flachen Pflanzzonen dürfen robuste Stauden wie Schilfrohr, Wasserschwertlilien und Rohrkolben gedeihen. Die meisten Seerosen-Sorten benötigen eine Wassertiefe von 80 - 100 cm. Nach dem Einsetzen der Pflanzen wird die Teichfolie samt Substrat etwa 5 - 10 cm dick mit Kies abgedeckt. Das verhindert das Aufschwimmen von Lehm oder Sandteilchen. Schon während der Bepflanzung kann das Fluten des Teiches mit Wasser beginnen, was einige Zeit in Anspruch nimmt. Denn um einen großen Teich zu füllen, sind viele Kubikmeter Wasser nötig.

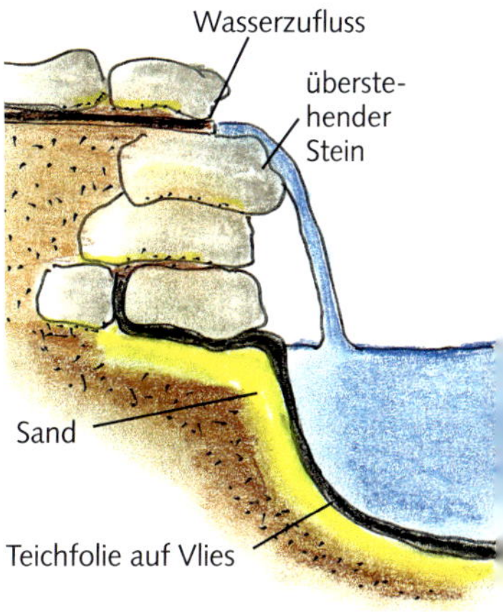

5.5
Kleiner Wasserfall am Teich (Schema): Mittels Tauchpumpe im Teich wird das Wasser gefördert und strömt aus einem Schlauch, der unsichtbar zwischen Steinen verlegt ist.

Regenwasser und Grundwasser nutzen

5.6
Die an das Regenfallrohr angeschlossene Sammeltonne leitet Regenwasser dem Teich zu. Der Schlauch kann auch unter der Erde verlegt werden.

5.7
Kunststoffzisternen lassen sich nachträglich in der Erde versenken; am Boden ist dann nur noch der Deckel vom Domschacht zu sehen.

5.8
Der Querschnitt durch eine Betonzisterne mit aufgesetztem Konus zeigt die dikke Wandung; solche Sammelbehälter sind äußerst stabil.

Mit dem Anschluss an das öffentliche Leitungsnetz kam das Ende vieler privater Brunnen und Zisternen. Es ist eben viel einfacher, den Wasserhahn aufzudrehen als Wasser zu schöpfen oder hoch zu pumpen. Dennoch erleben die Regenwasserspeicher und Grundwasserbrunnen aus ökologischen Gründen und wegen der hohen Leitungswasserkosten eine Renaissance. Diese Entwicklung begünstigen auch die Hauswasserautomaten, die es in Baumärkten recht preiswert zu kaufen gibt. Die leistungsfähigen Pumpen, die sich selbständig ein- und ausschalten, fördern das gesammelte Regenwasser und ermöglichen die Versorgung vonTeichanlagen.

Regenwasser sammeln: Es ist schade um jeden Tropfen Regenwasser, der im Abfluss verschwindet! Auch die Pflanzen vertragen das weiche Regenwasser besser als das oft harte Wasser aus der öffentlichen Leitung. Regenwasser kann im einfachsten Fall in einer Kunststofftonne gesammelt werden, die an ein Fallrohr angeschlossen ist. Die Kunststoffbehälter können einen recht großen Wasservorrat speichern, wenn mehrere Tonnen nebeneinander gestellt und mit Schläuchen verbunden werden.

Der Einbau einer Zisterne erfolgt am besten schon beim Hausbau nach dem Erdaushub. Als Behälter dienen große Betonspeicher, die neben dem Hausfundament in den Boden eingesenkt werden. Im Handel sind auch Kunststofftanks erhältlich, die sich gleichermaßen in den Boden einbauen lassen. Die großen Zisternen werden nach dem Einsenken in den Boden an das Dachrinnensystem des Hauses angeschlossen und erhalten einen Überlauf mit entsprechendem Anschluss an die Kanalisation.

Zum kontinuierlichen Nachfüllen kann Regenwasser auch direkt vom Hausdach in einen Teich geleitet werden, z.B. mit Hilfe eines Regensammlers mit Schlauchanschluss (erhältlich in Baumärkten), der in das Regenfallrohr eingebaut wird.

Brunnen statt Zisterne: Wenn man beim Auskoffern der Baugrube auf Grundwasser stößt, bietet es sich an,

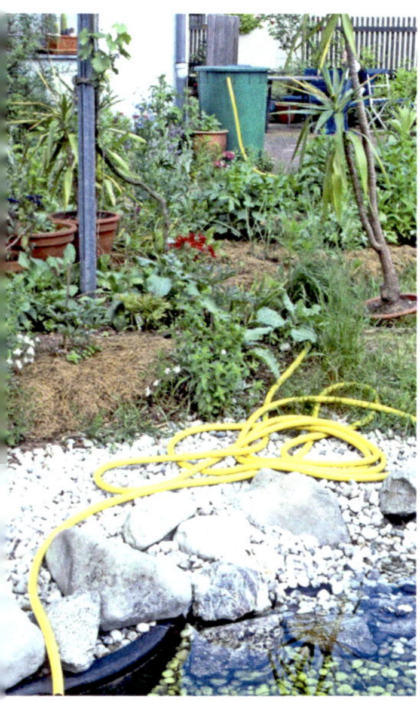

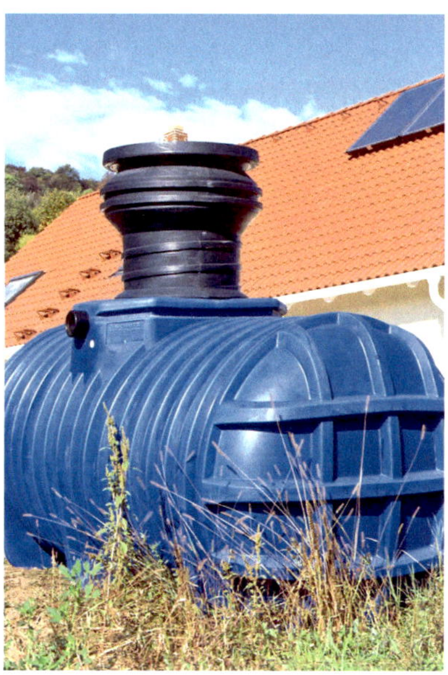

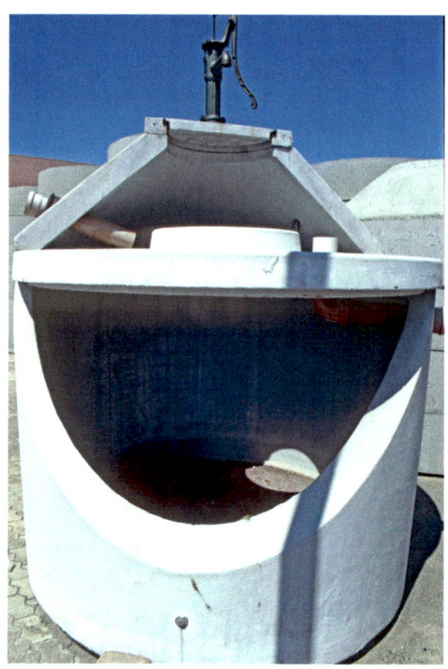

einen Brunnen zu bauen und den Teich mit Grundwasser zu befüllen. Gewöhnlich führt ein Brunnen stets Wasser, da ständig Grundwasser aus der Umgebung nachsickert.

Tipp: Schöne Findlinge bieten sich als Sitzsteine an und tragen zur Ufergestaltung bei. Solche Steinbrocken sind gelegentlich beim Aushub einer Baugrube zu finden. Große Kiesel sind in Baggereibetrieben oder Kiesgruben erhältlich. Auch frostbeständige Bruchsteine können als attraktive Gestaltungselemente am Teich dienen.

Leitungen verlegen

Bei heftigen Regenfällen können erhebliche Mengen Wasser in den Teich fließen, vor allem, wenn noch Regenwasser vom Hausdach eingeleitet wird. Damit es insbesondere bei nahe am Haus gelegenen Teichen nicht zu Wasserschäden kommt, ist es auf jeden Fall vorteilhaft, einen Überlauf des Teiches in den Regenwasserkanal des Hauses vorzusehen. Dazu ist vom Teich ein Abwasserrohr zum bestehenden Regenwasserkanal zu verlegen.
Im Zuge der Erdarbeiten für den Teich bietet es sich an, eventuell auch gleich eine Wasserleitung für die Frischwasserversorgung sowie ein Erdkabel für die Stromversorgung bis an den Teich heranzuführen. Sind externe Wasserfilter mit Pumpe geplant, muss dafür ein entsprechender Raum geschaffen und die Stromversorgung herangeführt werden.
Ebenso sollte dort, wo eine Teichpumpe für Wasserspiele vorgesehen ist, eine passende Vertiefung (ein Pumpenloch) im Teichprofil eingeplant werden.

5.9
Hier fließt das Regenwasser vom Dach eines Gewächshauses direkt in den davor angelegten Seerosenteich.

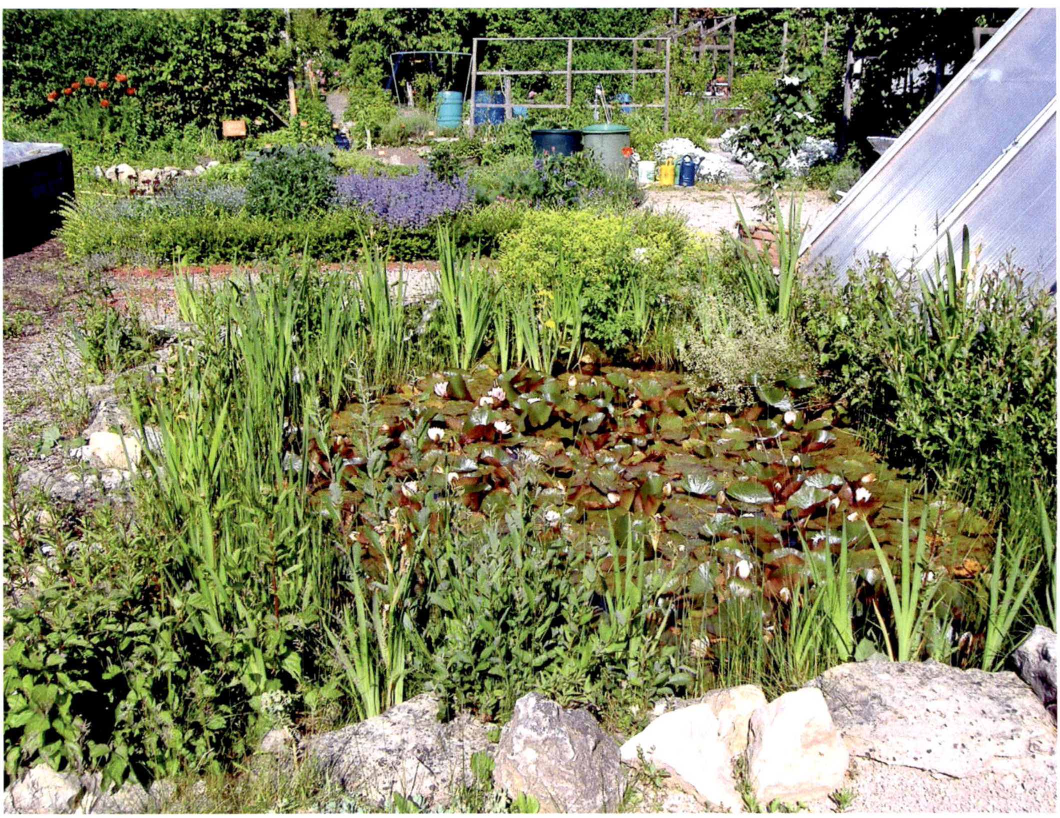

Baubeispiel 5.1: Miniteich neben Hochbeet

Lagebedingt war bei diesem Hanggrundstück der Bau eines großen Gartenteiches nicht möglich, denn der Garten ist nur durch die Garage über eine Treppe erreichbar. So konnte für den Erdaushub kein Bagger eingesetzt werden, der Abtransport der Erde wäre zudem nur mühsam mit Eimern möglich gewesen.

Da die Besitzerin gerne eine Seerose im Garten haben wollte, wurde geplant, einen Miniteich (ca. 2 m² groß) neben ein Hochbeet zu setzen. Damit konnte der Erdaushub praktischerweise gleich zur Füllung des Hochbeetes verwendet werden.

Tipp

Für kleine Teiche sind Seerosen-Sorten zu bevorzugen, die sich in geringer Tiefe entwickeln können. Während z.B. die Weiße Seerose (*Nymphaea alba*) eine Mindestwassertiefe von 80 cm benötigt. kommen Sorten wie 'Helen Fowler', 'Sulphurea', 'Anna Epple' u.a. bereits mit einer Wassertiefe von 40 cm zurecht. Diese Sorten müssen frostfrei überwintert werden.

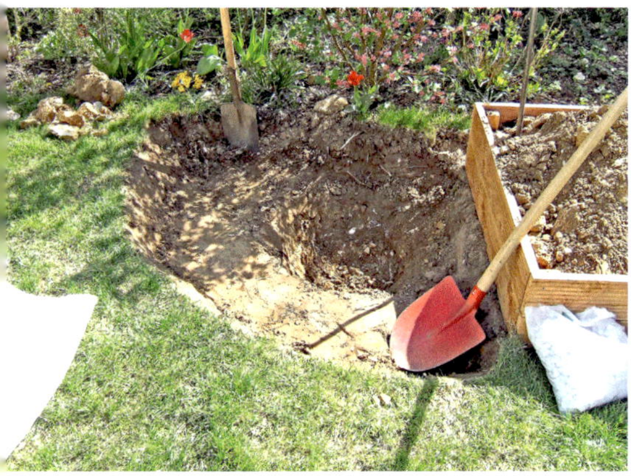

01 Nach dem Bau des Hochbeetkastens (siehe auch Himmelhuber: „Hügelbeete, Hochbeete Hangbeete", ökobuch Verlag) wurde die Grube für den Miniteich ausgehoben.

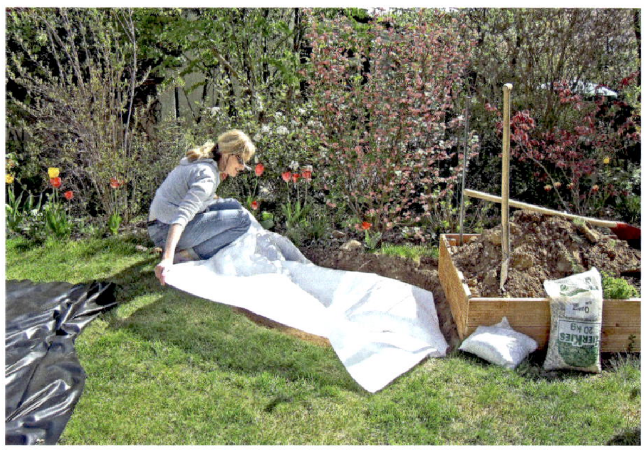

02 Der Mutterboden konnte zum Teil als Substrat im Hochbeet genutzt werden. Die Steine dienten später für den Teichausbau. Das Teichvlies schützt die nachfolgende Folie vor Beschädigungen durch spitze Steine im Teichbett.

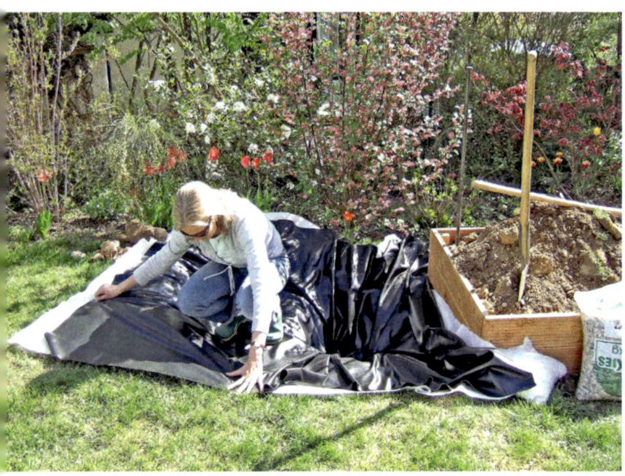

03 Für ein so kleines Becken ist eine 0,5 mm starke Folie ausreichend. Sie lässt sich besser auslegen als eine stärkere Folie, Falten sind dennoch nicht zu vermeiden. Die stören aber nicht.

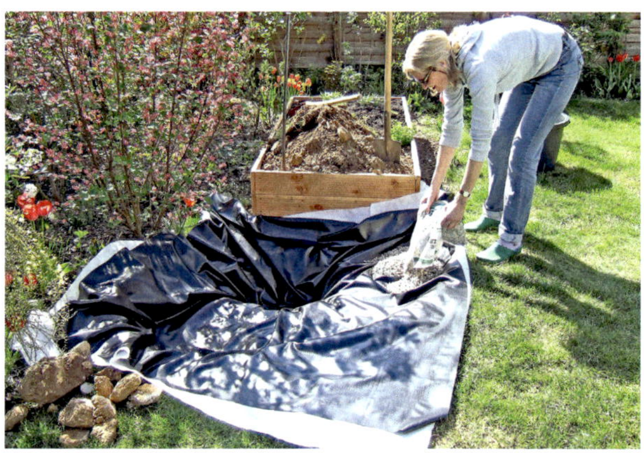

04 Die großen Kieselsteine stammen aus einem naheliegenden Kieswerk, der Feinkies (Zierkies) wurde in Säcken in einer Baustoffhandlung gekauft.

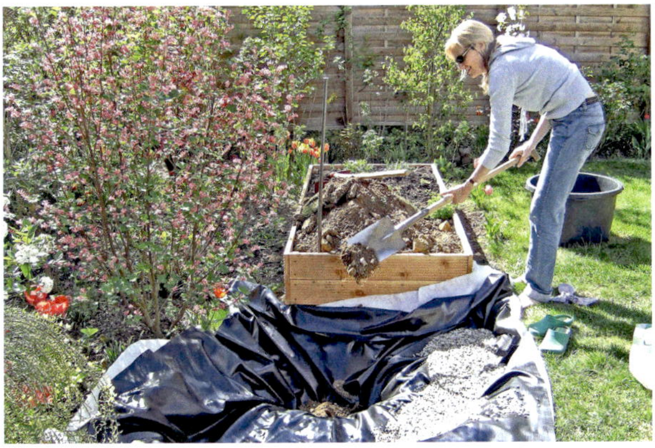

05 Für die Seerose wurde an der tiefsten Stelle etwas Aushuberde eingefüllt. Da der kleine Teich nicht tief ist, muss die frostempfindliche Pflanze an einem wärmeren Ort überwintert werden.

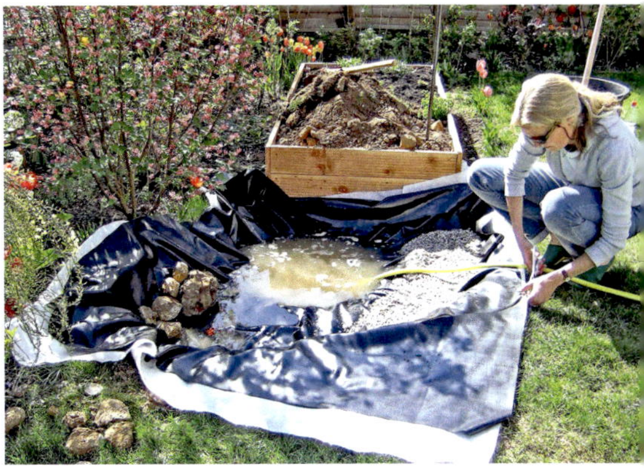

06 Wenn der Wasserdruck die Folie fest in das Teichbett gepresst hat, können die weit überstehenden Folienränder grob zugeschnitten werden.

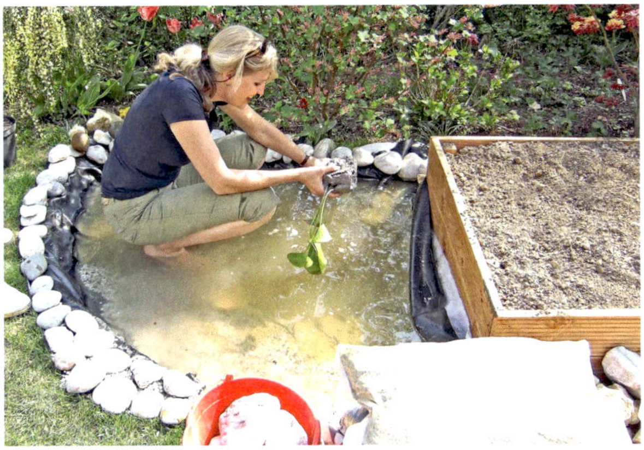

07 Der exakte Zuschnitt erfolgte erst nach dem Ausbau des Teiches und vollständigem Fluten. Der Folienrand wurde zunächst mit großen Kieseln beschwert. Jetzt konnte auch die Seerose eingepflanzt werden.

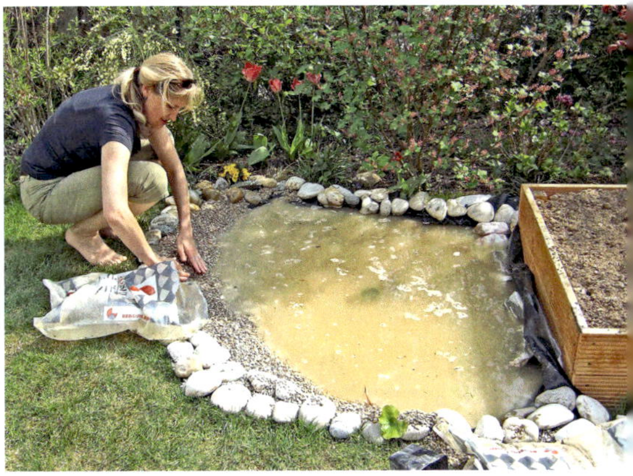

08 Die Folienränder wurden senkrecht aufgestellt, beidseitig mit Kies angefüllt und abgedeckt. Die aufgestellte Folie bildet eine Saugsperre, die verhindert, dass Wurzeln der Randbepflanzung ins Wasser eindringen.

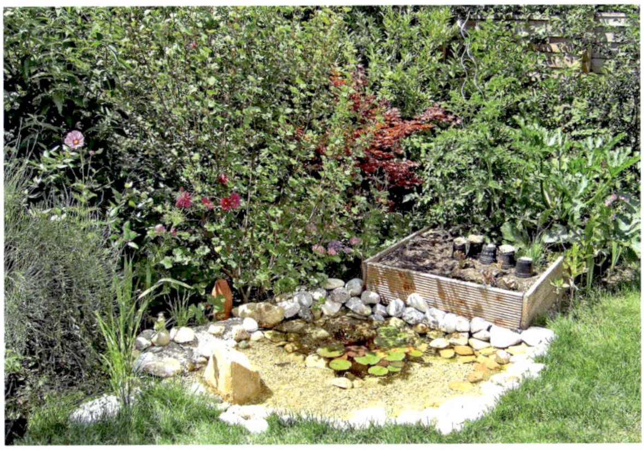

09 Einige Wochen nach der Anlage im Frühjahr hatte sich das Wasser vollständig geklärt. Die Seerose schob Blätter nach oben an die Wasseroberfläche und Wochen später auch erste Blüten.

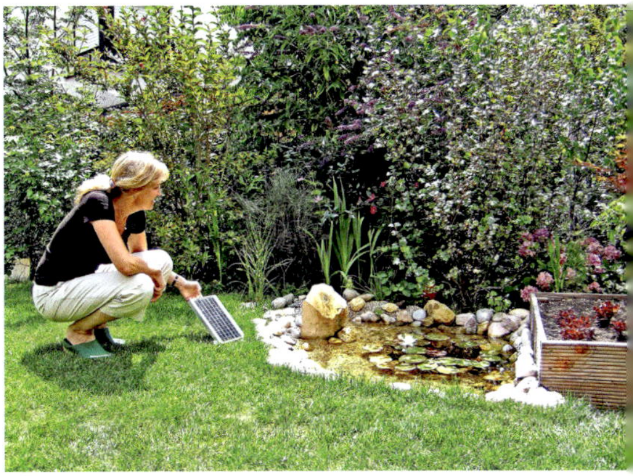

10 Ein durchbohrter Felsbrocken dient als Sprudelstein. Den Strom für die kleine Gleichstrom-Tauchpumpe im Wasser liefert ein Solarmodul.

Baubeispiel 5.2: Teichbecken aus Folie ersetzt Hartkunststoff

Kunststoffe sind beim Bau von Gartenteichen unumgänglich. Auch wenn Kunststoff-Teichfolien aus ökologischen Gründen nicht unbedenklich sind, so überwiegt doch der Nutzen. Ein gut gebauter Gartenteich hat viele Jahre einen Wert als Gestaltungselement, als Wassergarten und als Tränke und Lebensraum für Tiere. Wenn er, wie im folgenden Baubeispiel, eine Kneippzone erhält, ist er auch für die Gesunderhaltung nützlich.

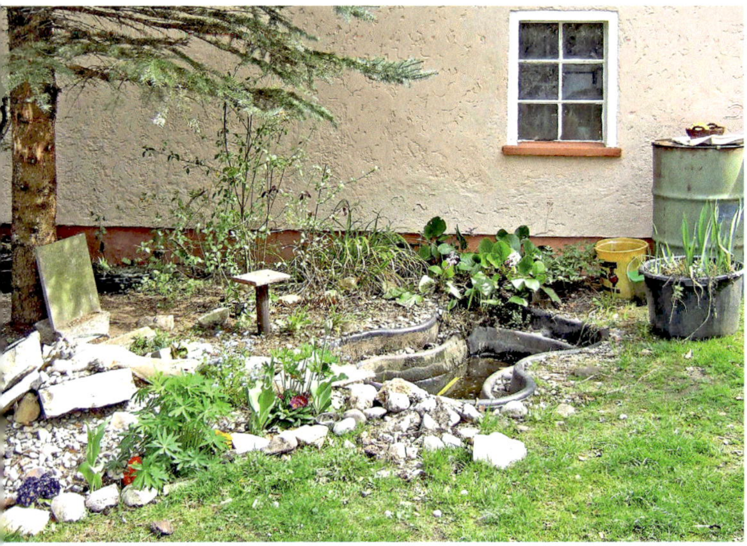

01 Hartkunststoffbecken sind durch ihre steilen Wände oft nicht sehr ansehnlich, zumal der Kunststoff immer sichtbar bleibt. Außerdem bieten sie nur wenig Wasservolumen und können bei starkem Frost bis zum Grund durchfrieren. In diesem Beispielfall sollte ein solches Becken durch einen etwas größeren Folienteich ersetzt werden.

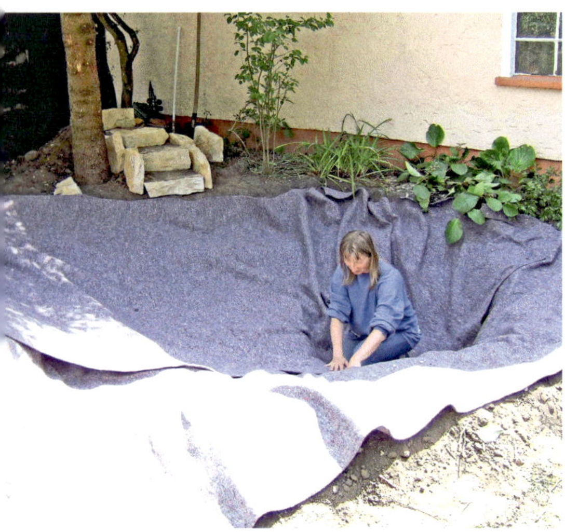

02 Nach dem Ausbau des Beckens und Aushub der Erde erfolgte das Auspolstern mit Teichvlies. Auf dem sandigen Boden konnte auf eine zusätzliche Lage Sand zur Polsterung verzichtet werden. Es gibt das Teichvlies in mehreren Qualitäten. Hier kam ein besonders dickes Vlies zum Einsatz, da der Teich begehbar sein sollte.

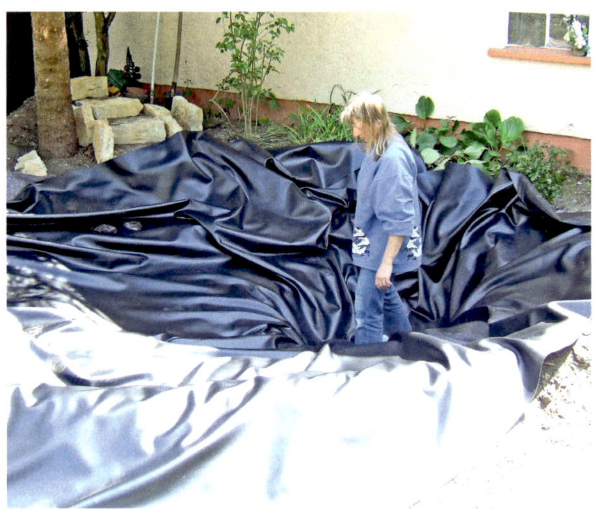

03 Ebenso wurde eine dickere Teichfolie (1,5 mm) gewählt, damit sie beim Ausbau mit Bruchsteinen und später auch bei den Kneippbädern keinen Schaden nimmt. Generell gelingt das Auslegen dickerer Teichfolie bei sommerlichen Temperaturen leichter als bei kühlem Wetter, da die Folie dann weicher ist und sich besser an das Teichbett anschmiegt.

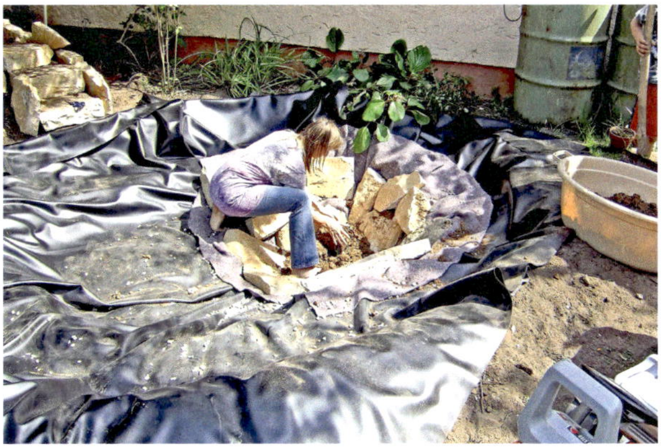

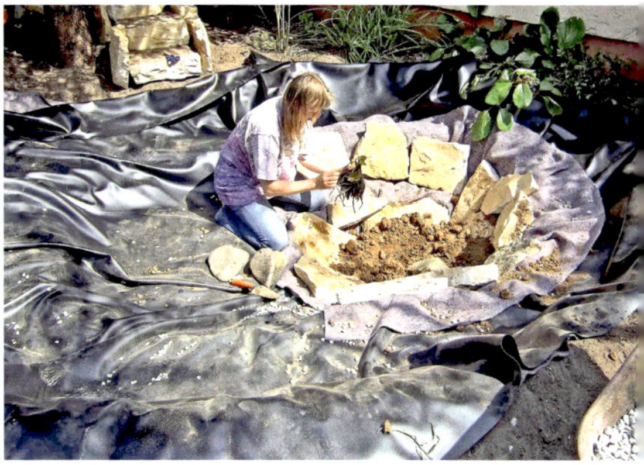

04 An den steilen Wänden in der Tiefwasserzone bleiben die Kiesel nicht liegen, deshalb wurden kantige Bruchsteine verlegt. Zum Schutz der Folie vor den spitzen Steinen wurde vorher wieder eine Vliesmatte aufgebracht. Im Hintergrund entstand nebenbei ein kleiner Bachlauf aus handbehauenen, kantigen Bruchsteinen.

05 Für eine Seerose in der Tiefwasserzone ist Lehm das ideale Substrat. Die Seerosen-Art sollte passend zu Teichtiefe und -größe gewählt werden. Für diesen kleinen Teich ist eine schwach wachsende Sorte besser geeignet als eine starkwüchsige Wildart.

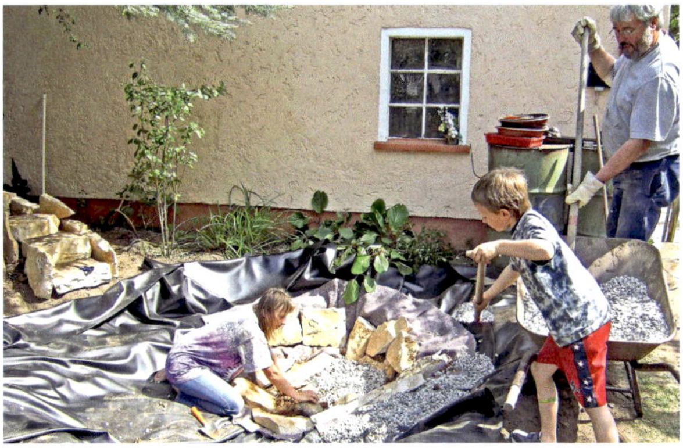

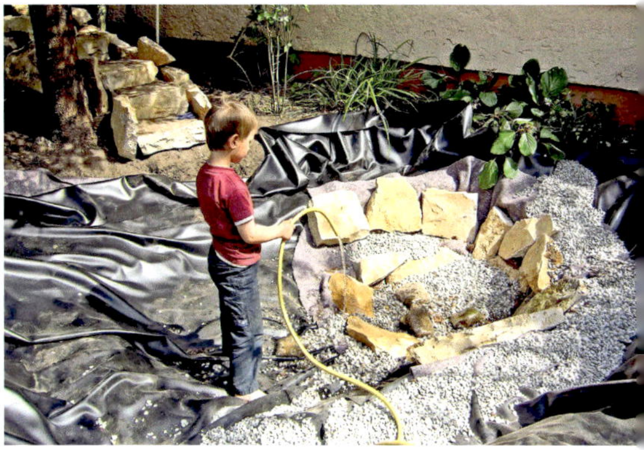

06 Damit kein Schlamm aufgewirbelt wird, wurde der lehmige Boden mit Kieseln bedeckt. Die kleinen Steinchen sind auch für das weitere Auskleiden des Beckens nützlich. Besonders in der Kneippzone massieren sie beim Durchwaten die Fußsohlen.

07 Schon während des Ausbaus wurde mit dem Fluten begonnen, denn es braucht Zeit, bis ein Teich mit Leitungswasser gefüllt ist. Besser ist Brunnenwasser oder kalkfreies Regenwasser aus der Zisterne.

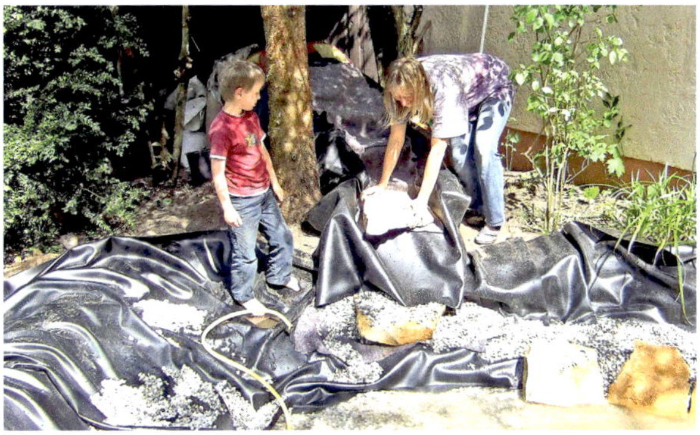

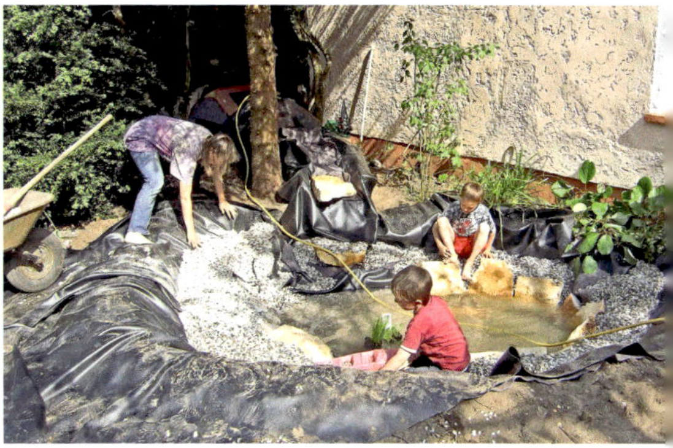

08 Ausbau des Bachlaufes: Dort, wo ein Bächlein in den Teich münden sollte, wurde ein Unterbau aus kantigen Steinen auf einem Streifen Teichfolie und Vlies hergestellt. Zu beachten ist, dass die Steine gut geschichtet werden, damit das Wasser später geräuschvoll und sichtbar abläuft und nicht in den Fugen versickert.

09 Der weitere Teichausbau erfolgte wieder mit Kies, der mit dem PKW-Anhänger bei einem Spediteur geholt worden war. Mittlerweile lud das kalte Wasser schon zum Erfrischen ein.

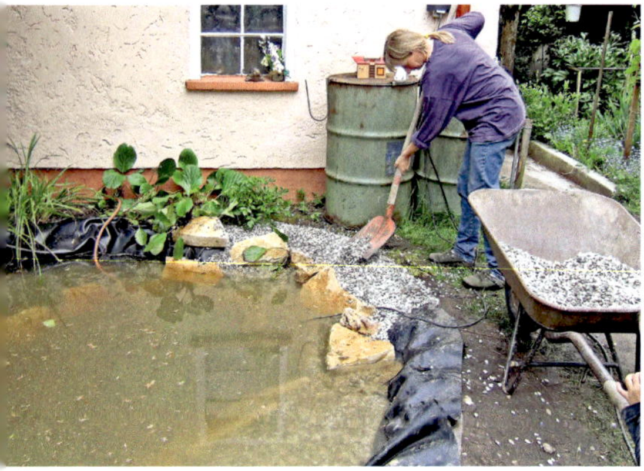

10 Einige Tage später war der Teich gefüllt und die Ufergestaltung konnte weitergehen. Die Folie verschwand ganz unter einer Kieselschicht bzw. an den Steilstellen unter Bruchsteinen.

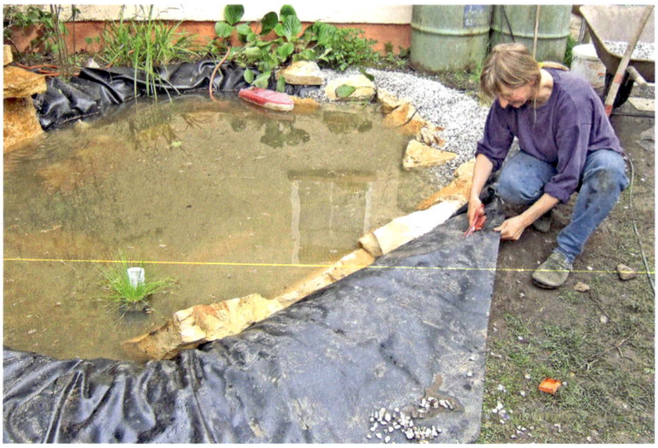

11 Nachdem der Wasserdruck die Folie fest in das Teichbett gepresst hatte, wurden die überstehenden Ränder abgeschnitten. Sie können z.B. noch zum Mulchen von Beeten oder für kleine Vogeltränken verwendet werden.

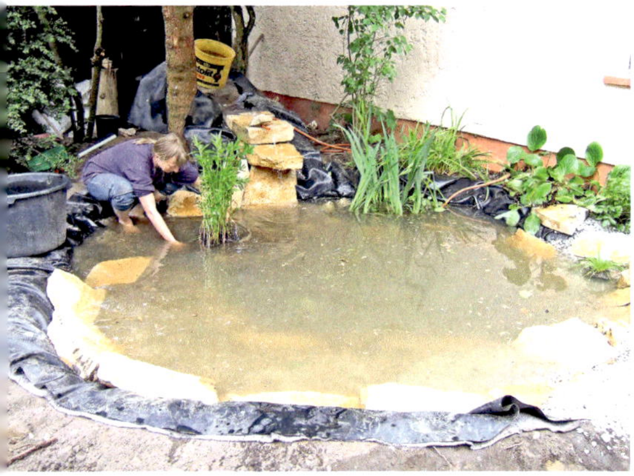

12 Die Wasserpflanzen erhielten die für sie passenden Standplätze und wurden in Gitterkörbe oder direkt in kleine Haufen lehmiger Erde gesetzt.

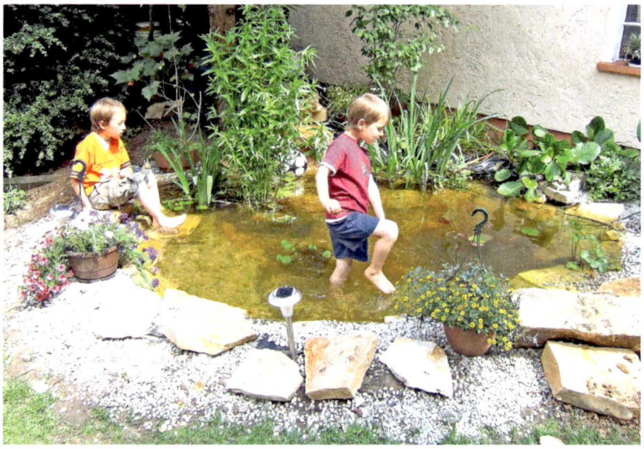

13 Die Kneippzone blieb von Bepflanzung frei. Einige Tage später hatte sich das Wasser geklärt. Die Kinder konnten den Teich nun zum Wassertreten nutzen. Der Zugang erfolgt über Stufen aus kantigen Bruchsteinen, links im Bild.

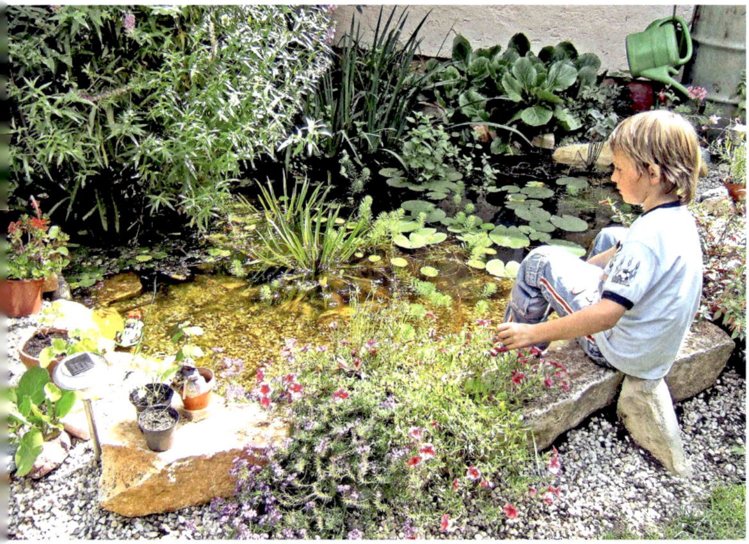

14 Bis zum Sommer waren die Wasserpflanzen gut angewachsen. Neben der Seerose schwimmen hier Krebsscheren auf dem Wasser. Das Tausendblatt trägt zur Sauerstoffversorgung bei. Vom Sitzstein aus lässt sich das Treiben im Wasser gut beobachten.

Kosten

Teichfolie (30 m²):	240 €
Vlies (ca. 30 m²):	100 €
Kieselsteine (2 m³):	20 €
Wasserpflanzen:	ca. 20 €
Kostenlos:	Bruchsteine vom Hausabriss

Baubeispiel 5.3: Teichbiotop statt Rasen

Dieser Folienteich entstand nach der Hausübernahme im Zuge des Hausumbaus und der Gartenrenovierung im Jahr 1990. Der Teich ist auch heute noch gut erhalten. Die Folie hat keine Schäden und ist absolut dicht. Nach dem Hausverkauf vor wenigen Jahren haben die neuen Besitzer den Garten umgestaltet (s. Abb. 11). Der Teich blieb erhalten und wurde zum Teil mit neuen Uferpflanzen ausgestattet.

Tipp

Soll der Teich bzw. Teile davon nicht in Eigenarbeit gebaut werden, lohnt es sich, Kostenvoranschläge von mehreren Gartenbaufirmen einzuholen. Dabei weichen der angebotene Leistungsumfang und die Kosten für einen Teich oftmals erheblich voneinander ab. Als Vergleichskriterien können u.a. das Wasservolumen (Teichgröße und Tiefe), die Art des Teiches (Schwimmteich, Biotop etc.) und die Ausstattung (Steg, Brücke, Sprudelstein etc.) dienen. Auf Anfrage weisen die Gartenbaufirmen auf Projekte hin, die sie bereits geschaffen haben. Solche Referenzen können bei der Entscheidung für eine bestimmte Firma hilfreich sein.

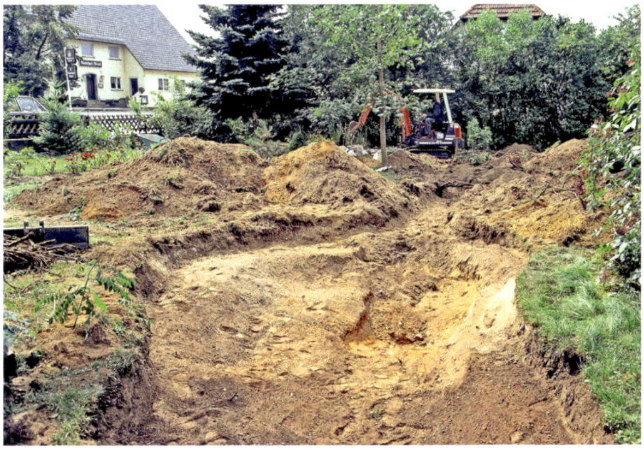

01 Im Jahr 1990: Nach dem Fällen von Fichten erfolgte der Erdaushub für das Biotop mit Hilfe eines Minibaggers. Auch das Teichbett wurde mit dem Minibagger ausgehoben und von Hand mit der Schaufel ausgeformt.

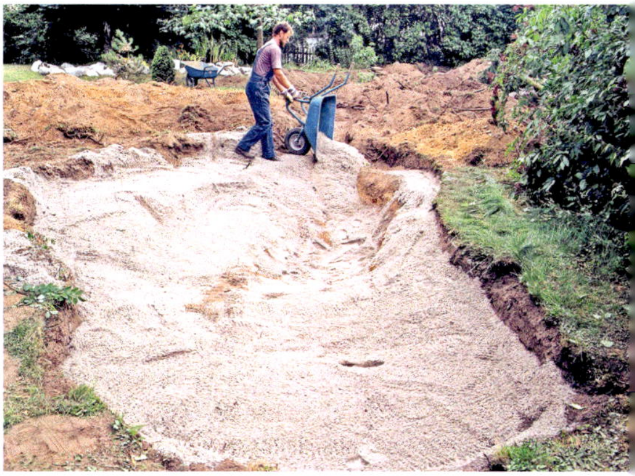

02 Zum Schutz der Folie wurde eine Sandschicht aufgetragen. Das kann gewöhnlicher Bausand oder wie hier Flußsand sein, der beim Ausbaggern von Kiesgruben gefördert wird.

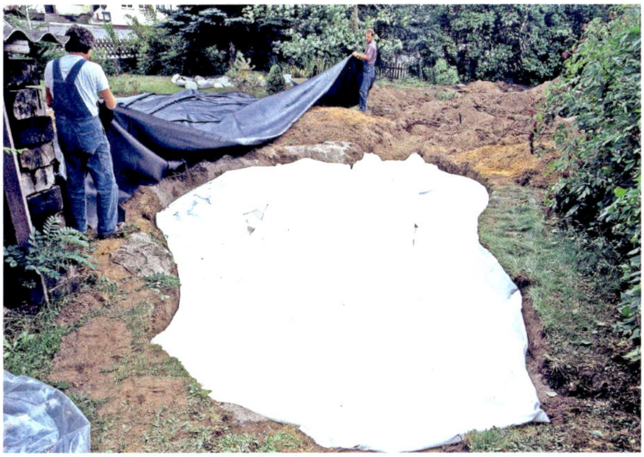

03 Ein Teichvlies auf dem Sandpolster schützt die Folie vor Beschädigungen durch Gehölzwurzeln.

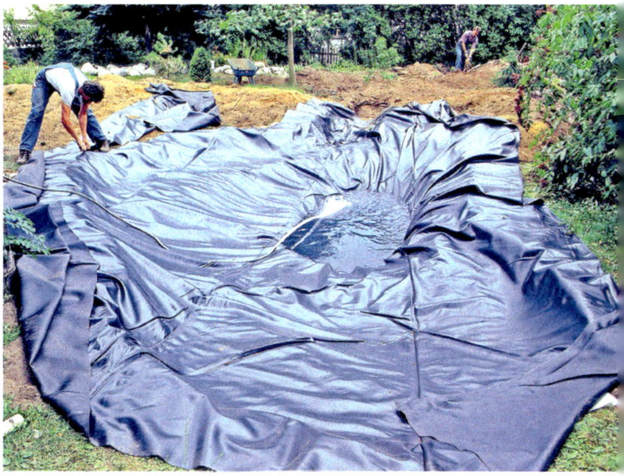

04 Nach dem Auskleiden des Teichbetts mit Folie wurde geflutet und die überstehende Folie grob abgeschnitten. Der exakte Zuschnitt sollte immer erst erfolgen, wenn der Teich vollständig mit Wasser gefüllt ist.

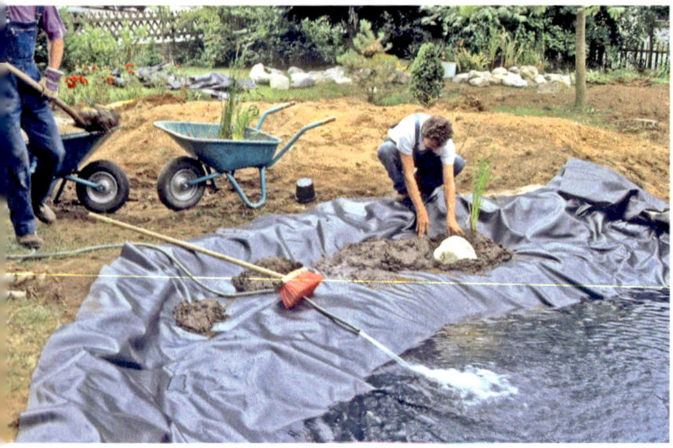

05 Beim Fluten wurden auch gleich die Flachwasserzonen bepflanzt. Dafür wurden von der sandigen Aushuberde kleine Haufen eingefüllt.

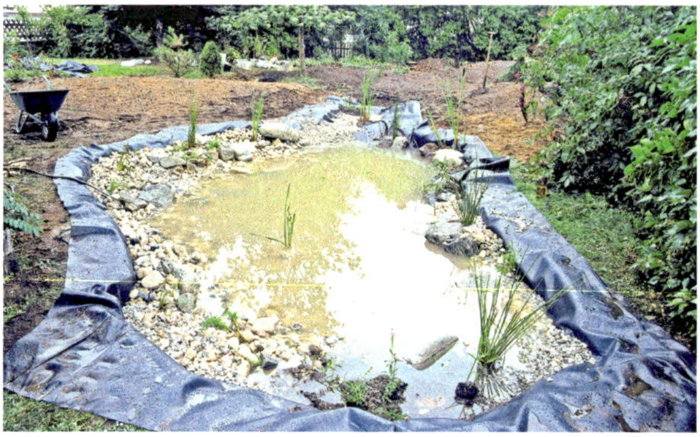

06 Schön sehen die großen Kieselsteine aus, die zusammen mit den kleinen Kieseln von einer Baustoffhandlung bezogen wurden. Auch in der Tiefwasserzone wurde die Folie mit Kies abgedeckt.

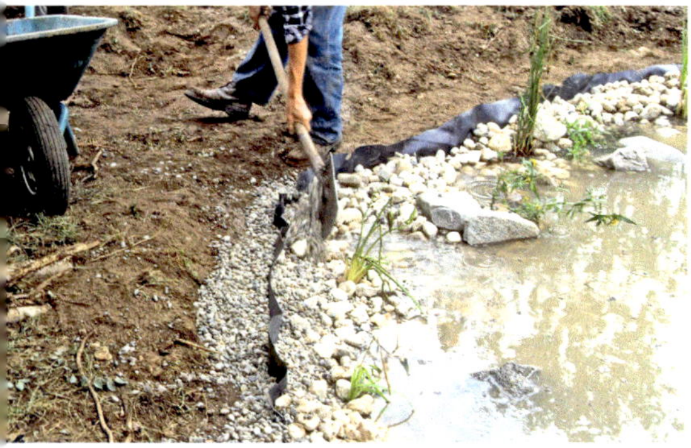

07 Als Saugsperre sind die Folienränder senkrecht aufgestellt und beidseitig mit Kieselsteinen angehäufelt. In die Flachwasserzone wurden Wasserpflanzen eingesetzt.

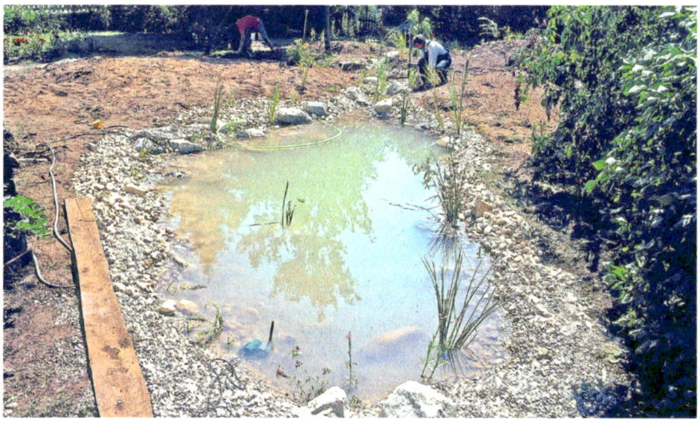

08 Nach dem Ausbau war nichts mehr von der Folie zu sehen. Das vom Kies noch milchig trübe Teichwasser klärte sich mit der Zeit. Nun fehlte noch die Gestaltung des Ufers.

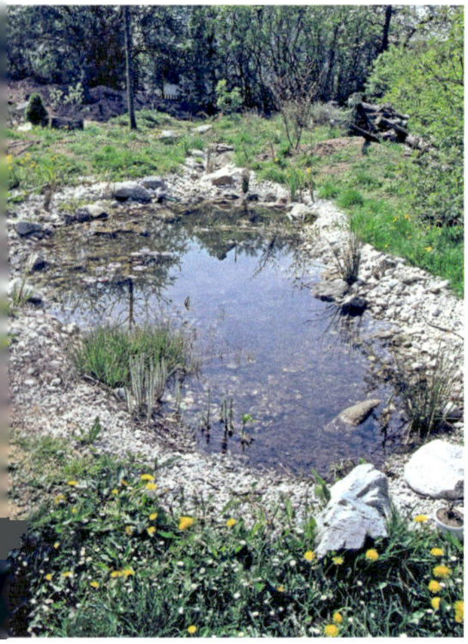

09 Im folgenden Frühjahr trieben die Wasserpflanzen aus. Die Flachwasserstauden sind frosthart und vertragen es, wenn das Wasser im Teich zufriert. Die Seerose ist in frostfreier Tiefe gepflanzt.

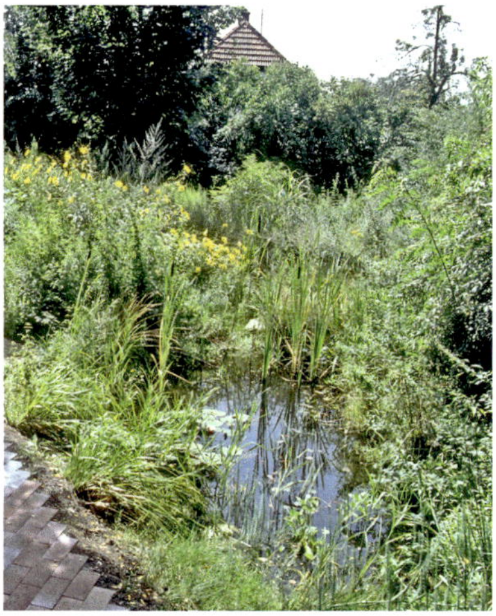

10 Im Sommer hatte sich ein dichter Pflanzenwuchs entwickelt. Neben den eingesetzten Wasserpflanzen wuchsen am Ufer viele Wildpflanzen.

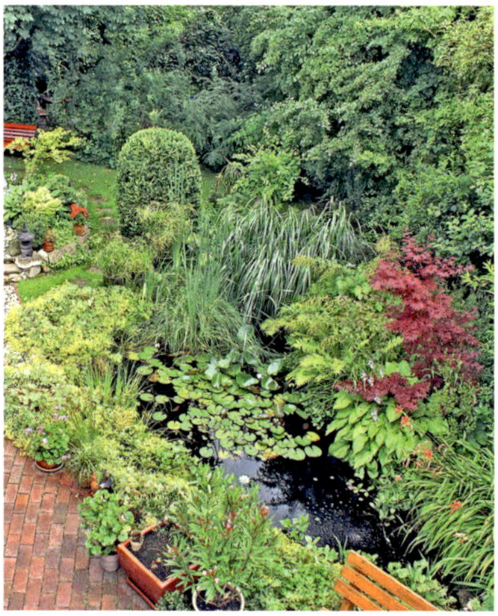

11 Nach dem Verkauf des Grundstücks haben die Nachbesitzer den Wildwuchs gerodet. Im Teich gedeihen weiterhin die vor mehr als 20 Jahren eingesetzten Seerosen.

6 Teiche mit Bachlauf

Bewegtes Wasser hat eine starke Wirkung: Ein plätschernder Bach erfreut das Gemüt und belebt jeden Garten. In der Natur sind Bäche so unterschiedlich wie die Landschaften, durch die sie fließen. Sie können sich leise plätschernd durch Wiesen und Felder schlängeln oder schnell und tosend fließen wie ein reißender Bergbach. Das Gefälle zwischen Quelle und Mündung bestimmt im Wesentlichen die Fließgeschwindigkeit eines Baches, aber auch die abfließende Wassermenge. Mündet der Bach in einen Teich, so versorgt er diesen mit Sauerstoff und trägt dadurch zu dessen Reinigung bei, was besonders im Sommer nicht zu unterschätzen ist.

Anlage eines Bachlaufes

Im Hausgarten gibt es mehrere Möglichkeiten, einen bestehenden Teich durch Einbau einer Umwälzpumpe um einen Bachlauf zu erweitern. Meist wird eine Tauchpumpe in den Teich eingesetzt, die das einfließende Wasser über einen in der Erde verlegten Spiralschlauch wieder hinauf zur Quelle transportiert. Die Länge des Baches und der Höhenunterschied zwischen Quelle und Teich können frei gestaltet und auf das Gartengelände abgestimmt werden.

Auf jeden Fall lässt sich das „Bachufer“ mit unterschiedlich großen Steinen und diversen Pflanzen vielfältig von naturnah bis dekorativ gestalten. Das feuchte Kleinklima am Bach ist günstig für das Wachstum und Gedeihen vieler Pflanzen. Auch das Regenwasser vom Hausdach kann durch einen kleinen, ggf. zusätzlich angelegten Bachlauf auf schöne Art seinen Weg in den Teich finden.

Gefälle: Damit ein Bach natürlich wirkt und sich harmonisch in die Gartenlandschaft einfügt, braucht er etwas Gefälle. Bei Grundstücken am Hang ist dies bereits naturgegeben. In der Ebene wird ein Hügel künstlich aufgeschüttet, wobei beim Teichaushub meist mehr als genug Erdreich anfällt. Das Gefälle muss nicht groß sein, für einen sanft fließenden Wiesenbach reichen 10 bis 20% aus, das sind 10 - 20 cm Höhendifferenz auf 1 m Fließstrecke. Dort, wo der Bach in den Teich mündet, darf das Gefälle größer sein, damit das Wasser stärker plätschert, eventuell sogar mit einem kleinen Wasserfall in den Teich mündet. Damit der Bach beim Abstellen der Pumpe nicht gleich austrocknet, empfiehlt es sich, anstelle eines Bachbetts mit durchgehendem Gefälle mehrere Stufen aus kantigen Steinen einzubauen, d.h. eine Folge kleinerer hintereinanderliegender Seen ober Pfützen anzulegen, die ineinander übergehen. In denen bleibt das Wasser auch nach

6.1
Schema eines Bachlaufes: Mittels Tauchpumpe im Teich wird das Wasser durch den Schlauch zur „Quelle“ befördert und fließt von dort über mehr oder weniger hohen Kaskaden zurück in den Teich. Durch die kleinen Stauungen bleibt Wasser im Bach auch dann sichtbar, wenn die Pumpe stillsteht. Zeichnung nach: Peter Robinson: Traumhafte Wassergärten, Augsburg

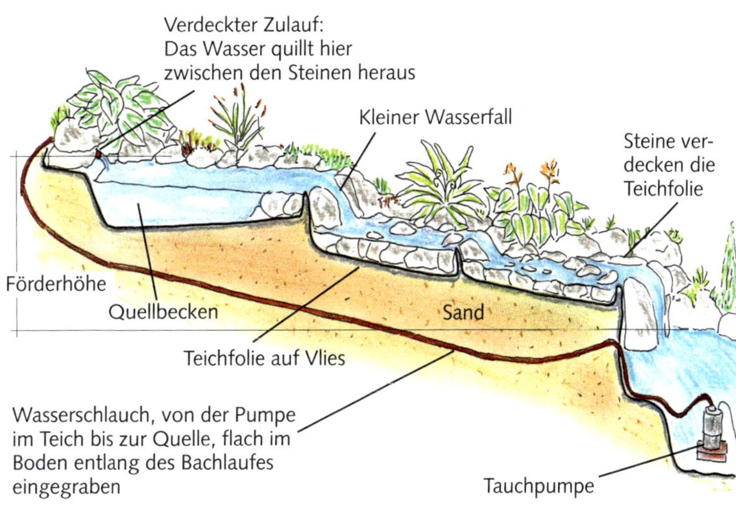

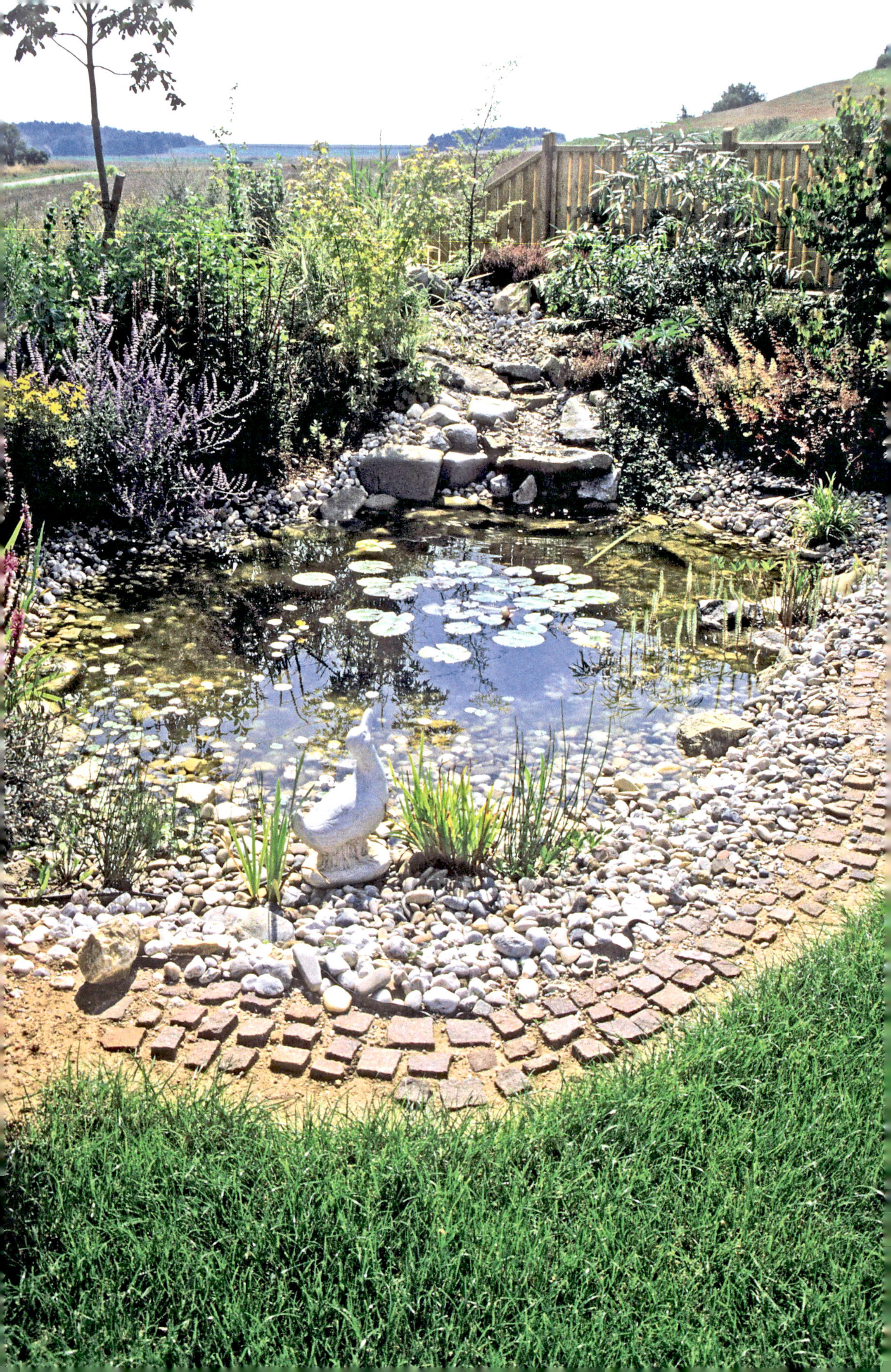

Abstellen der Pumpe (Stromverbrauch minimieren!) stehen, so dass der Eindruck eines Bachlaufes erhalten bleibt. Ein Bach im Garten sollte – wie in der Natur – wenn möglich einige Windungen haben und nicht zu schmal und zu kurz angelegt werden. Eine Länge ab 3 m, eine Breite von mindestens 50 cm und eine Tiefe von 25 - 30 cm sind zu empfehlen. Verengungen im Bachbett, z.B. durch Steine, verändern die Strömungsgeschwindigkeit, das Wasser gurgelt dort stärker. Wird das Bächlein stellenweise breiter, kann das Wasser in Ausbuchtungen (Pflanztaschen) ruhiger fließen. Dort können Sumpfvergissmeinnicht, Fieberklee, Binsen, Sumpfdotterblumen und andere Sumpf- und Flachwassergewächse gedeihen.

Um einen naturnahen Bach zu bauen, sind nur Teichfolienstücke notwendig (z.B. Reststreifen vom Teichbau), sowie kantige Steine und Kiesel als Hindernisse, damit das Wasser nicht „lustlos" abläuft.

Zunächst wird der Verlauf des Baches festgelegt (z.B. mit Hilfe eines Gartenschlauches, der die Lage des Baches im Garten markiert). Der richtige Ausbau des Bachbettes beginnt in der Regel mit dem Auskleiden an der Mündungsstelle am Teich. Hier überlappt das erste Folienstück für den Bach die Teichfolie. Damit der Bach später an dieser Stelle richtig plätschert, ist ein Unterbau z.B. mit Hilfe eines Betonsteins günstig, so dass das Folienstück nahezu senkrecht zur Mündung abfällt. Damit das Wasser nicht links und rechts abfließt, sondern eingefasst ist, werden die Folienränder hochgestellt und entsprechend mit Kies unterfüllt. Dann folgt das nächste Folienstück, welches nun das erste überlappt. Auf diese Weise wird das Bachbett bis zur höchsten Stelle, der Quelle, mit Folie abgedichtet.

Das Wasser an der Quelle kann z.B. aus einem durchbohrten Quellstein sprudeln oder wie in der Natur zwischen Kieselsteinen herausquellen. Sobald das gesamte Bachbett mit Folie ausgelegt und eventuell mit dekorativen Natursteinen ausgekleidet ist, kann es geflutet werden. Die Pumpe im Teich wird eingeschaltet und befördert das Wasser nach oben. Bei der ersten Erprobung wird schnell deutlich, ob und ggf. wo noch Veränderungen im Unterbau des Baches wünschenswert sind.

Der Schlauch, der von der Pumpe im Teich zur Quelle führt, wird neben dem Bach im Boden verlegt. Ist die Wasserführung im Bach zufriedenstellend, wird er flach eingegraben. Abschließend wird die Teichfolie mit Kieselsteinen abgedeckt, und die Bachränder können bepflanzt werden. Bei der Bepflanzung ist darauf zu achten, dass keine wuchernden Pflanzen eingesetzt werden. Die Ufervegetation, die gerne üppig wachsen darf, wird durch das Aufstellen der Folienränder vom Bachbett ferngehalten. Diese Saugsperre verhindert auch das Eindringen von Gehölzwurzeln z.B. angrenzender Weiden oder Erlen. Geht Wasser durch undichte Stellen verloren oder schwappt es über, müssen die jeweiligen Folienstücke ersetzt und die Abdichtung korrigiert werden.

Der Bach kann grundsätzlich auch bei milden Temperaturen im Winter betrieben werden, bei Frost ist jedoch ein kräftiger Wasserschwall nötig, damit das Bachbett nicht zufriert (den Energieverbrauch der Pumpe bedenken!). Alternative: Den Wasserlauf einfach stilllegen. Angaben zur einzusetzenden Umwälzpumpe finden sich in Kap. 7, Seite 67 ff.

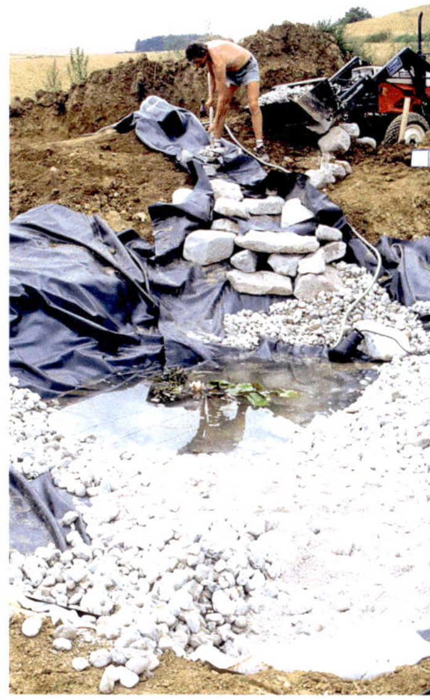

6.1 (oben) und
6.2 (linke Seite)
Vorher – nachher: Bau eines Teiches mit Bachzulauf (siehe auch Baubeispiel 6.3, Seite 56 ff.)

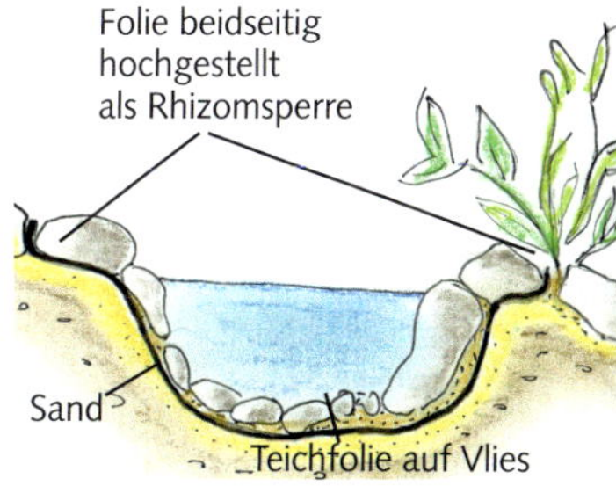

6.3
Querschnitt durch einen Bachlauf

Tipp: Vor dem Bau eines so großen Teiches für Seerosen und Wasserpflanzen lohnt es sich, zu prüfen, ob nicht gleich ein Badebereich mit angefügt wird. Die zusätzlichen Kosten für Erdarbeiten und das zusätzliche Material (Folie, Vlies, Kies etc.) sind relativ gering, zumal der Bagger schon vor Ort ist.

Baubeispiel 6.1: Seerosen-Teich

Die Vorbesitzer wünschten sich einen pflegeleichten Teich, da sie beide berufstätig waren und nur am Wochenende Zeit für den schön angelegten Garten hatten. Mittlerweile wurde das Haus verkauft, wobei sich die Gestaltung des Gartens und nicht zuletzt auch der professionell angelegte Teich vorteilhaft auf den Verkaufspreis ausgewirkt haben. Der Teich ist mit einer sprudelnden Quelle und einem Wasserspeier ausgestattet, um das Wasser auch akustisch zur Geltung zu bringen. Die Gestaltung der Uferzone mit Rollkies erleichtert die Pflege.

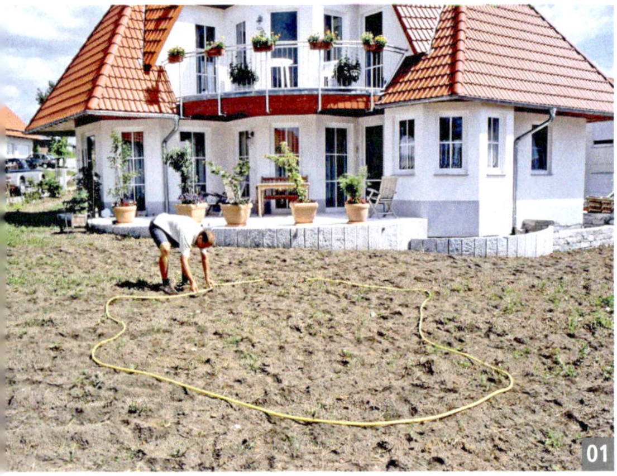

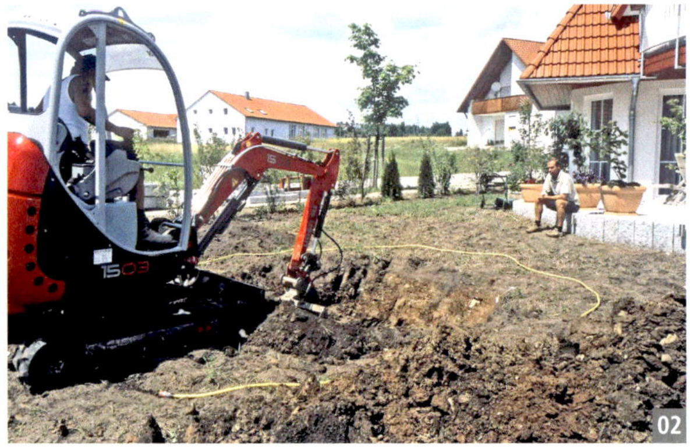

01 Direkt angrenzend an die Terrasse wurden Teichform und -größe von den Besitzern mit einem Gartenschlauch markiert.

02 Teichbett auskoffern: Ein geübter Baggerführer schafft den Erdaushub je nach Volumen in kurzer Zeit – hier brauchte er etwa eine Stunde. Bei Kosten von ca. 60 €/h für den Maschineneinsatz lohnte sich die Miete eines Minibaggers nicht, zumal das Gerät auch geholt werden muss und Zeit für die Einarbeitung erfordert.

03 Die feine Ausformung des Teichbettes erfolgte mit Handwerkszeugen. Große Steine im Teichbett wurden ausgegraben.

04 Teichfolie, Vlies, Findlinge und andere Baustoffe wurden nach dem Erdaushub in einer gut sortierten Baustoffhandlung gekauft.

05 Für den Transport des Rollkieses ist ein leistungsfähiger Anhänger erforderlich; werden große Mengen gebraucht, empfiehlt es sich, einen Spediteur mit der Lieferung zu beauftragen.

06 Schöne Findlinge sind als Sprudelsteine bei spezialisierten Baustoffhändlern in großer Auswahl zu finden.

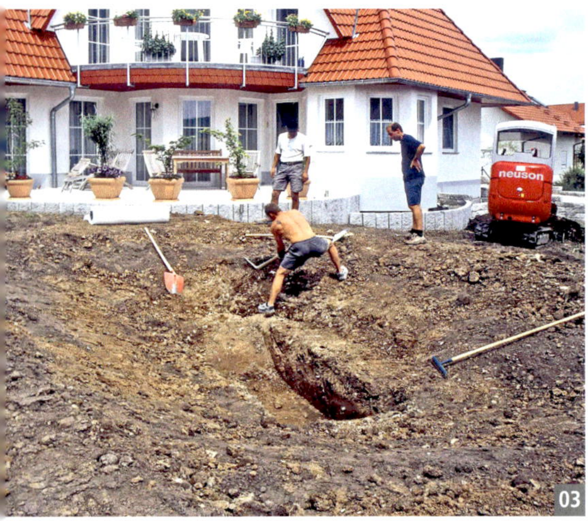

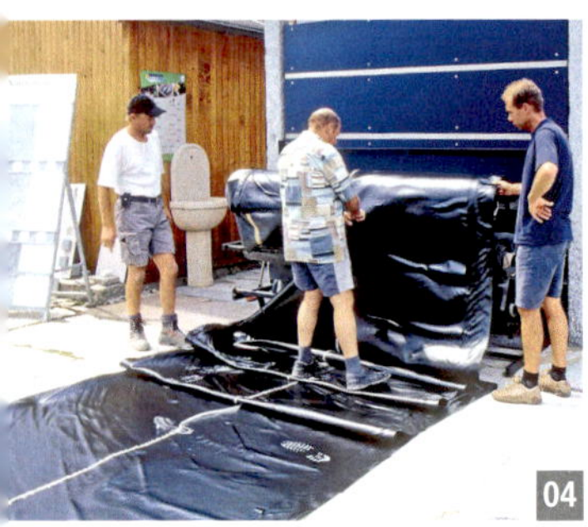

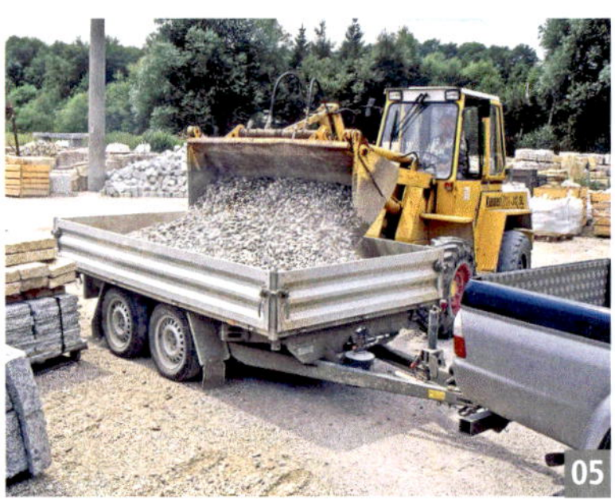

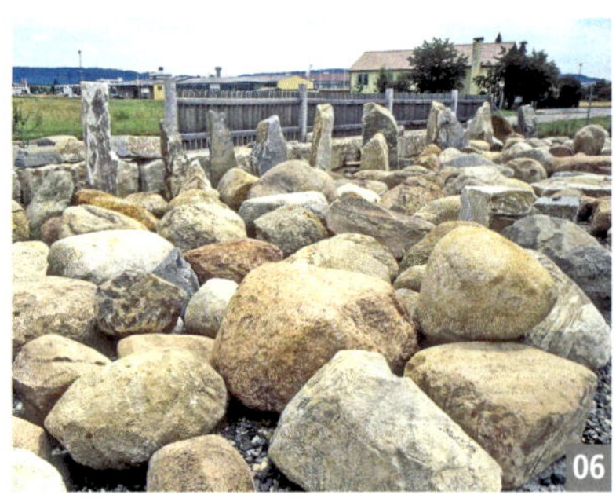

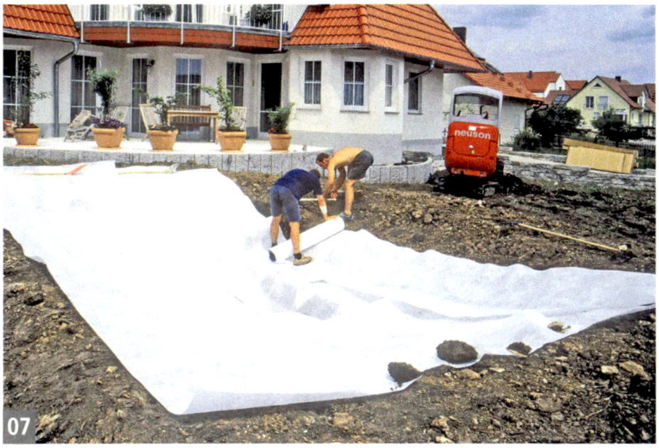

07 Vlies ausrollen: Teichvliese sind als Meterware in Rollen erhältlich. Hier lohnen sich Preisvergleiche, zumal Geotextilien für den Straßenbau oft erheblich billiger sind als gebräuchliche Teichvliese.

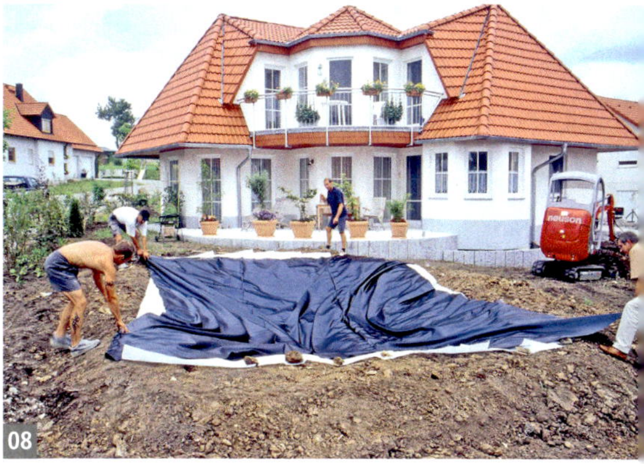

08 Auf dem vorbereiteten Untergrund wurde die Teichfolie ausgebreitet. Die große Folie hat einige Zentner Gewicht, so dass zusätzliche Helfer willkommen waren. Beim Ausbreiten der Folie ist es wichtig, den mitgelieferten Faltplan zu beachten.

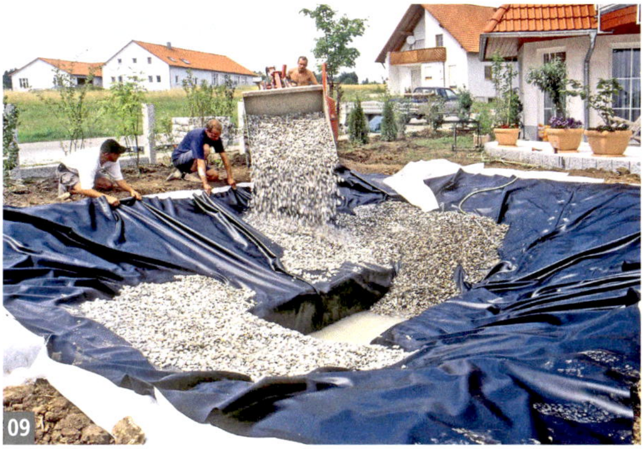

09 Rollkies verteilen: Der schwere Kies presste die Folie in das Teichbett. Damit sie nicht abrutschte und sich keine horizontalen Falten bilden konnten, musste sie gespannt werden. Schon zu diesem Zeitpunkt war das Fluten – hier mit Leitungswasser – möglich.

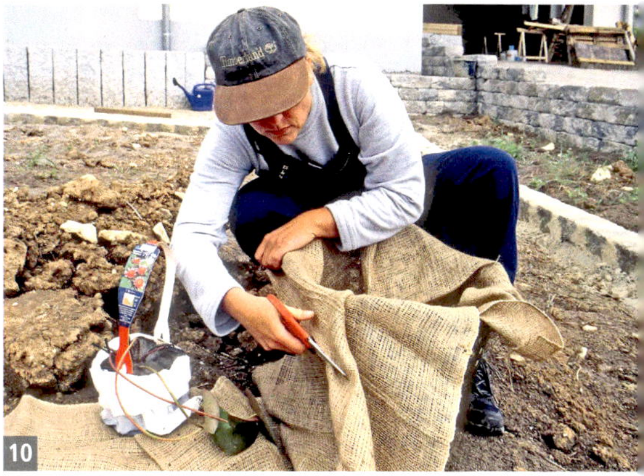

10 Die Seerose erhielt ihr Pflanzbett in einem Kunststoffkorb. Durch Auskleiden mit Jutegewebe wird das Substrat nicht ausgewaschen. Der Korb verhindert die unerwünschte Ausbreitung des Wurzelwerks.

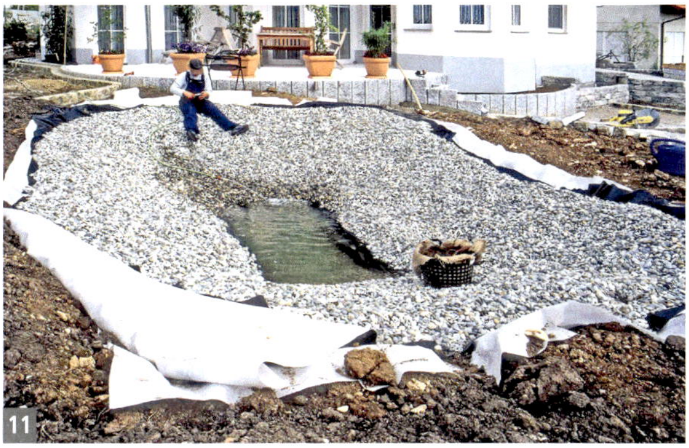

11 Im Korb lassen sich Pflanzen umsetzen. Zunächst erhielt die Seerose einen Platz in der Flachwasserzone. Später, als sie ihre Blätter ausgebildet hatte, wurde sie in tieferes Wasser gesetzt.

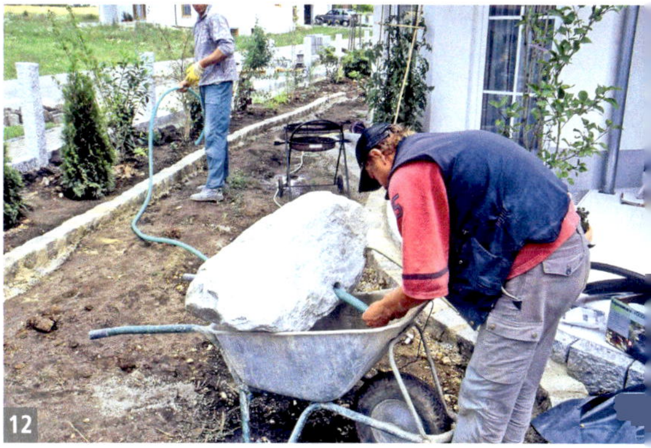

12 Der als Sprudelstein ausgewählte Findling wurde vom Steinmetz durchbohrt, um einen druckstabilen Wasserschlauch einführen zu können.

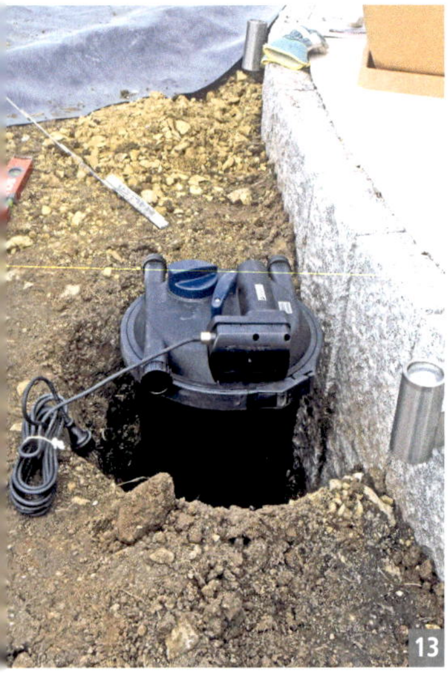

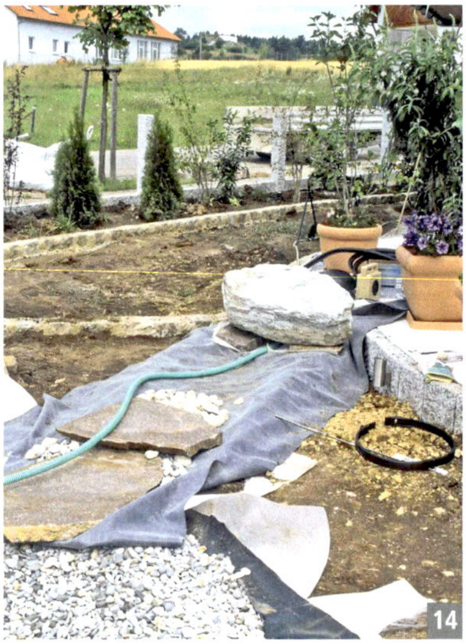

Kosten
Für den recht aufwändig gestalteten Teich wurden ca. 5000 € aufgewendet (einschließlich der Lohnkosten für die Gartenbaufirma, die u.a. den Erdaushub durchführte).

13 Filtertopf einbauen: Ein externer Filter wurde in eine Erdgrube eingesenkt. So stört er bei der Teichgestaltung nicht, ist aber dennoch durch Abdecken z.B. mit einem Schaldeckel und Kieselsteinen für die regelmäßige Wartung gut erreichbar.

14 Sprudelstein im Bachbett: Ursprünglich wurde der Sprudelstein im Bachbett platziert. Später entschieden sich die Gartenbesitzer für einen Standort auf der gegenüberliegenden Seite am Teich.

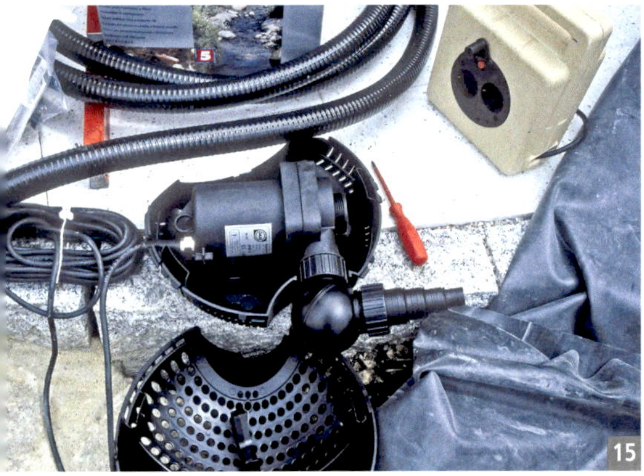

15 Diese Teichpumpe hat 2 Ausgänge. Dadurch ist sowohl der Betrieb eines Bachlaufs wie auch der Anschluss an einen kleinen Wasserspeier möglich.

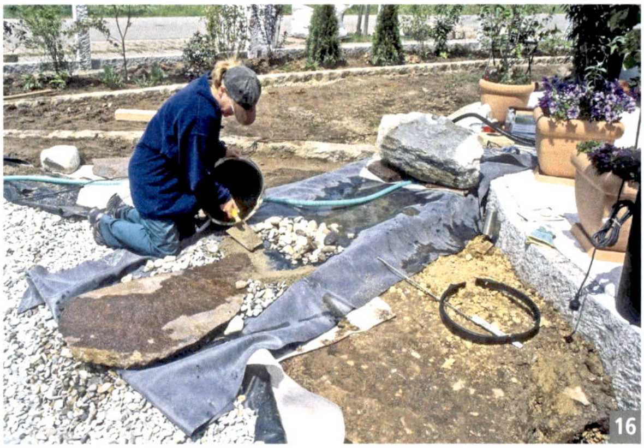

16 Bach ausbauen: Das Bachbett wurde sorgfältig mit in Mörtel gesetzten Natursteinplatten und Kieselsteinen ausgekleidet, damit das Wasser munter sprudelnd seinen Lauf nehmen kann.

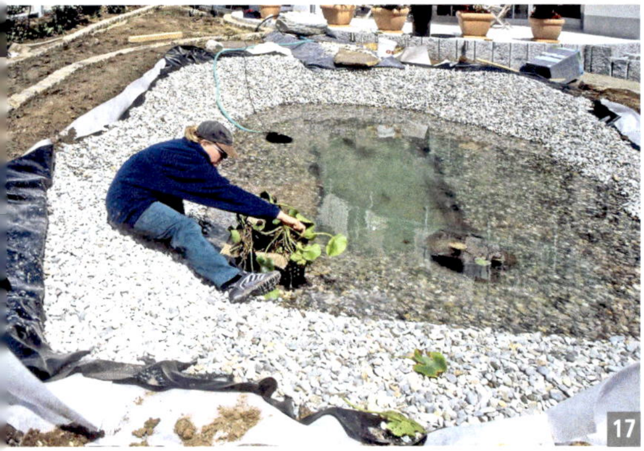

17 Eine zweite, schon große Seerose wurde im Korb in der Tiefwasserzone eingesetzt, die zuerst eingepflanzte Seerose brauchte noch Zeit, bis ihre Blätter die Wasseroberfläche erreichten.

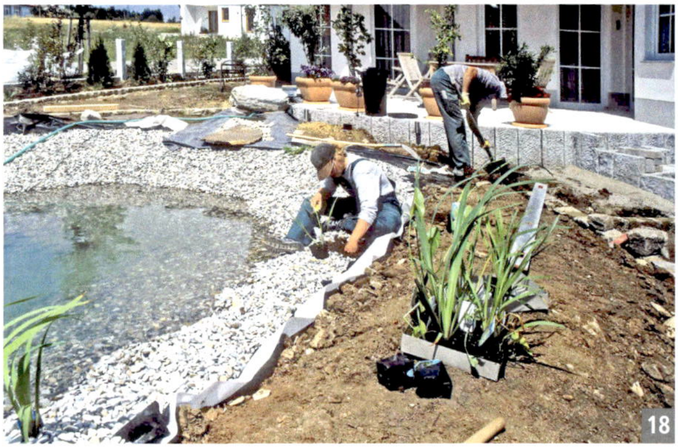

18 Flachwasserpflanzen wie Wasserschwertlilien, Pfeilkraut, Sumpfdotterblumen und andere heimische Arten gedeihen gut in kleinen Haufen mit lehmiger Aushuberde am Teichrand.

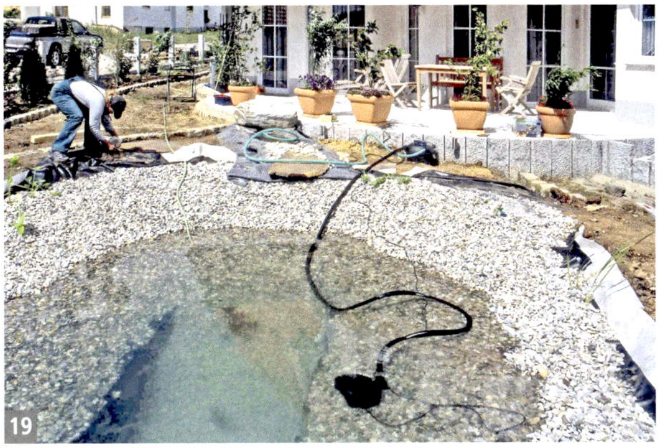

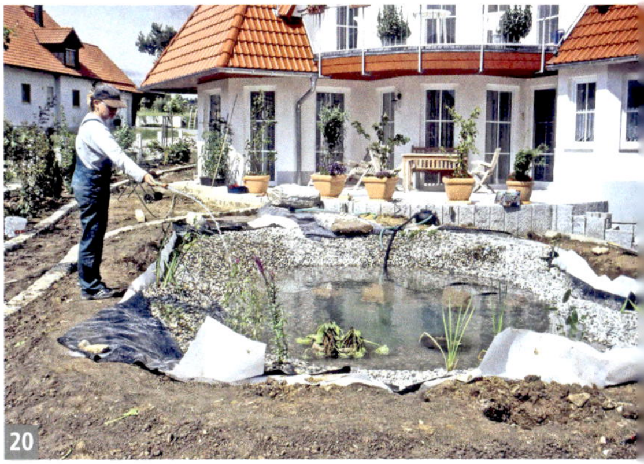

19 Die Pumpe wurde zunächst probeweise an den Filter und den Sprudelstein angeschlossen, um die Wasserumläufe zu prüfen. Sie wurde später unten auf dem Teichgrund angeordnet und die Leitungen mit Kieselsteinen abgedeckt.

20 Den Teich fluten: Mittlerweile ist der Wasserstand im Teich angestiegen. Die noch trocken stehenden Flachwasserpflanzen wurden gelegentlich gegossen, damit die Wurzeln nicht austrockneten.

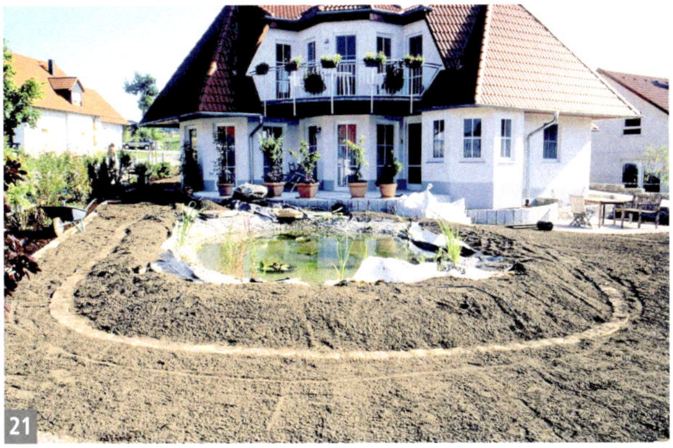

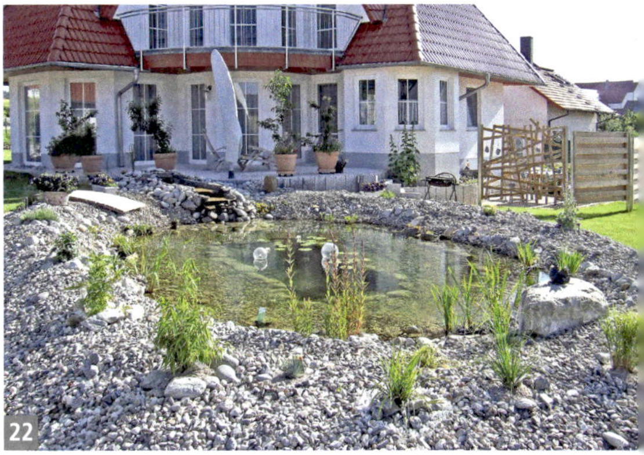

21 Als der Teich schon fast vollständig geflutet war, wurde rundherum ein Erdwall aufgeschüttet und Humus für den Rasen verteilt. Der Erdwall wurde mit einem Vlies abgedeckt, mit Stauden und Gräsern bepflanzt und mit Kieseln schön gestaltet.

22 Ein Jahr nach der Anlage waren die Wasserpflanzen schon gut angewachsen. Auch im Kiesbeet entwickelten sich die Stauden und Gräser gut. Der Wasserspeier und der kleine Quellbach beleben die Wasserstelle durch ihr Plätschern.

23 Das Kiesbeet erleichtert die Pflege, zumal es mit Pflastersteinen eingefasst wurde. Algen und abgestorbene Pflanzenteile lassen sich problemlos mit einem Greifer mit Teleskopstiel abfischen.

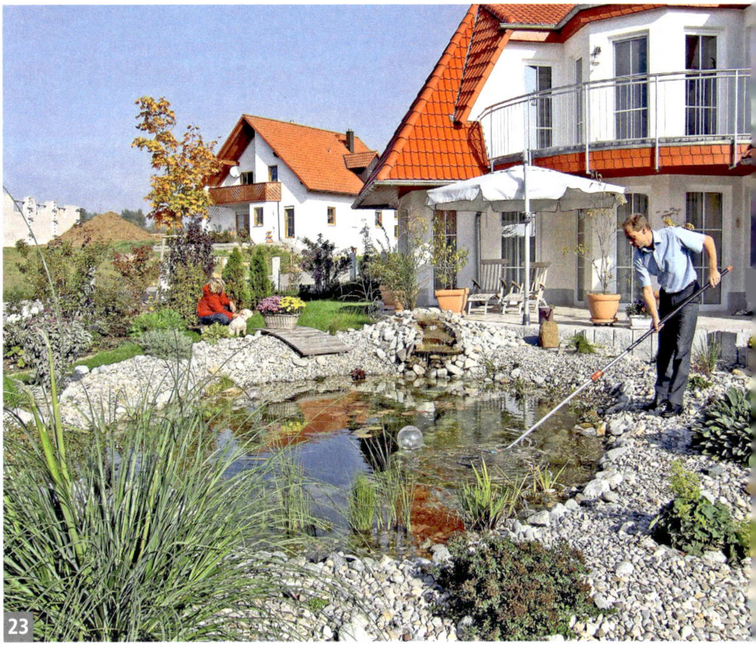

Baubeispiel 6.2: Fließendes Wasser – Bachbau am Hang

Gerade bei einer Hanglage bietet sich der Bau eines Baches als Ergänzung zu einem Teich an. Hier wurde ein höherliegender kleiner Quellteich mit einem größeren Teich am Fuße des Hanges verbunden. Generell muss der Bach nicht tief sein, das Bachbett sollte aber so ausgebaut werden, dass es Stufen und Hindernisse gibt, damit das Wasser geräuschvoll darüber plätschern kann und der Wasserlauf bei Pumpenstillstand nicht gleich trocken fällt.

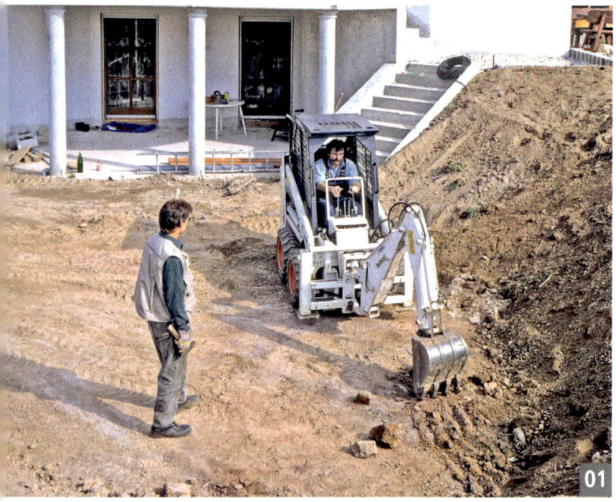

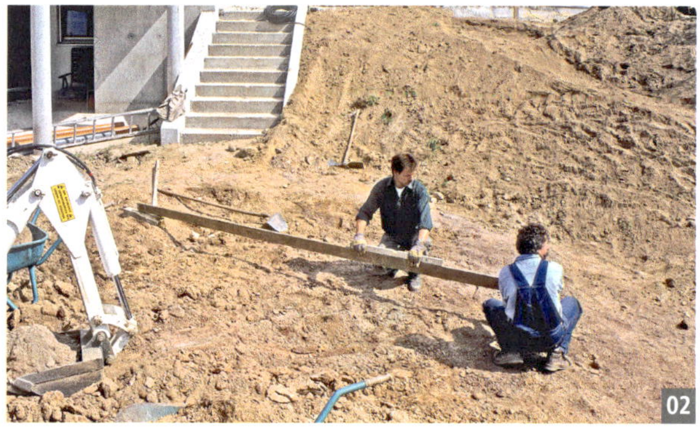

01 Das Teichbett wurde mit einem Minibagger ausgekoffert. Wenn der Boden wie hier durch Baumaschinen stark verdichtet ist, leistet ein Minibagger gute Dienste (Tagesmiete ca. 100 €).

02 Die Teichtiefe richtete sich nach der Höhe der Terrasse. Zum Nivellieren ist eine Richtlatte oder eine Wasserwaage und ein langes Brett nötig. Hier musste noch mehr Erde abgegraben werden.

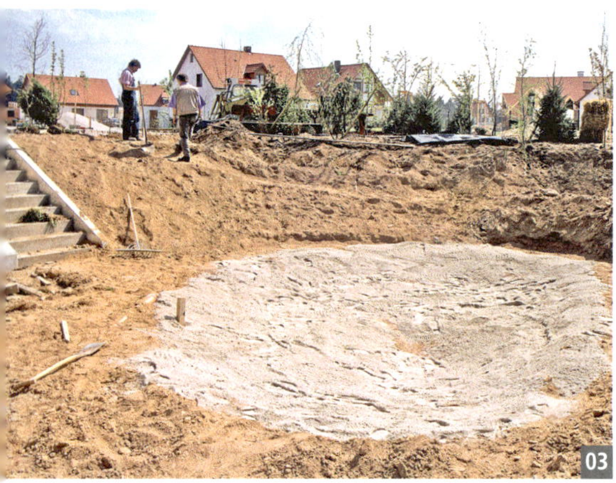

03 Nachdem die gewünschte Tiefe (mindestens 80 cm) erreicht war, wurde zum Auspolstern des Teichbettes Sand verteilt. An das Entwässerungsrohr links im Bild, ist der Überlauf angeschlossen, mit dem Überschwemmungen verhindert werden.

04 Teichbett auspolstern: Neben Vliesbahnen wurden hier auch alte Teppiche zum Auspolstern verwendet. Sie sollten jedoch aus Kunstfasern gewoben sein, damit sie nicht mit der Zeit verrotten.

05 Auf dem dicken Polster wurde nun die Teichfolie ausgebreitet. Damit das Vlies nicht verrutscht oder vom Wind fortgetragen wird, empfiehlt es sich, es stellenweise mit Sand zu beschweren.

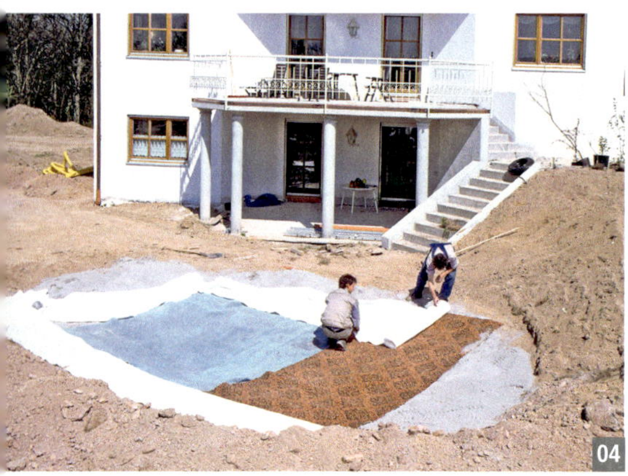

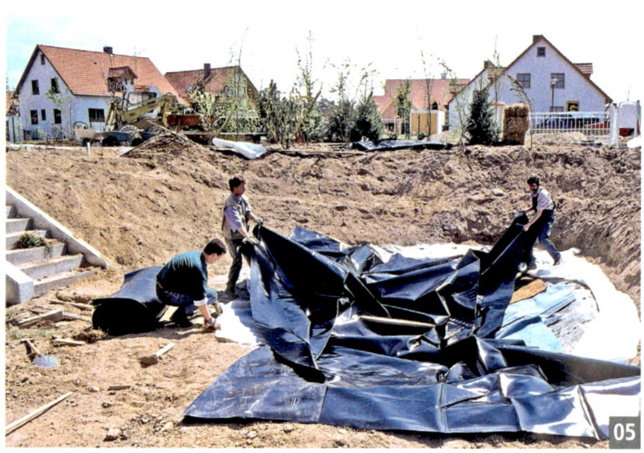

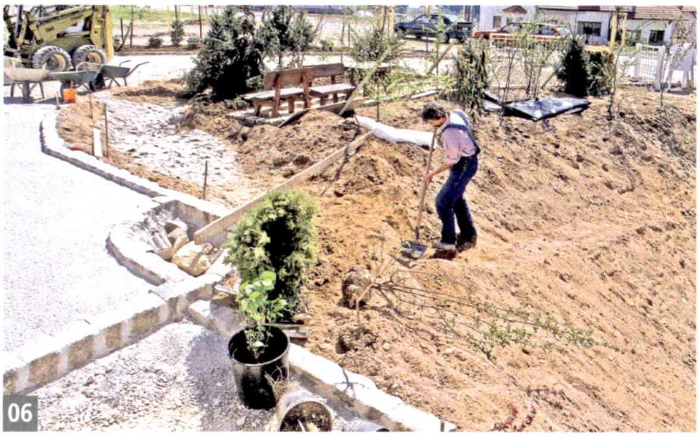

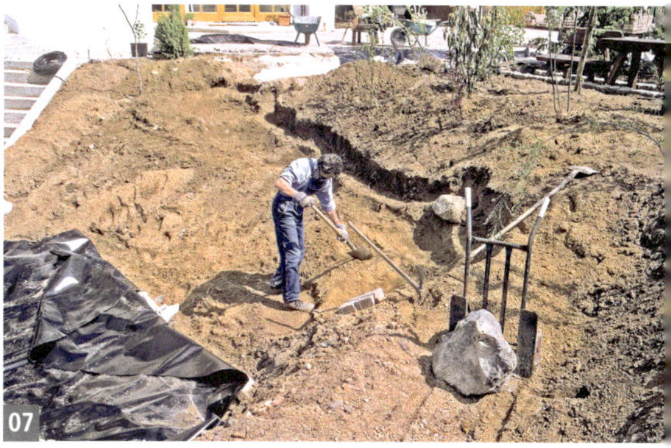

06 Das Bachbett ausformen: Der Ausbau des oberen Quellteiches wurde gleichermaßen vorbereitet und das Bachbett von dort bis zum Mündungsteich mit Handwerkszeug gegraben.

07 Das Bachbett wurde mit Stufen und Staubecken so angelegt, dass ein langer Bachlauf entstand. Erst unten führt er in engem Bogen zum Mündungsteich.

08 Auskleiden des Bachbettes mit Folie: Die ausgebreitete Folie wurde an manchen Stellen unterfüllt, um sie dem vorgeformtem Bachbett besser anzupassen.

09 Um die Folie für den Bachlauf dicht an die Folie im oberen Teich anzuschließen, waren einige Klebestellen nicht zu vermeiden und wurden mit Sorgfalt ausgeführt.

10 Den Quellteich bepflanzen: Auch im Quellteich sollte es grünen. Deshalb wurde sandiges Substrat für die Wasserpflanzen eingefüllt. Der Rollkies schützt die Folie vor Beschädigungen und trägt zur naturnahen Gestaltung bei.

11 Uferhöhe einrichten: Die Folie an der Mündungsstelle des Baches wurde mit Erde unterfüllt, damit die Ufer zu beiden Seiten gleich hoch sind.

12 Folienränder aufstellen und hinterfüllen: Als Saugsperre für die Wurzeln von Uferpflanzen wurden die Folienränder aufgestellt und unterfüllt. Im Hintergrund: Die Baustelle für das separate Schwimmbecken.

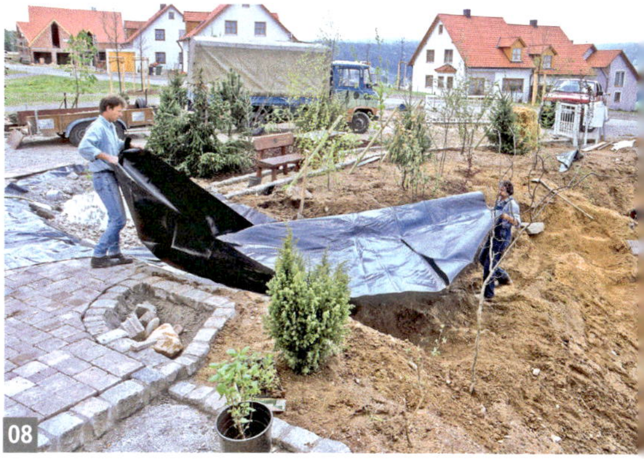

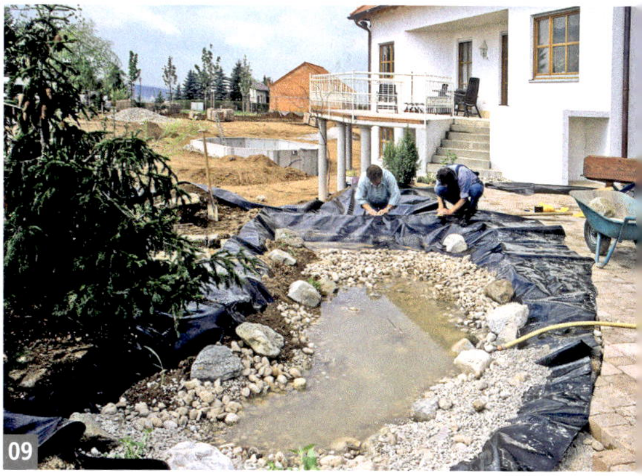

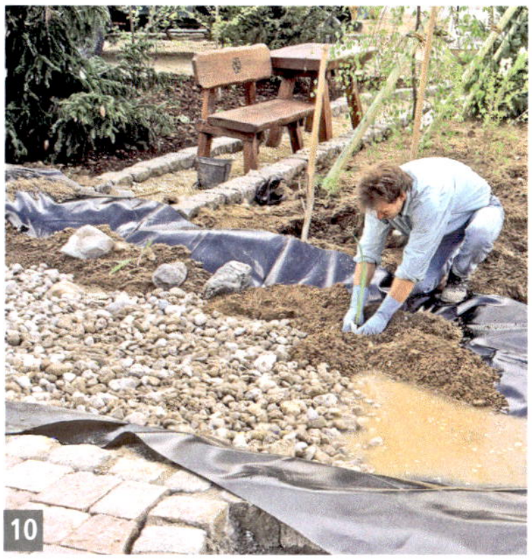

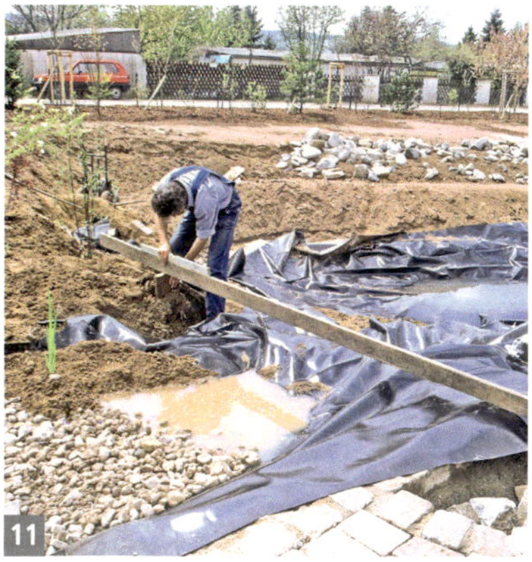

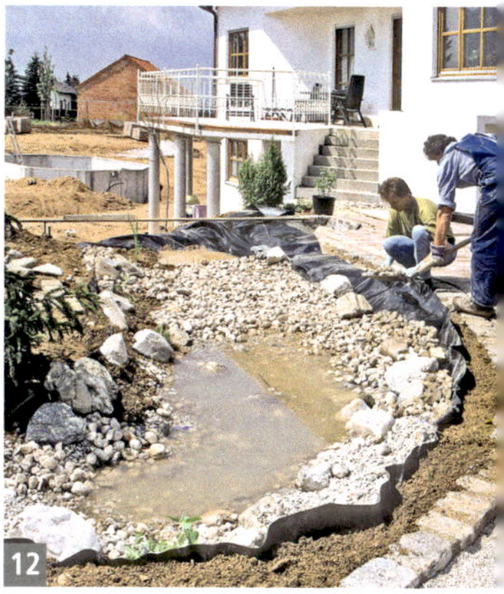

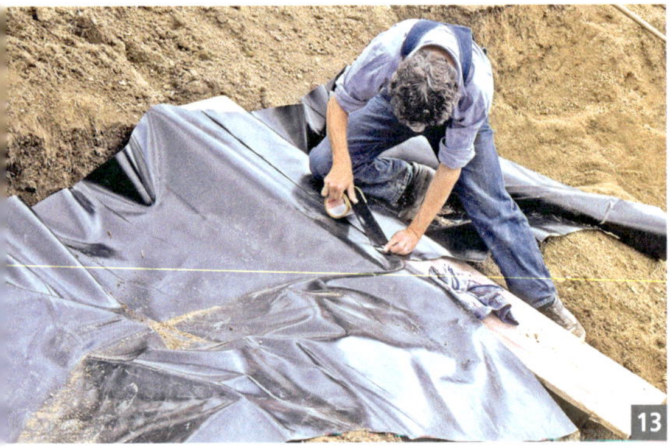

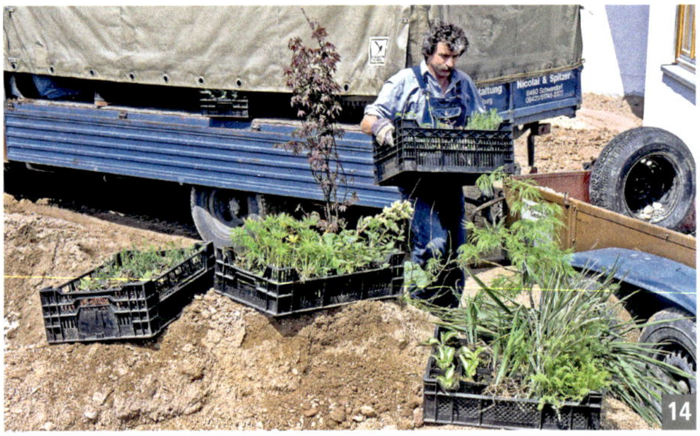

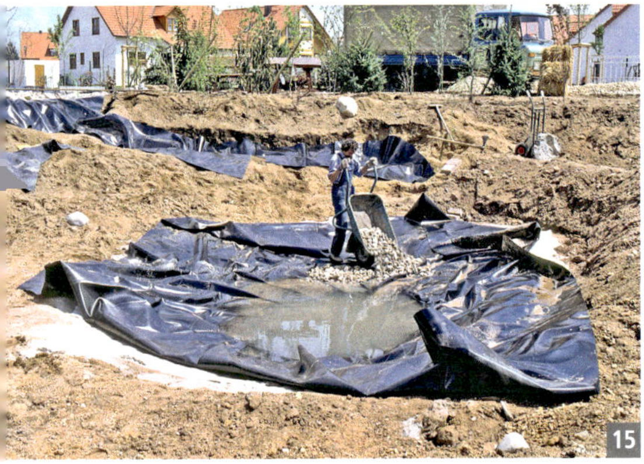

13 Bachfolie kleben: Auch das weitere Auskleiden des Bachbettes war nicht ohne Klebestellen möglich. Um das Klebeband fest aufbringen zu können, wurde ein Brett unter die Folie gelegt und die Folienränder gut gesäubert.

14 Pflanzenlieferung: An den Ufern des Bachbettes sollten Stauden und Gehölze gepflanzt werden. Containerpflanzen können auch im Sommer eingesetzt werden.

15 Wie im Quellteich tragen auch im Mündungsteich die runden, abgeschliffenen Steine zur naturnahen Einbindung in die Gartengestaltung bei.

16 Teichausbau und Bepflanzung: Kleine Haufen mit sandigem Substrat dienen den Wasserpflanzen als Wurzelraum. Das Abdekken mit Kies verhindert das Aufschwemmen von Erde.

17 Große Findlinge geben dem Teich den Charakter eines Gebirgsflusses. Solche großen Kiesel sind gelegentlich in Kiesgruben oder bei Flussbaggereien zu bekommen.

18 Die Uferhöhe wurde der Höhe der Terrasse und der Tiefe des Teiches angepasst. An der tiefsten Stelle ist eine Seerose eingesetzt.

19 Auch der Bachausbau nahm zunehmend Gestalt an. Oben sitzen bereits große Steine für einen Wasserfall im Bachbett. Unten wurde der Anschluss an den Mündungsteich vorbereitet.

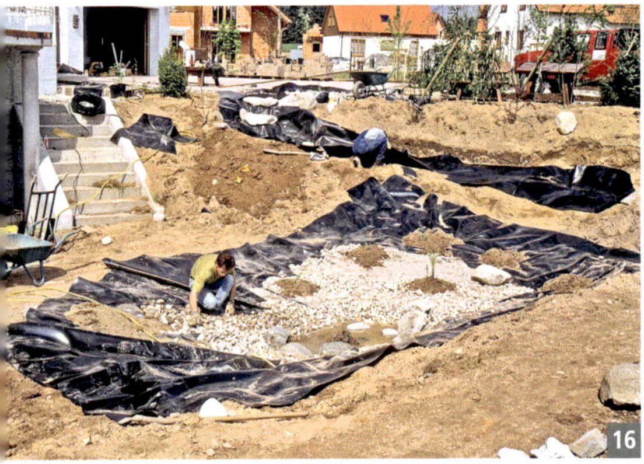

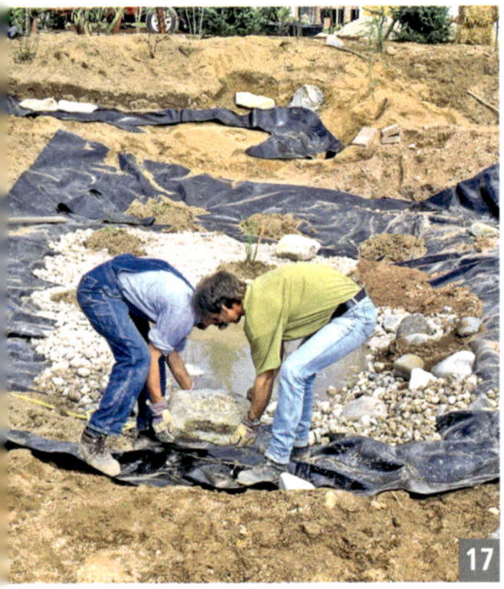

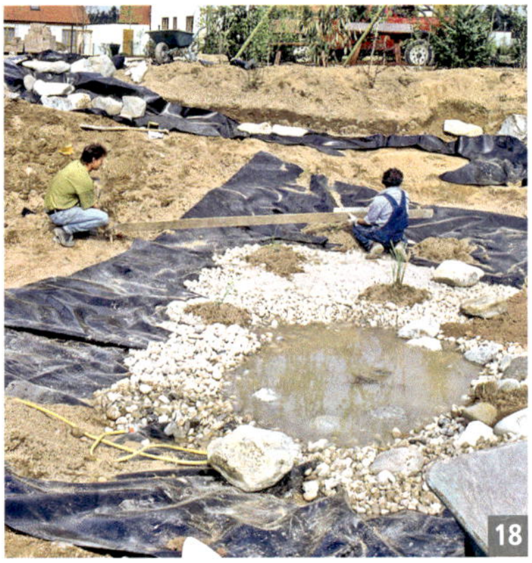

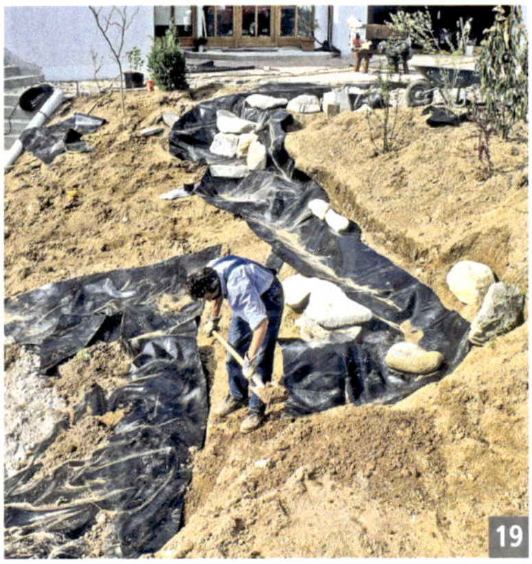

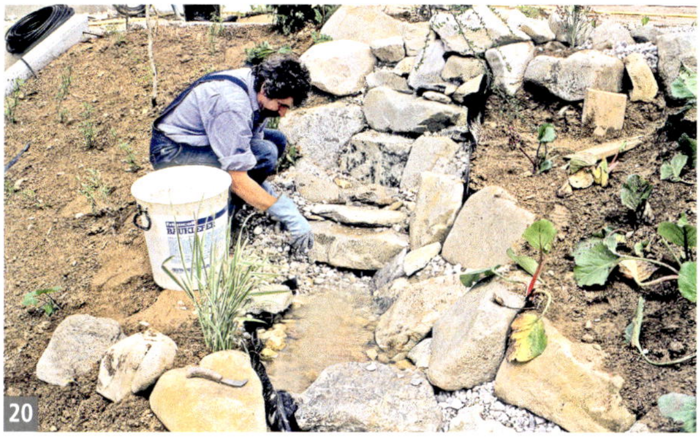
20

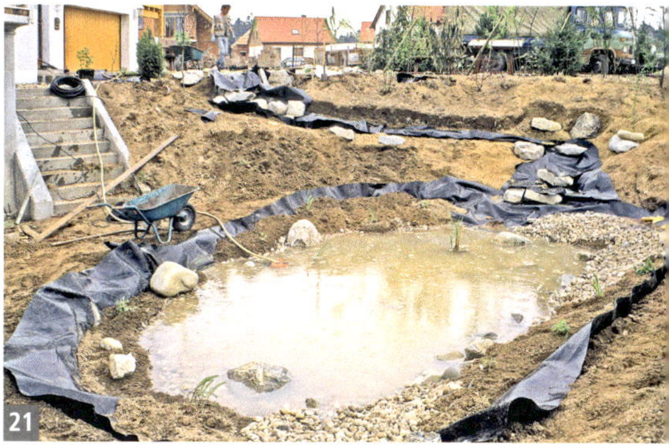
21

20 Für Kaskaden im Bach sind kantige Steine oder solche mit Mulden ideal. Die Zwischenräume und Mulden im Bachbett wurden mit Kies ausgefüllt, so dass die Folie ganz bedeckt ist.

21 Den Wasserlauf testen: Nachdem das letzte Folienstück im Bachbett angestückelt war, konnte der Lauf des Wassers geprüft werden. Erst jetzt zeigt sich, ob das Wasser wunschgemäß fließt.

22 Der Wasserschlauch, der von der Pumpe im Teich bis zur Quelle verläuft, wurde in den Boden eingegraben. Auch im Bild: Die aufgestellten Folienränder am Teichufer als Saugsperre.

23 Die Mündung stufenförmig ausbauen: Mit kantigen und flachen Steinen wurde die Mündung des Baches stufenförmig ausgebaut. Zum Bau von Kaskaden eignen sich statt Findlinge auch Natursteinplatten, Granitzeilen oder handbehauene Bruchsteine.

24 Damit das Wasser im Bachbett nicht unsichtbar durch die Fugen zwischen den Steinen abläuft, sondern sichtbar darüber, wurden die Fugen stellenweise mit in Mörtel gedrückten Kieselsteinen verfüllt. Als Bindemittel diente Trasszement, um Kalkausblühungen zu vermeiden. Der Mörtel wurde ziemlich trocken, d.h. mit nur wenig Wasser gemischt.

25 Mörtel mit Kieseln kaschieren: Der Mörtel diente hier nur dazu, die Kieselsteine zusammenzuhalten, er hatte im Bachbett keine stabilisierende Funktion.

26 Damit das Entwässerungsrohr überschüssiges Teichwasser aufnehmen kann, wurde es mit Bohrungen versehen. Ein Stück Teichvlies schützt es vor Verschlämmung.

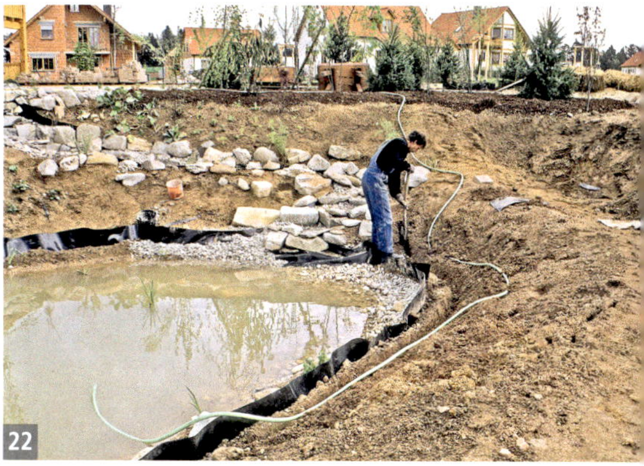
22

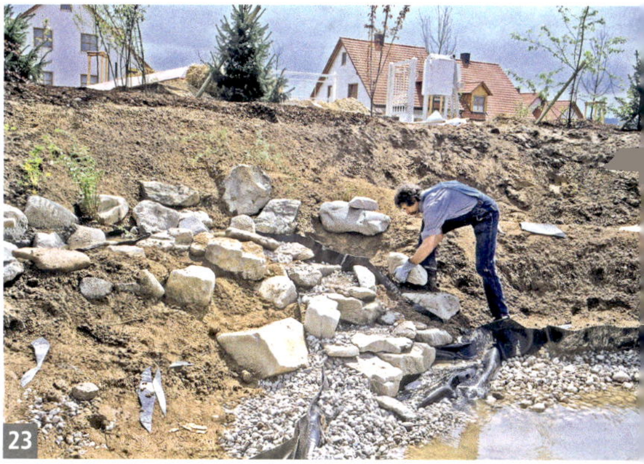
23

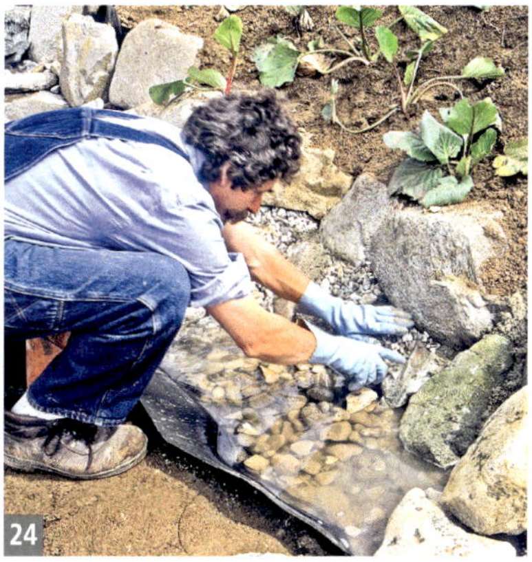
24

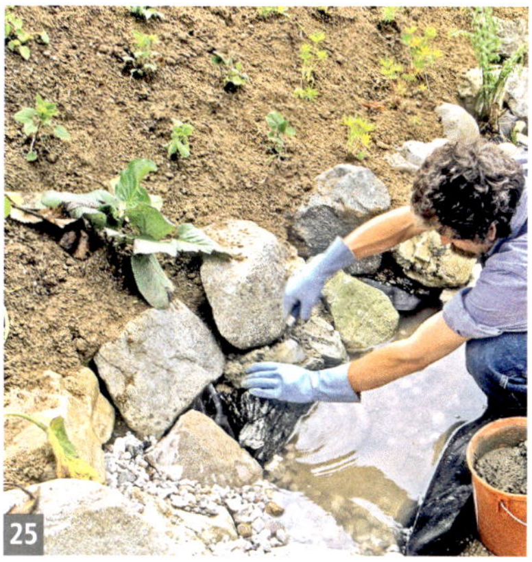
25

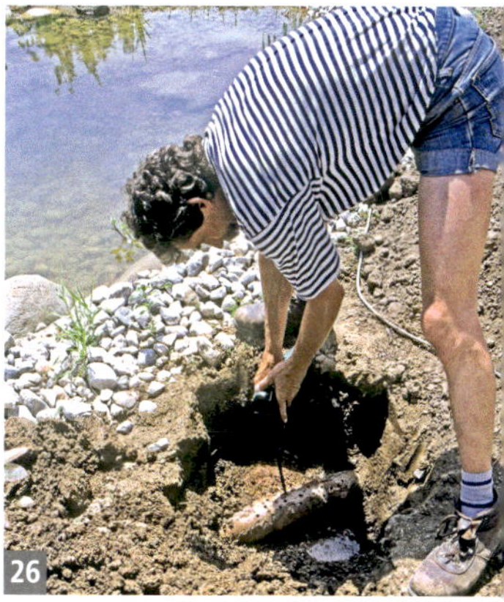
26

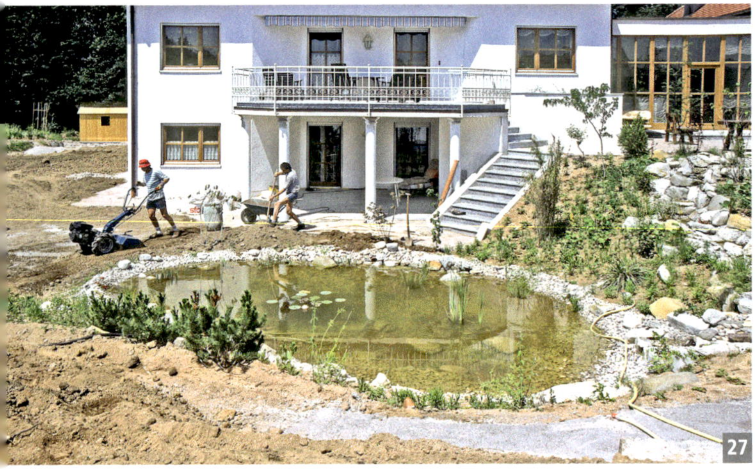

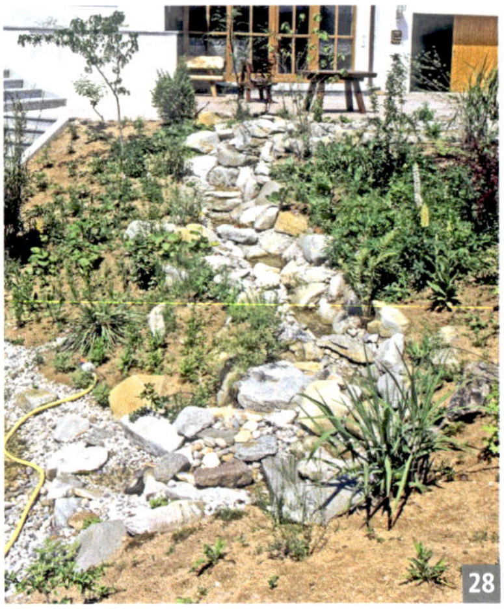

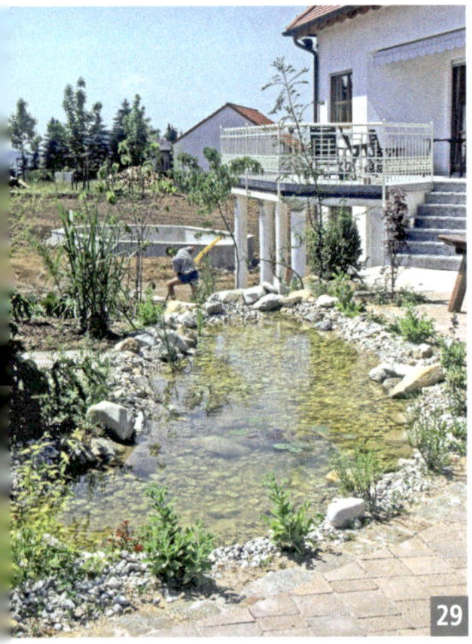

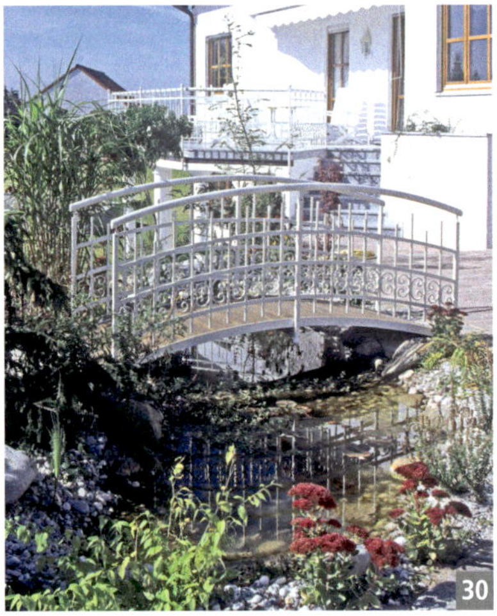

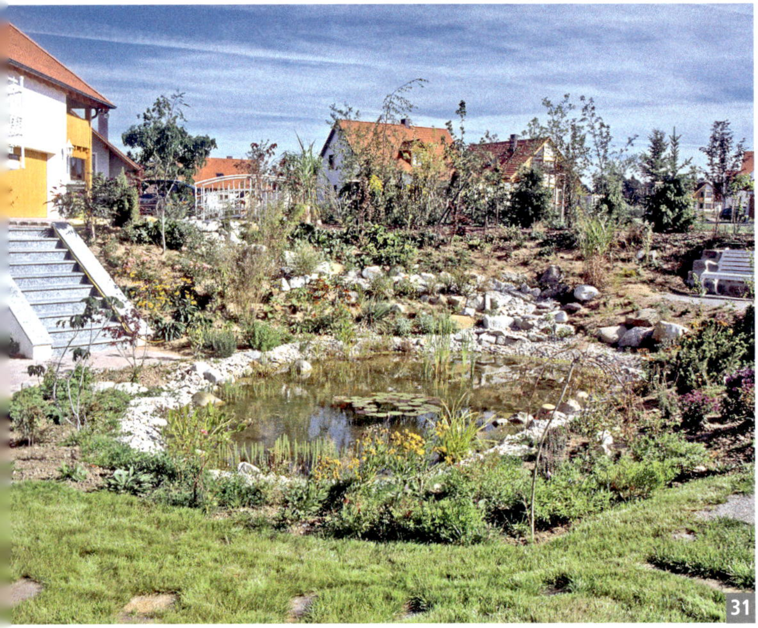

27 Nach dem Teichbau wurde als Vorbereitung für den Rasen die Erde mit einer Bodenfräse gelockert.

28 Zwei Monate später: Der Bach hat sich schon zu einem dekorativen Gestaltungselement im Garten entwickelt, die Stauden am Ufer sind gut angewachsen.

29 Auch der Quellteich fügte sich 8 Wochen nach dem Bau schon harmonisch in die Landschaft ein. Von der Folie ist nichts mehr zu sehen.

30 Brücke über Quellteich: Über den Quellteich oben wurde eine Brücke gebaut, die einen Weg zum Vorplatz am Hauseingang schafft.

31 Nach 4 Monaten ist kaum noch erkennbar, dass der Wassergarten erst vor kurzem geschaffen worden ist.

Tipp: Besonders vor dem Bau eines Bachlaufes lohnt es sich, Gestaltungsbeispiele zu besichtigen und die Betreiber nach ihren Erfahrungen zu fragen. Manche Wasserläufe funktionieren nicht so, wie es sein sollte. Teilweise läuft das Wasser geräuschlos zwischen den Steinen hindurch oder es verschwindet an Rändern und undichten Stellen. Eine häufige Fehlerquelle ist auch eine zu klein gewählte Leistung der Pumpe oder ihre Installation mit unpassendem Zubehör. Probleme durch ein fehlerhaftes Bachbett oder durch eine mangelhafte technische Ausstattung lassen sich durch sachgerechte Verarbeitung vermeiden!

Baubeispiel 6.3: Wasser statt Rasen

Obwohl kleine Kinder zur Familie gehörten, sollte hier ein recht großer Wassergarten angelegt werden. Schon bei der Planung stand deshalb fest, dass der Teich mit einem kleinen Maschendrahtzaun gesichert werden sollte, der auch die Kinder aus der Nachbarschaft für einige Jahre vom Wasser fern hält. Da der Blick auf das Wasser aber sowohl von der Hausterrasse als auch vom neu geschaffenen Sitzplatz frei bleibt, wird der Wert der Wasserstelle durch den Zaun nicht sehr gemindert. Ein angelegter Bachlauf mit kleinen Kaskaden verbessert zudem die optische und akustische Wirkung.

Kosten

Die Materialkosten für Folie, Vlies, Filter, Pflanzen sowie Pflastersteine, Zaunbaumaterial u.a. waren nicht unerheblich. Der Besitzer konnte aber durch weitreichende Eigenleistungen kaum schätzbare Lohnkosten einsparen.

01 Garten in Frauenberg: Ein Teil der Rasenfläche sollte umgestaltet werden. Störende Pflanzen erhielten einen neuen Platz.

02 Es lohnt sich, größere Gartenprojekte professionell zu planen. Ein durchdachter Architektenplan ist die beste Gewähr für gutes Gelingen.

03 Die Teichform festlegen: Zur Visualisierung der späteren Teichform und -größe war ein langer Gartenschlauch hilfreich.

04 Die Form des Teiches wurde mit Sprühfarbe markiert. Rote Farbe ist auf dem Rasen gut zu erkennen.

05 Erdaushub mit dem Bagger: Da es eine Zufahrt gab, konnte die Erde mit einem Bagger in kurzer Zeit ausgehoben werden. Beim Aushub wurde der fruchtbare Oberboden vom Untergrund getrennt und der überflüssige Mutterboden an anderer Stelle im Garten genutzt.

06 Teichtiefe messen: Mit einer Richtlatte und einer Baustahlstange wurde die Teichtiefe festgelegt.

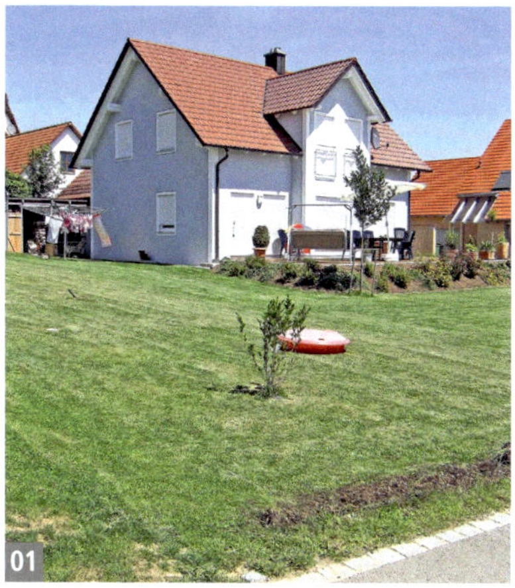
01

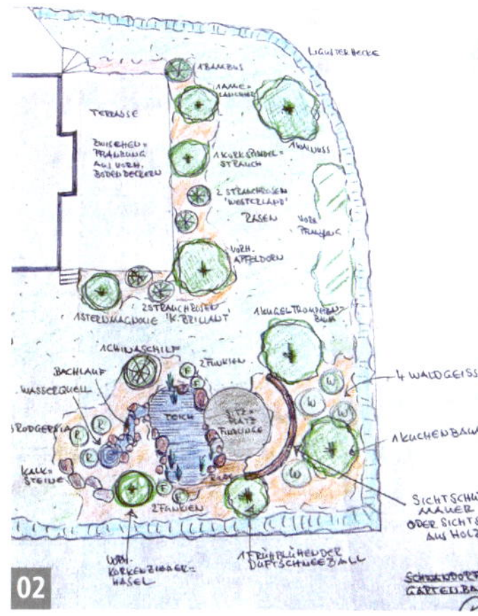
02

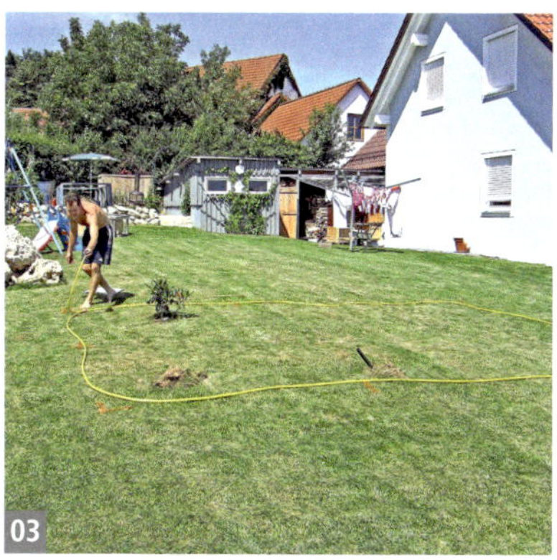
03

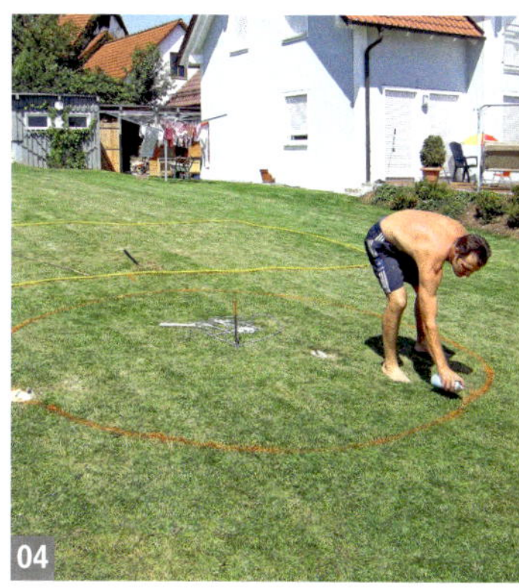
04

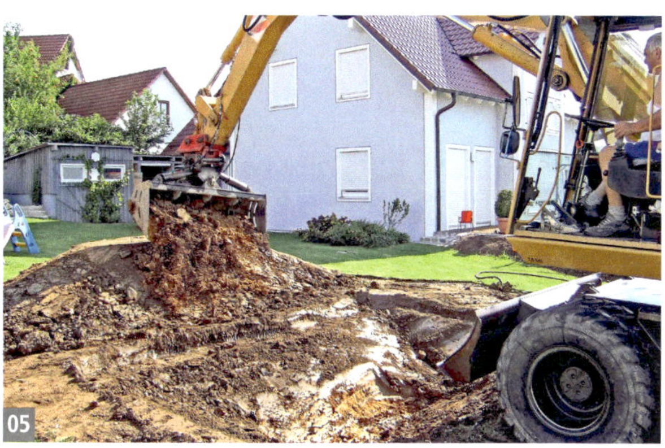
05

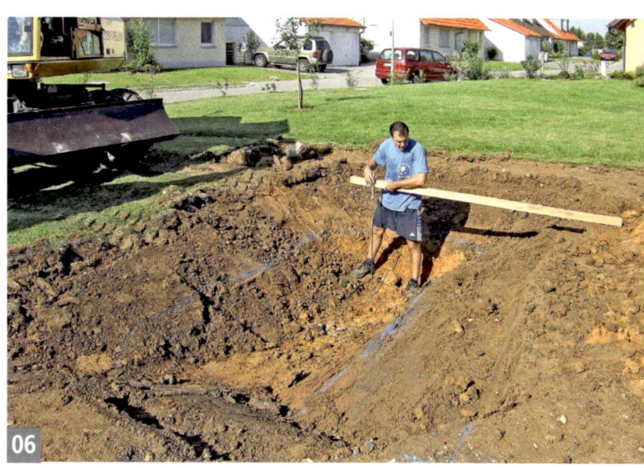
06

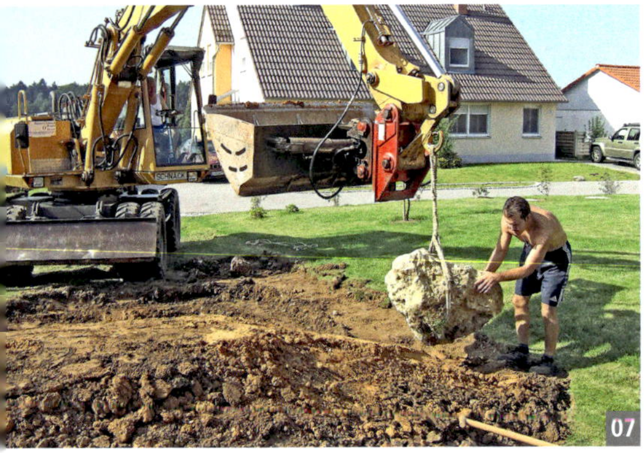

07

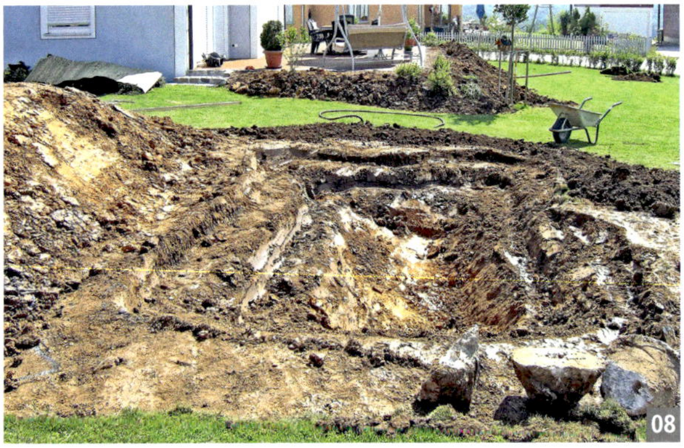

08

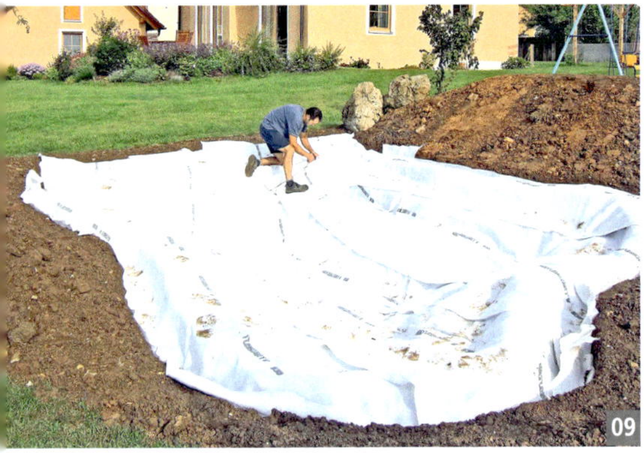

09

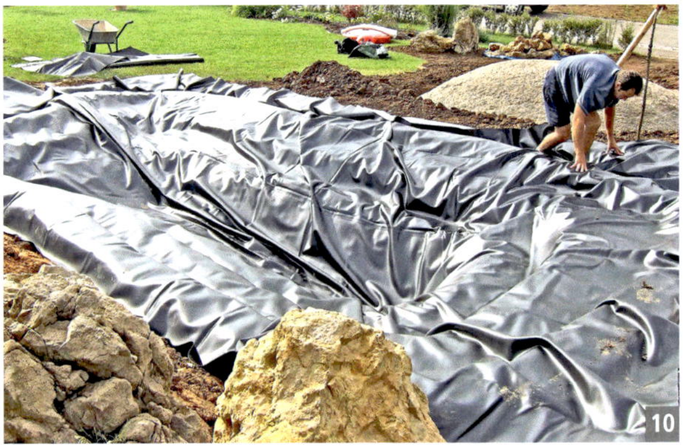

10

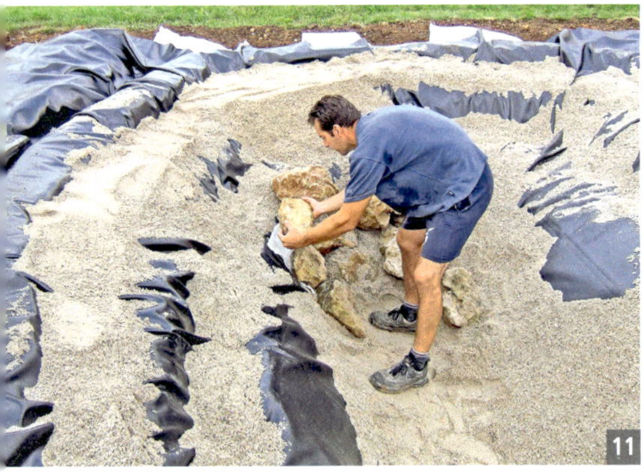

11

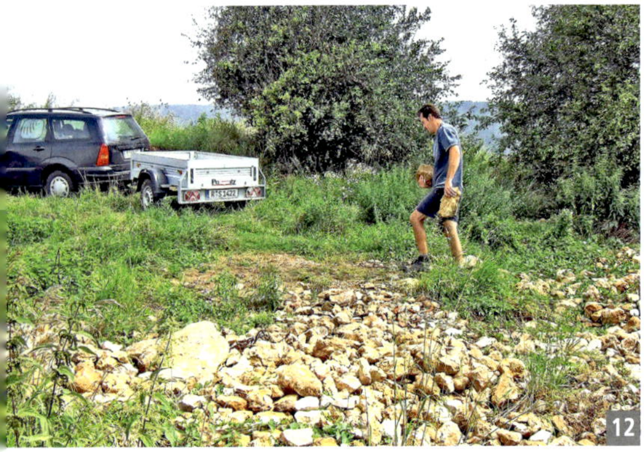

12

07 Findlinge setzen: Mit Hilfe des Baggers war es einfach, Findlinge umzusetzen, die auf der Baustelle zum Vorschein kamen.

08 Teichfundament nachgraben: Nach dem Bagger-Aushub wurden Plateaus im Teichbett mit Spaten und Schaufel geformt.

09 Das Teichbett mit Vlies auskleiden: Der Lehmboden machte die Polsterschicht überflüssig, so konnte gleich das die Folie schützende Teichvlies ausgelegt ....

10 ... und die Folie ausgebreitet werden, die mit einer Sandschicht abgedeckt wurde.

11 Steine setzen: An Steilstellen, an denen der Sand abrutscht, kamen Bruchsteine zum Einsatz. Sie bieten den Fischen Unterschlupfmöglichkeiten. Scharfkantige Steine wurden mit Vlies- oder Folienresten unterlegt, um die Teichfolie nicht zu beschädigen.

12 Feldlesesteine holen: Feldlesesteine gab es kostenlos bei Bauern. Nach dem Abwaschen mit einem Hochdruckreiniger sind sie gut für den Teichausbau zu gebrauchen.

13 Der Bachbau begann mit dem Einbau des Filters. Zudem wurden die Betonplatten für die Wasserstufen eingesetzt.

14 Damit das Wasser später richtig über die Stufen plätschert, wurde hier ein Unterbau aus Betonsteinen exakt waagerecht auf einem Schotterbett eingerichtet.

15 Vlies auslegen: Auch der Bachlauf wurde mit Folie ausgelegt. Zum Schutz der Folie diente wiederum ein Vlies. Es vermindert den Druck durch das Gewicht der schweren Steinplatten.

16 Folie ausbreiten: Das Folienstück für den Bachlauf war noch vom Teichbau übrig. Folien sollten immer großzügig bemessen sein, um Klebestellen auf der Baustelle zu vermeiden.

17 Filter anschließen: Wasser aus dem Teich wird nach dem Anschließen der Pumpe durch einen Schlauch nach oben befördert und im Filter gereinigt. Danach fließt es im Bachlauf wieder dem Teich zu.

18 Ausbau mit Steinen: Nach dem Auskleiden mit Folie und einem Testlauf der Wasserführung wurde das Bachbett mit flachen Natursteinen ausgekleidet. Zum Verfugen der Steine diente ein frostfester Mörtel.

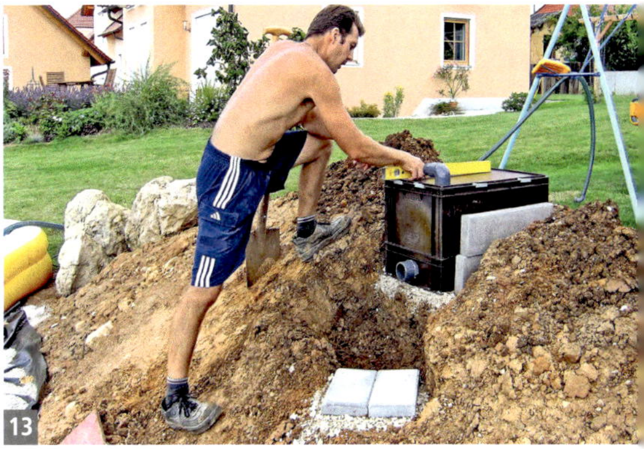

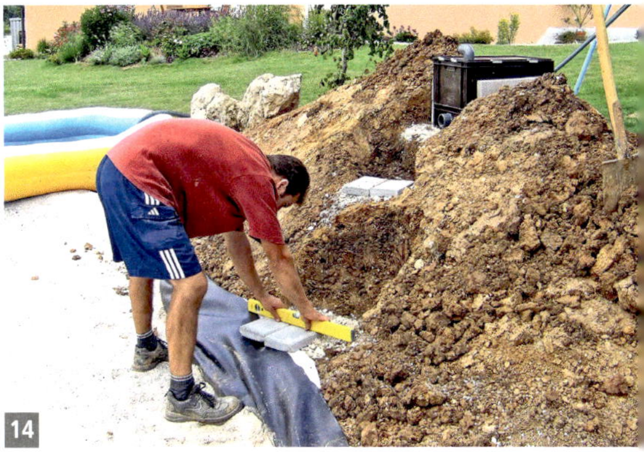

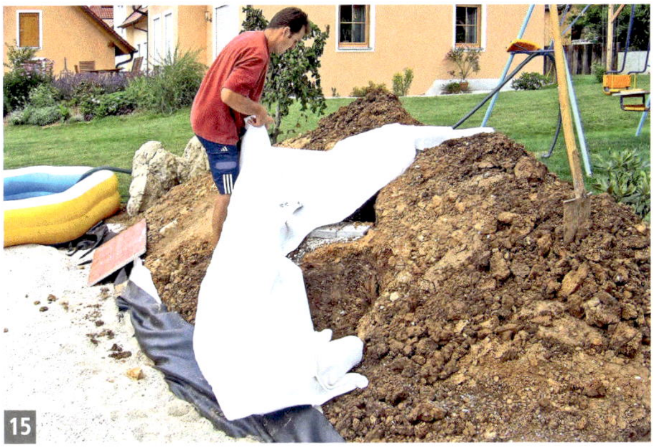

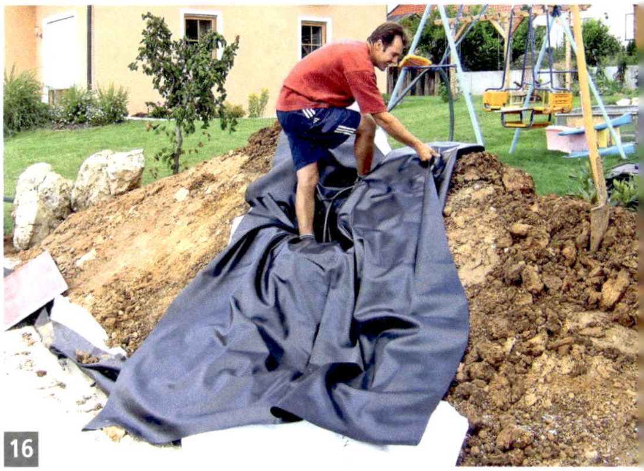

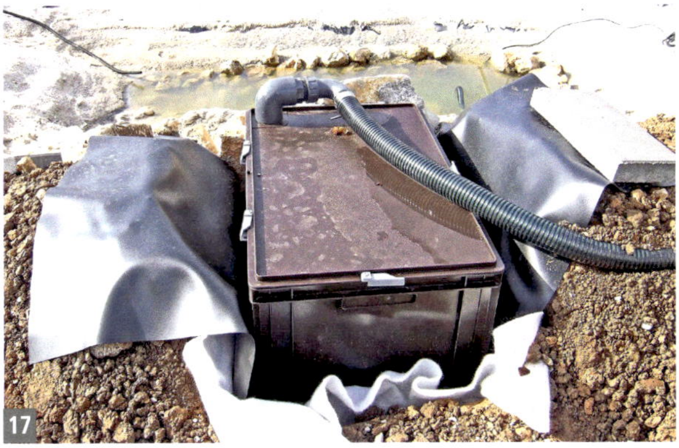

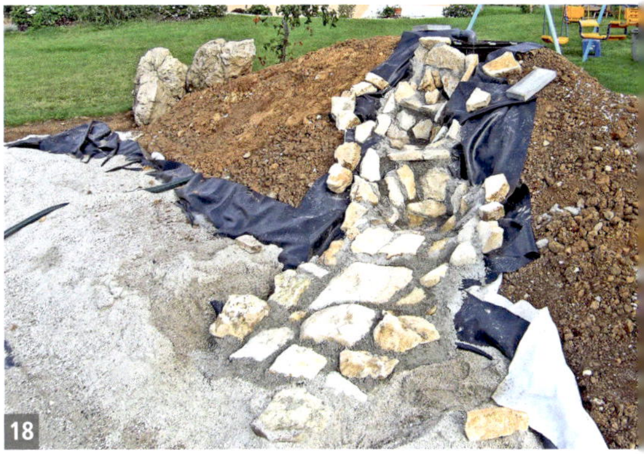

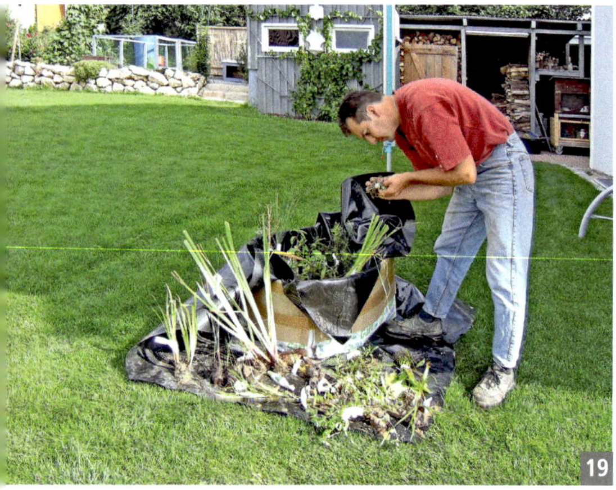

19

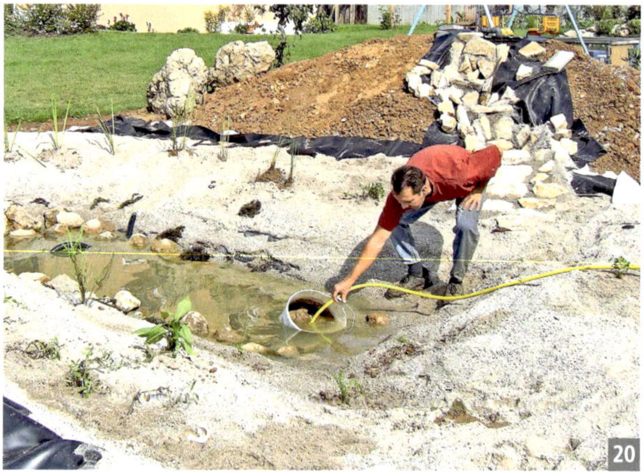

20

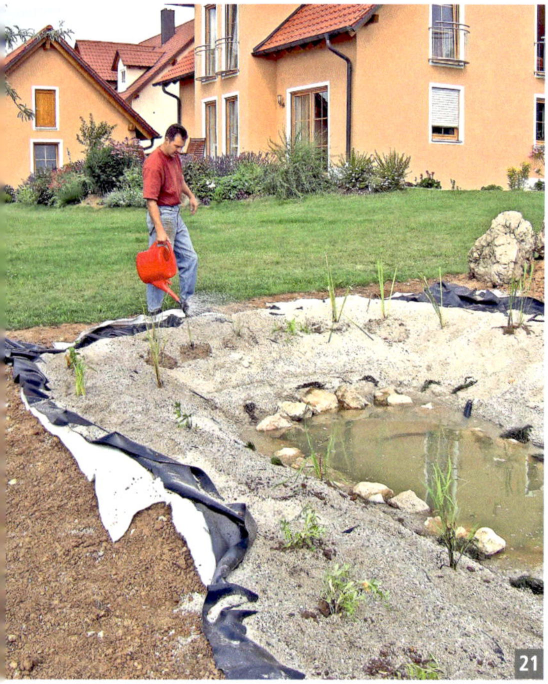

21

19 Die vorgesehenen Teichpflanzen wurden einstweilen mit Wasser versorgt, bis sie eingesetzt werden konnten.

20 Sofort nach der Bepflanzung wurde der Teich geflutet. Damit durch den harten Wasserstrahl nicht Sand ausgeschwemmt wird, war das Schlauchende in einen Eimer gesteckt.

21 Bis der Teich bis oben mit Wasser gefüllt war, brauchten die Flachwasserpflanzen immer wieder etwas Gießwasser, da.sie ohne Substrat eingesetzt wurden.

22 Folienränder abschneiden: Mittlerweile verdecken Sand und Feldlesesteine das Vlies und die Folie entlang des Teichufers. Der Mörtel im Bachbett war ausgehärtet, so dass der Wasserlauf geprüft werden konnte. Nun wurden die Folienränder als Saugsperre hochgestellt, mit Kieselsteinen unterfüllt und Überstehendes mit einem Tapetenmesser abgeschnitten.

23 Bach weiter ausbauen: Beim weiteren Ausbau des Baches wurden auch hier die Folienränder mit Steinen und Sand verdeckt.

24 Teich mit Wasser impfen: Ein Eimer voll Wasser aus einem bereits bestehenden gesunden Teich führte dem neuen Teich nützliche Mikroorganismen zu, die zur Wasserklärung beitragen und die Algenbildung vermindern.

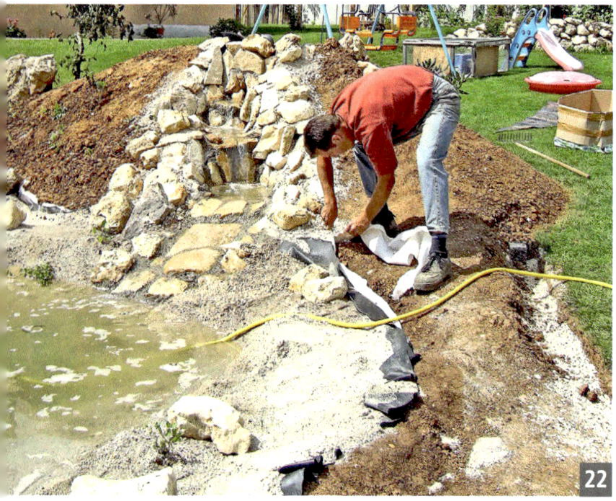

22

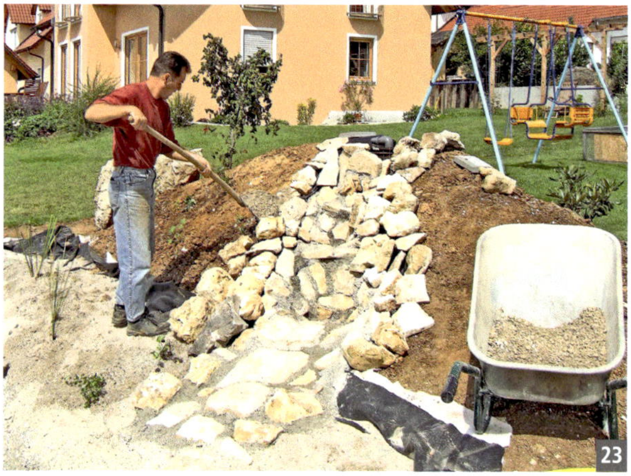

23

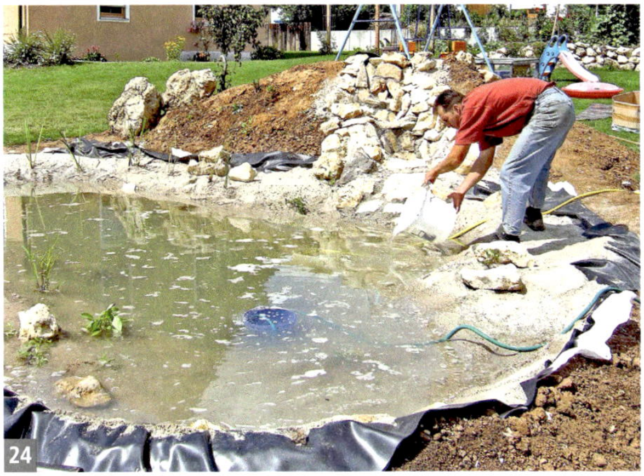

24

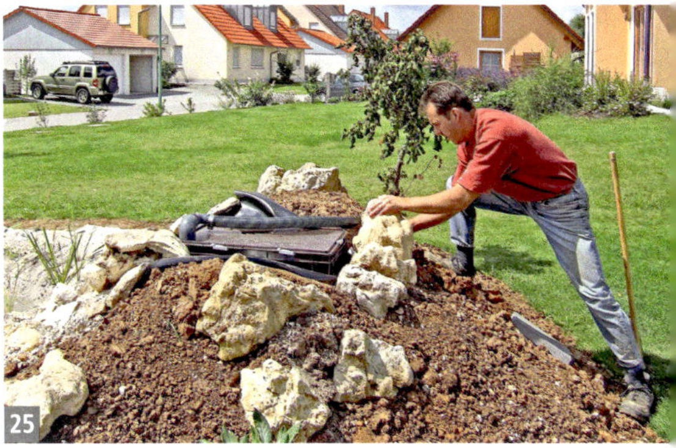

25

25 Filter einbauen: Der unschöne Filter sollte nicht im Blickfeld liegen. Er muss aber zur Reinigung gut erreichbar sein. Er wurde zwischen Bruchsteinen versteckt und mit einem Schalungsdeckel abgedeckt.

26 Ufergestaltung: Der Teich ist mit Randsteinen aus Granit eingefasst, die auf einem Betonkeil sitzen. Für die Uferbepflanzung konnte Aushuberde benutzt werden.

27 Erdkabel einziehen: Zur Aufnahme der Kabel für den Betrieb der Pumpe, die Beleuchtung und für andere technische Einrichtungen war ein Leerrohr schon bei den Erdarbeiten verlegt worden.

28 Teich mit Schutzzaun: Da kleine Kinder zur Familie gehören bzw. in der Nachbarschaft wohnen, hält ein Zaun aus grobem Maschendraht die Kinder vom Wasser fern, während Kleintiere ungehinderten Zugang haben.

29 Ein Freisitz mit schöner Bodenpflasterung samt einer aus alten Ziegelsteinen gebauten halbrunden Mauer als Sichtschutz vervollständigt den Wassergarten und lädt zum Verweilen ein. Nach dem Anwachsen und Austreiben der Pflanzen entwickelte sich schnell ein dichtes Biotop.

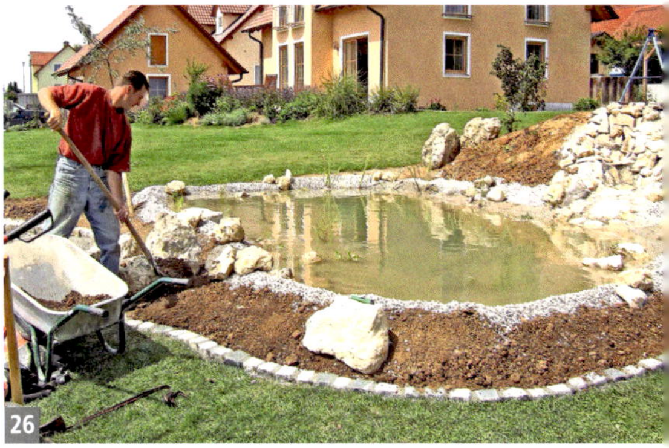

26

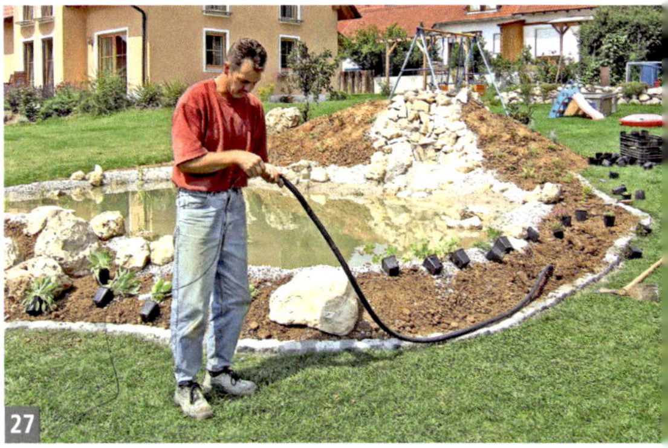

27

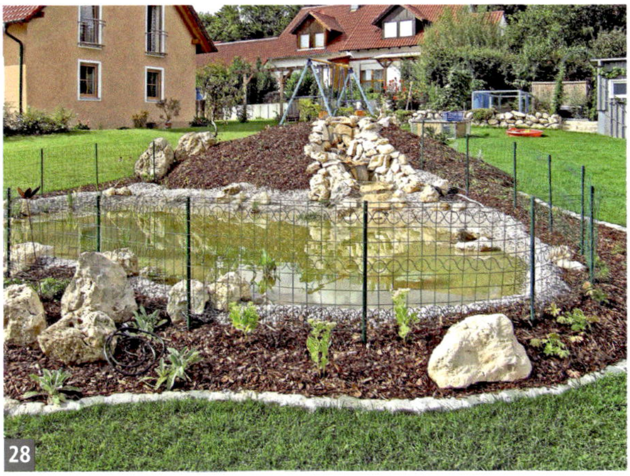

28

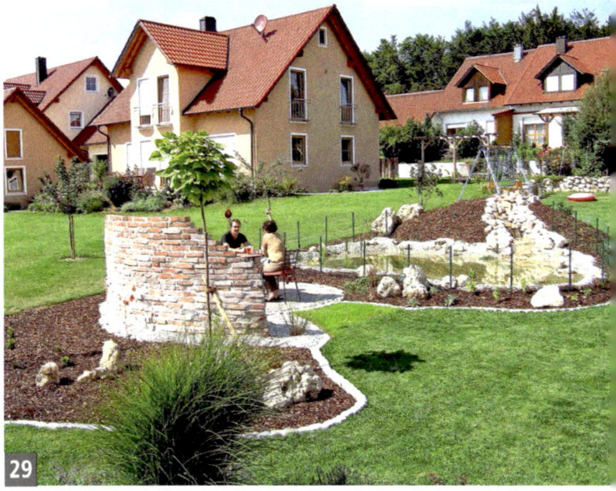

29

Baubeispiel 6.4: Bach mit Seerosenteich

Kosten
Ein Teich dieser Art und Größe (ca. 15 m²) mit ca. 4 m Bachlauf, angelegt von einer Gartenbaufirma, kostet etwa 4000 €. Bei Materialkosten für die Folie (ca. 200 €), das Vlies (ca. 100 €), für Kieselsteine und Rollkies (jeweils etwa 100€), Pumpe und Zubehör (ca. 100 - 250 €) sowie Pflanzen (ca. 200 €) kann durch Eigenleistung (schwere Arbeit!) also schon ein erheblicher Betrag eingespart werden.

Auch ein kleiner Bach braucht etwas Gefälle. Liegt das Grundstück nicht an einem Hang, kann die beim Aushub des Teichbeckens anfallende Erde zu einem Hügel aufgeschüttet werden. Der muss nicht hoch sein: 10% Gefälle (d.h. 10 cm Höhendifferenz auf 1 m Fließstrecke) reichen für einen sanft plätschernden Bachlauf aus, wenn das Wasser über Staustufen fließt oder zumindest an der Mündung über eine erhöhte Schwelle in den Teich fällt. In diesem Beispiel wurde an der Mündung ein flacher Kieselstein eingebaut.

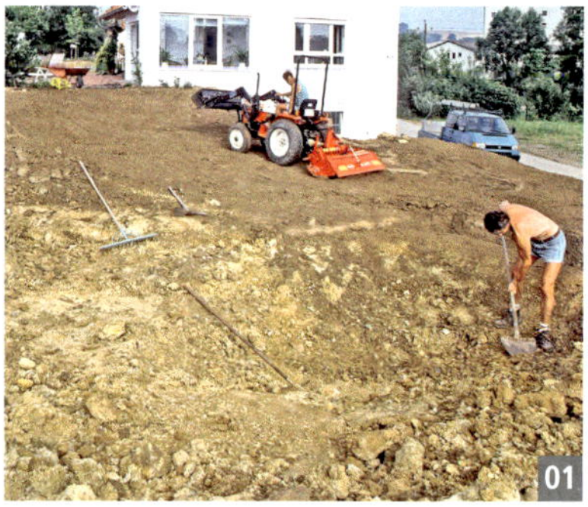

01

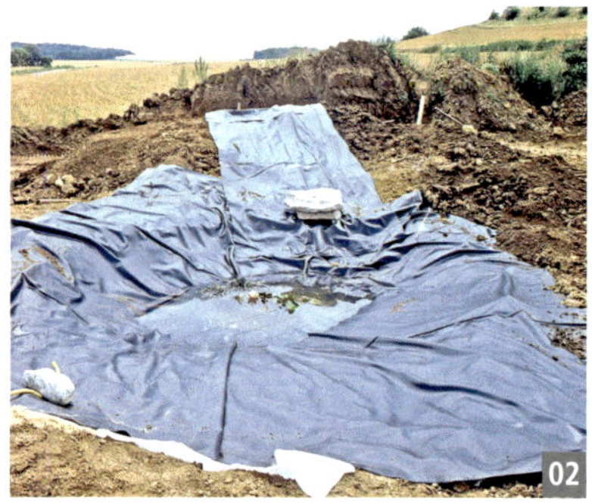

02

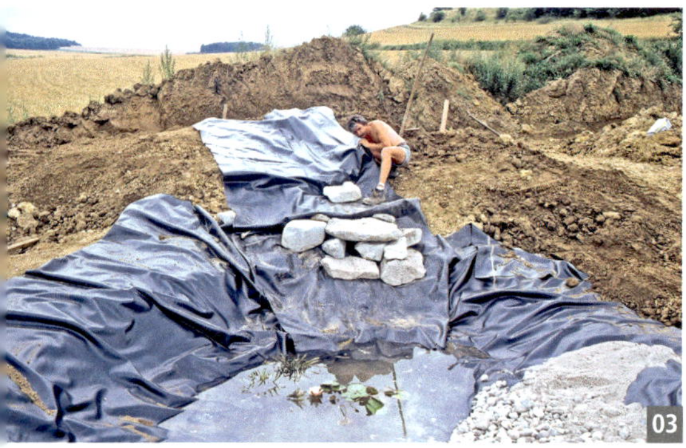

03

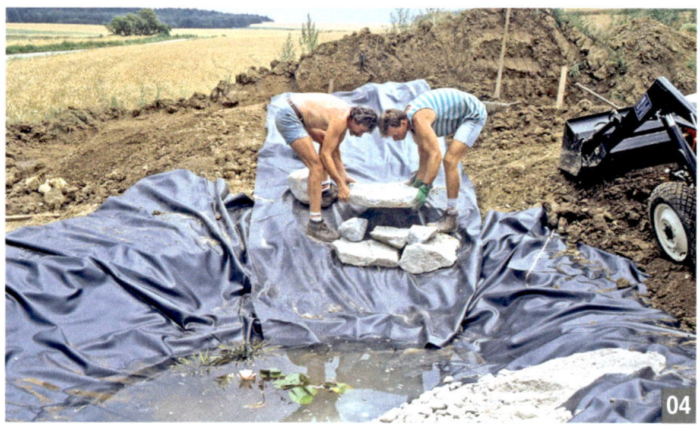

04

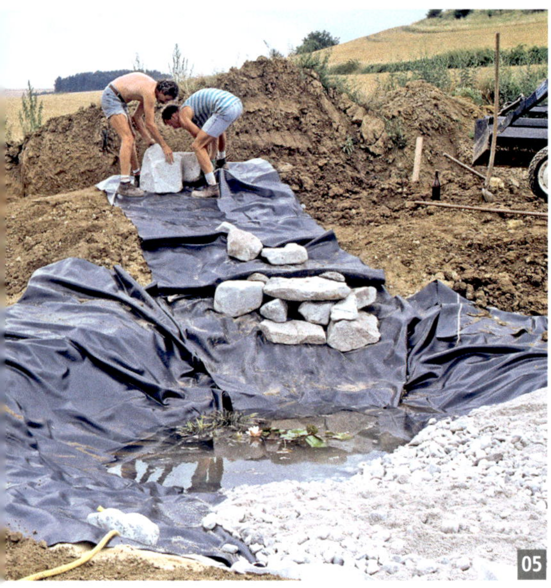

05

01 Das Teichbett formen: Nach dem Auskoffern der Teichgrube wurden die Flachwasserzonen geformt. Zeitgleich wird der Boden für die Rasenfläche rings um den Teich mit der Fräse vorbereitet.

02 Nachdem das Teichbett mit Vlies gepolstert, mit Teichfolie ausgekleidet und mit einer Seerose bepflanzt wurde, konnte das Fluten beginnen. Neben der weißen Seerose schwimmen hier einige Krebsscheren auf dem Wasser. Bachbau: Die Folie an der Mündung des Baches überlappt die Teichfolie. Dadurch waren keine Verklebungen nötig. Ein großer, flacher Stein mit ausgeprägter Mulde dient als Schwelle, über die das Wasser in den Teich „fällt".

03 Der große Stein brauchte einen Unterbau aus weiteren Steinen, damit er in ausreichender Höhe und in günstiger Position im Bachbett liegt. Auch andere kantige Steine wie z.B. Wasserbausteine aus Granit, sind für den Bachausbau geeignet.

04 Folie falten und überlappen: Damit das Wasser über den Stein fließt, muss die Folie gefaltet und auf den Stein gezogen werden.

05 Oben sollte das Wasser zwischen zwei Findlingen heraussprudeln. Am Teich wurden Flusssand und Rollkies angeliefert.

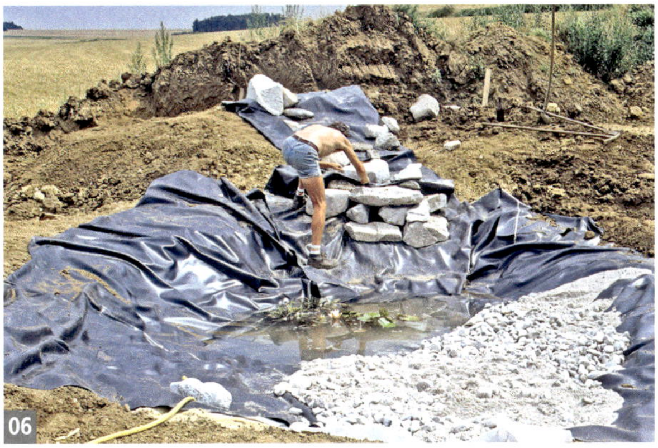
06

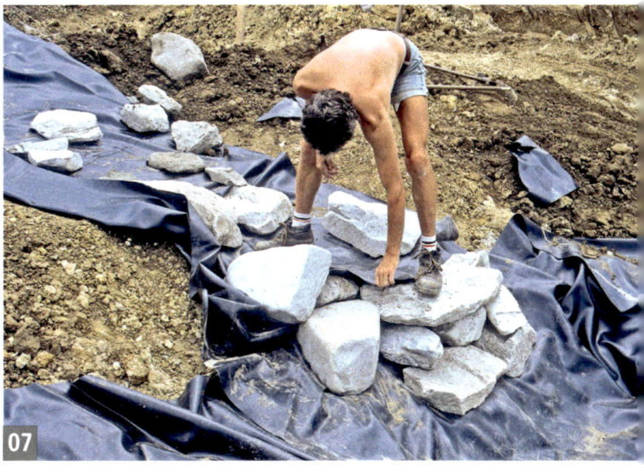
07

06 Die Bachfolie über die Steine ziehen: Im Bachbett wird die Folie als Mulde ausgeformt und mit großen Kieseln beschwert.

07 Fließhilfen formen: Weil sich die starre Folie schlecht falten lässt, wurde ein kleines Folienstück als „Tropfnase"aufgeklebt. Es leitet das Wasser gezielt auf den großen Kieselstein, der als Schwelle dient.

08 Die Bachränder unterfüllen: Damit das Wasser im Bachbett bleibt, wurden die Folienränder aufgestellt und mit Erde unterfüllt. Jetzt war es schon möglich, weit überstehende Ränder abzuschneiden.

09 Wasserschlauch zur Quelle verlegen: Nach dem Anschließen der Tauchpumpe wurde der Wasserschlauch zur „Quelle" verlegt und neben dem Bachbett flach in den Boden eingegraben.

10 Die Teichpumpe einsetzen: Zum Testen des Wasserlaufs genügt es, die Pumpe in das flache Wasser einzusetzen. Sie wurde später nach dem vollständigen Fluten an einer Stelle im Tiefwasser versenkt.

11 Das Teichufer bepflanzen: Als Sichtschutz wurden Gehölze auf der Rückseite des Teichs gepflanzt. Sträucher mit Topfballen wie hier lassen sich auch im Sommer einsetzen.

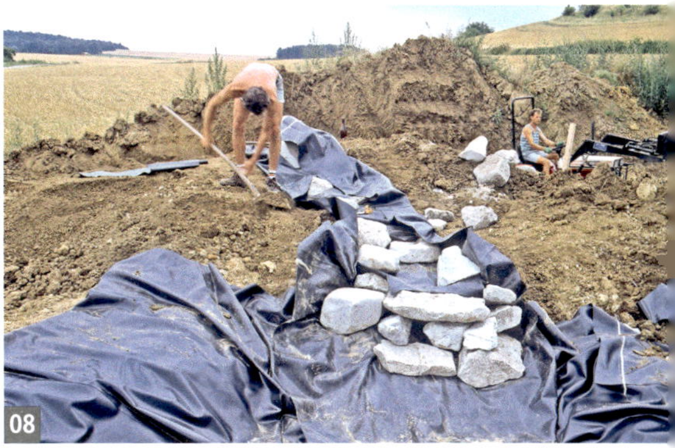
08

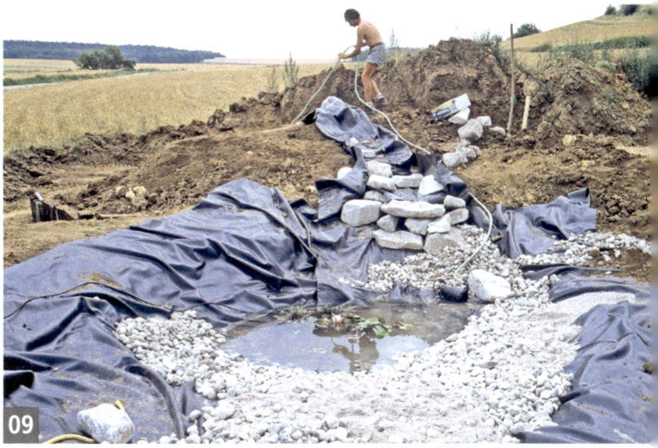
09

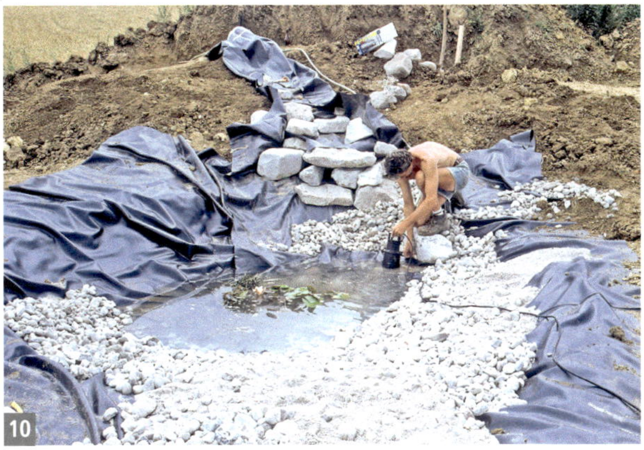
10

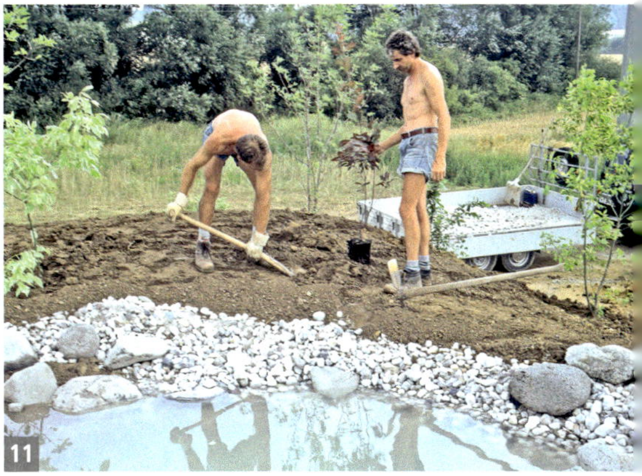
11

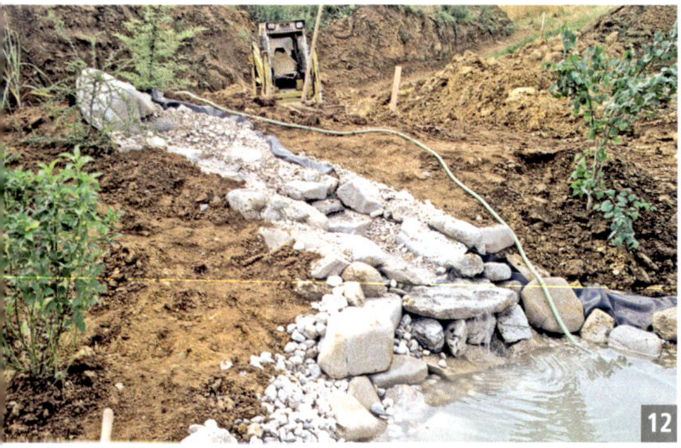

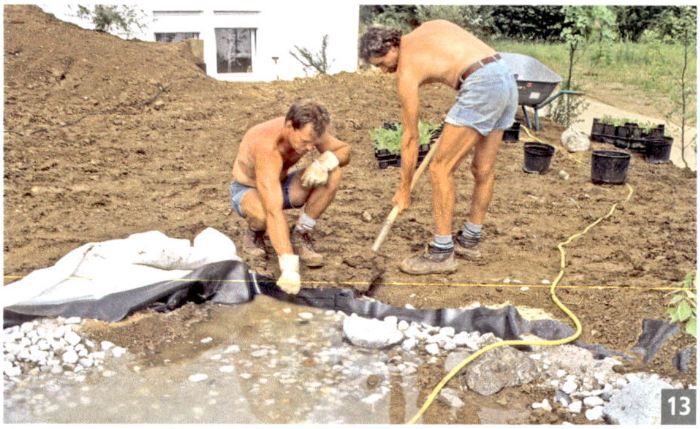

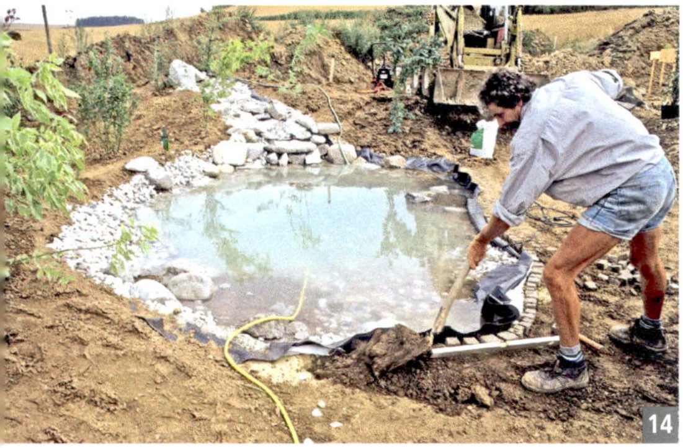

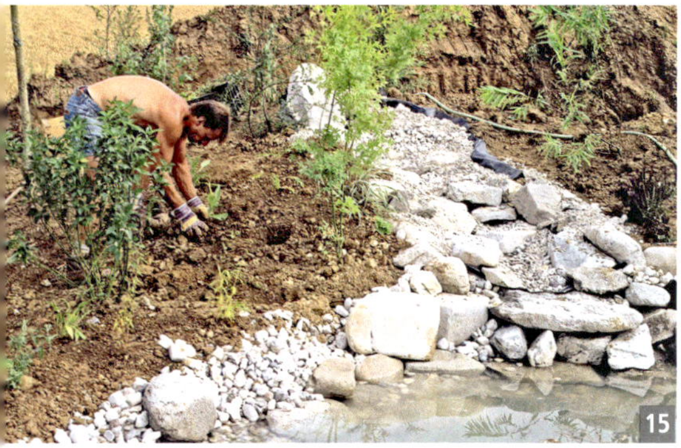

12 Den Bachlauf testen: Der Probelauf mit Wasser zeigte, dass es wie gewünscht abläuft, d.h. gut sichtbar im Bachbett fließt und an der Steinschwelle hörbar in den Teich fällt.

13 Nun konnten die Folienränder am Teich als Saugsperre aufgestellt und hinterfüllt werden.

14 Zum Rasen hin wurde mit Pflastersteinen eine feste Einfassung geschaffen. Das Pflaster ist mit Sand verfugt. Das feine Material rieselt in alle Zwischenräume und festigt den Steinverbund. Damit der Teich bündig an den Rasen anschließt, musste stellenweise noch mit Humus aufgefüllt werden. Im Teich geben angehäufelte Kieselsteine der Folie Halt. An der Gehölzseite wurde der Uferübergang ebenfalls mit Kieselsteinen belegt.

15 Stauden pflanzen: Damit sich ein dichter Grüngürtel entwikkelt, wurden Stauden zwischen die Sträucher gepflanzt. Sie dienen auch als Bodendecker und breiten sich flächig aus.

16 Das Mulchen mit Rinde hält den Boden feucht und unterdrückt keimende Wildkräuter, bis die Stauden einen dichten Bewuchs bilden. Im Teich wurden inzwischen Flachwasserpflanzen eingesetzt.

17 Teich und Bach ein Jahr danach: Im Sommer nach der Anlage sind die Pflanzen gut angewachsen. Das Wasser ist schön klar. Neben der Seerose blüht eine Seekanne.

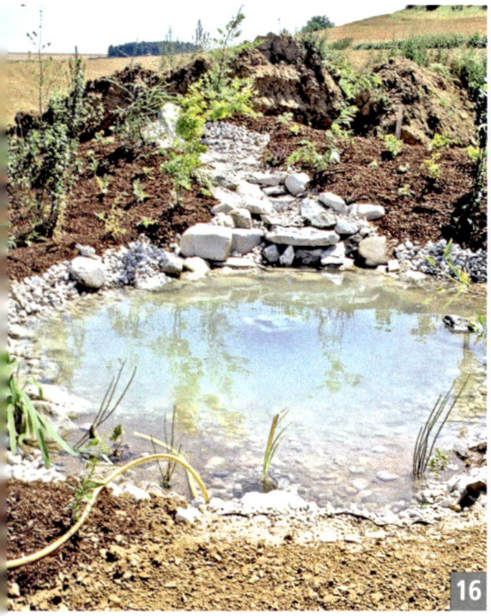

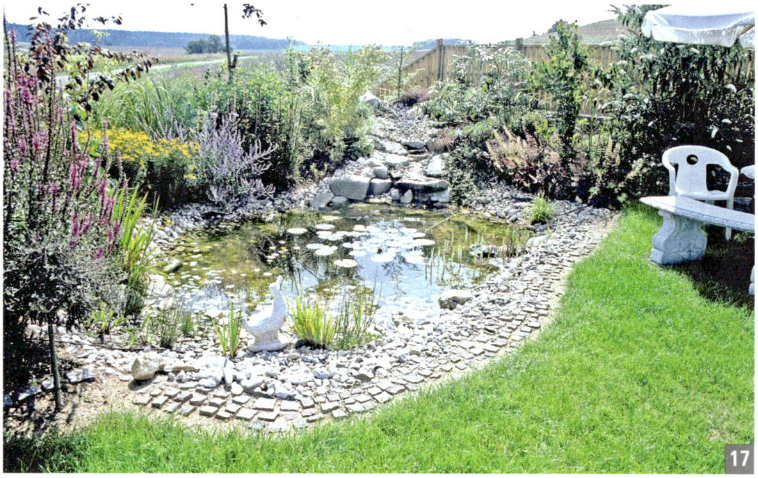

Baubeispiel 6.5: Teich mit Bach in einer Wohnsiedlung

Die teuren Baugrundstücke in den Städten laden gewöhnlich nicht zu einer großzügigen Gartengestaltung ein. Dennoch sind gelegentlich Anlagen mit schön angelegten Wassergärten zu finden, die beträchtlich zum Wohl der Bewohner beitragen.
Im nachfolgenden Bildbeispiel wurde ein ehemaliges Industriegebiet in Regensburg in Innenstadtnähe in eine weitläufige Wohnanlage umgewandelt. Sie wirkt nicht als neuer Fremdkörper in der Stadt, sondern vielmehr wie eine alteingewachsene Parkanlage. Dazu tragen die alten Bäume bei, die erhalten blieben und im Zuge der Gartengestaltung in die Anlage integriert wurden. Das Gelände ist auch für Passanten geöffnet, die sich an den Wassergärten erfreuen können.
Hanglage in Bestform: Die am Hang naturnah angelegten Bachläufe mit üppiger Uferbepflanzung münden in einen großen zentralen Teich auf der Tiefgarage. Die Wassergärten trennen die einzelnen Wohnblöcke weiträumig ab und schaffen eine Distanz zu den Nachbarn, die aber nicht abgrenzend, sondern verbindend wirkt. Die vielen Wasserflächen sind nicht eingezäunt, die großen Findlinge am Wasser und die Trockenmauern am Hang laden zum Klettern ein und stellen einen großen Abenteuerspielplatz dar. Kleine Kinder müssen hier allerdings besonders gut beaufsichtigt und möglichst früh mit dem Element Wasser vertraut gemacht werden.
Naturnaher Ausbau: Während leistungsfähige Pumpen, verrottungsfeste Kunststoffrohre, strapazierfähige Teichfolien, belastbarer Beton und andere Industrieprodukte für den Bau der Wasserstellen unerlässlich waren, kamen als sichtbare Gestaltungselemente nur Naturbaustoffe zum Einsatz. Die technischen Einrichtungen wie Pumpen, Filter und Schieber sind in Schächten aus Betonringen jederzeit zugänglich.
Das Becken des großen Mündungsteiches über der Tiefgarage (Abb. 09, Seite 61) wurde aus wasserdichtem Beton hergestellt. Die kleineren Quellteiche oben am Hang halten verschweißte Teichfolienstücke dicht. Sie wurden in bewährter Bauweise mit einem massivem Unterbau aus verdichtetem Schotter, einer Auflage aus Acrylfaservlies und einer Abdichtung aus verschweißten Teichfolienbahnen hergestellt. Die oberste Schicht besteht aus Rollkies. Für eine trittfeste, bündige Einfassung am Teichrand wur-

01 Teichbett mit Vlies, Folie und Rollkies: Das Teichbett des Quellteiches auf der Tiefgarage wurde mit Pflastersteinen eingefasst, mit Vlies ausgepolstert, mit Folie ausgekleidet und mit Kies ausgebaut. Das sichtbare KG-Rohr (Kanal-Grundrohr), das noch abgeschnitten wird, befördert das Wasser später in den Bach.

02 Die Einfassung aus Pflastersteinen wurde direkt auf einem Betonkeil auf die Teichfolie gesetzt. Die bunten Donaukiesel liegen auf Granitsplitt.

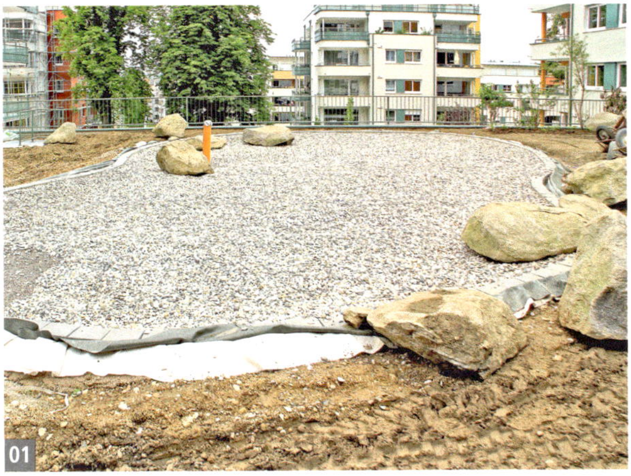
01

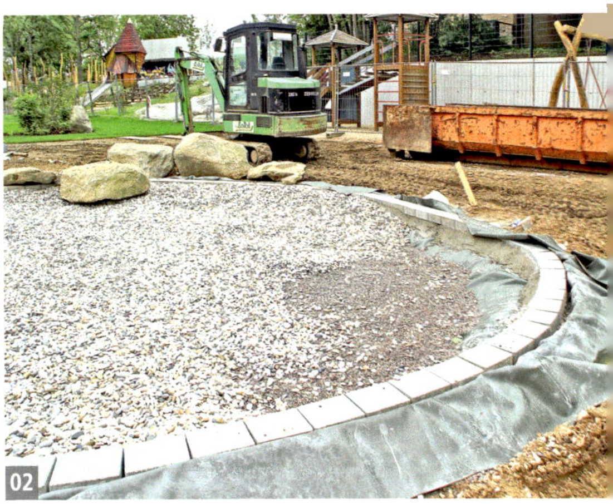
02

03 Unten am Mündungsteich kann die Wasserzufuhr mit einem Schieber unterbrochen werden. Die Wasserleitung verläuft unter dem Bachbett.

04 Vlies und Folie ausgelegt: Vom oberen Teich fließt das Wasser in den Bach auf der unteren Etage. Dieser ist hier mit Vlies und Folie vorbereitet. Der Bachabschnitt hinter dem Gehweg wurde bereits mit Steinen ausgebaut.

den Pflastersteine auf einen Betonkeil gesetzt (Abb. 02). Das Wasser zu den Bächen wird vom Teichgrund aus mit Hochleistungspumpen mehr als 10 m hoch durch unsichtbar zwischen Findlingen angeordneten Rohren zu den Quellteichen geleitet. Dort läuft das Wasser durch das jeweilige Quellrohr in eine aus Findlingen aufgeschichtete Grotte an einer Betonwand. Von dort strömt es in mehreren terrassierten Hangabstufungen abwärts, durchquert unterirdisch einen Pflasterweg und fließt über eine Kaskade aus aufgeschichteten Natursteinen in ein kleines Sammelbecken, bis es nach mehreren Staustufen und einem kleinen Sammelteich letztendlich wieder im Mündungsteich ankommt. Dies geschieht alles gut sicht- und hörbar. Die Wohnanlage liegt in Regensburg an der Galgenbergstraße. Weitere Infos sind unter www.bauteam-tretzel.de im Internet zu fiinden. Die Bauarbeiten wurden von der Firma Leibl aus Straubing durchgeführt.

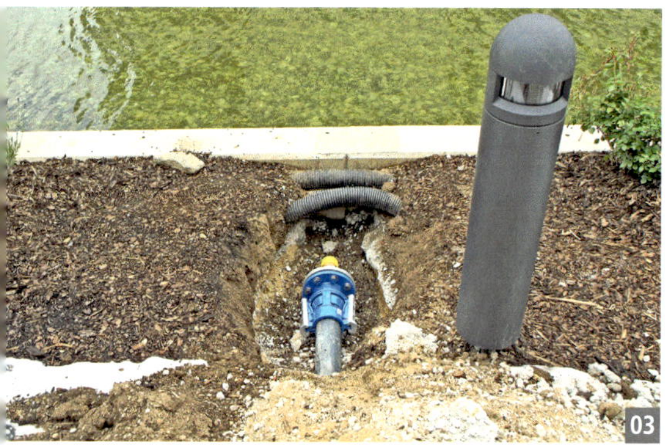

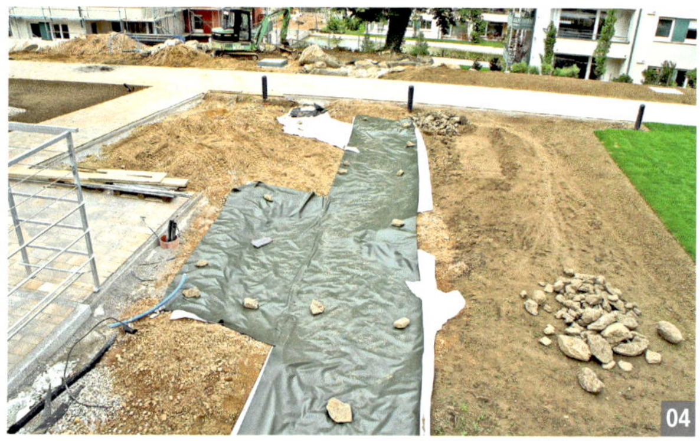

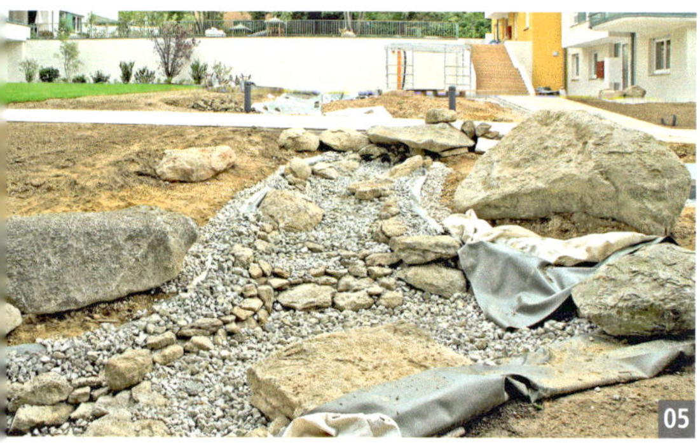

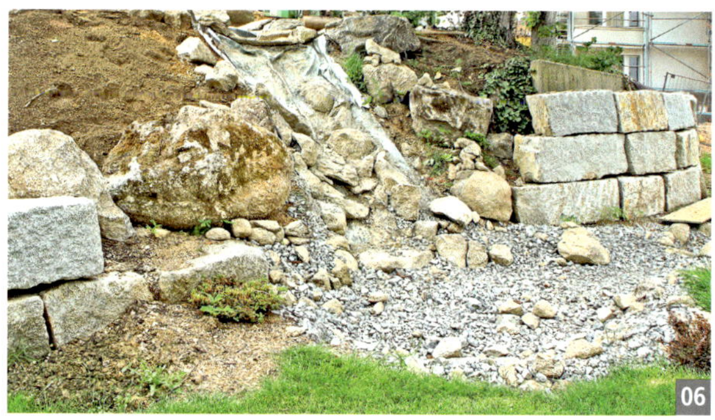

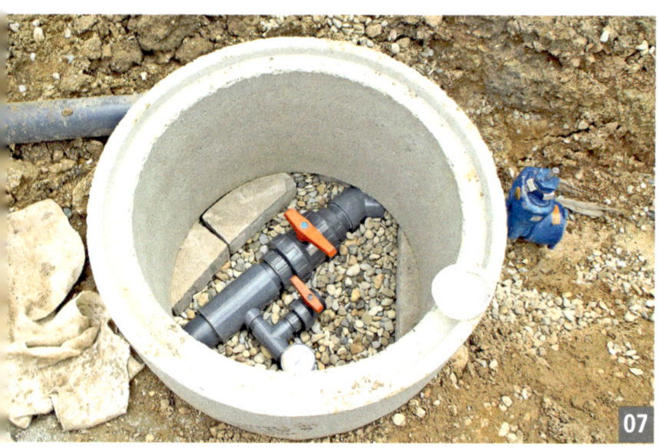

05 Bachbeet teilweise ausgebaut: Die Ansicht von der gegenüberliegenden Seite aus zeigt den Ausbau mit Granitsteinen aus dem nahen Bayerischen Wald. Oberhalb der Mauer im Hintergrund liegt der Quellteich. An der Stützmauer sind die Wasserleitung und der Ablauf zu sehen.

06 Im weiteren Verlauf fließt das Wasser in einem mit kantigen Granitsteinen ausgebauten Bachbett über eine steile Böschung und sammelt sich unten in einem kleinen Becken.

07 Wartungsschacht mit Schieber am Teich: Die Leitungen liegen auf Drainagekies im Boden. Die Ventile und Armaturen sind in Schächten aus Betonringen stets erreichbar.

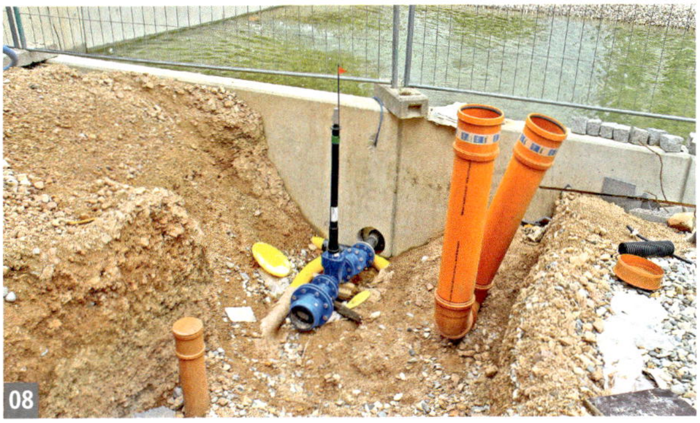

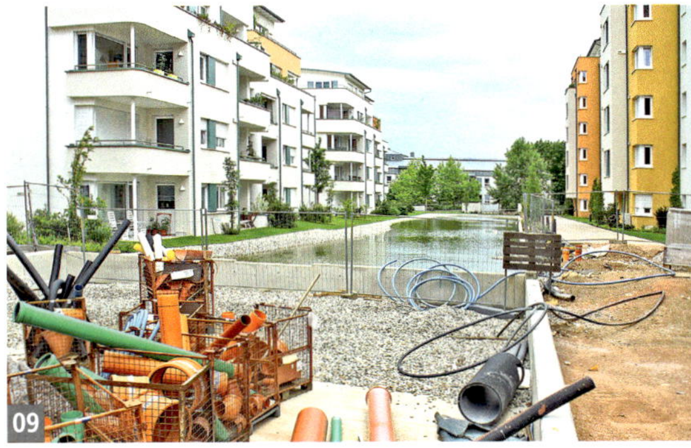

08 Wasserleitungsanschluss an Mündungsteich: Das Wasser wird durch PE-Rohre nach oben gepumpt. Der Anschluss erfolgt über solche Schieber. Daneben liegt ein Drainagerohr, das bei Leck oder Überlauf das überschüssige Wasser aufnimmt und ableitet.

09 Baustelle Mündungsteich: Der Mündungsteich ist zum Teil bereits ausgebaut und geflutet. Das wasserdichte Betonbecken liegt über der Tiefgarage.

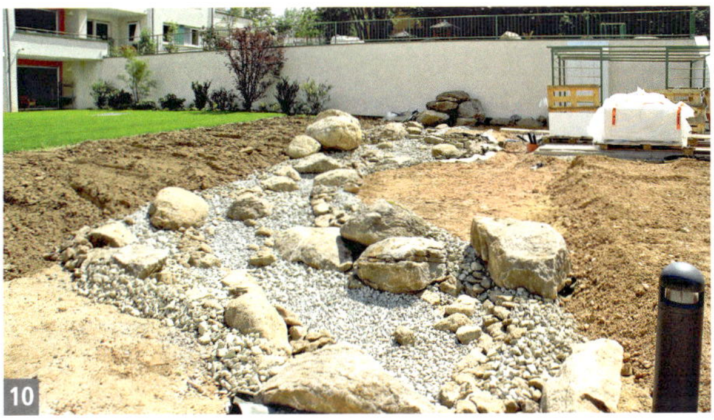

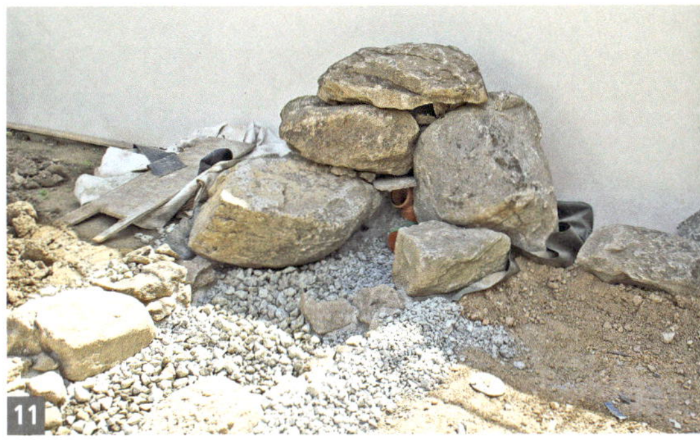

10 Der Bachausbau mit Granitschotter und Findlingen: Einige Tage nach dem Auslegen der Folie wurde der Bach mit Granitschotter und Findlingen ausgebaut. Das Wasser sprudelt später aus der kleinen Grotte hinten an der Wand.

11 Die Quell-Grotte wurde aus Granitfindlingen aufgeschichtet. Der Wasserzufluss erfolgt durch ein KG-Rohr, das vom Quellteich oberhalb der Mauer nach unten führt und in der Grotte aus dem Boden tritt.

12 Der Ausbau des Bachbettes an der Böschung mit kantigen Bruchsteinen: Die Steine sind in Beton gesetzt, damit sie nicht abrutschen.

13 Unterführung des Baches am Fußweg: Der Pflasterweg bildet eine Barriere im Bachlauf. Hier wurde eine Unterführung aus drei parallel verlegten Kunststoffrohren geschaffen, um einen Rückstau zu verhindern.

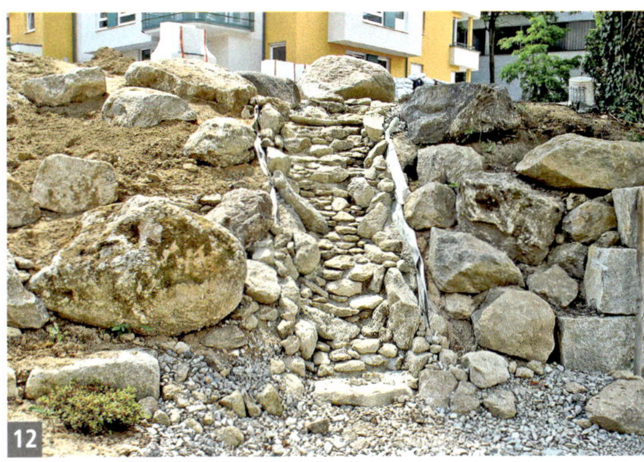

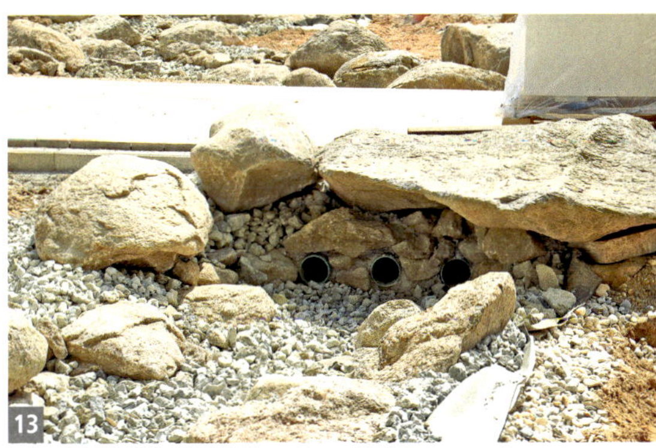

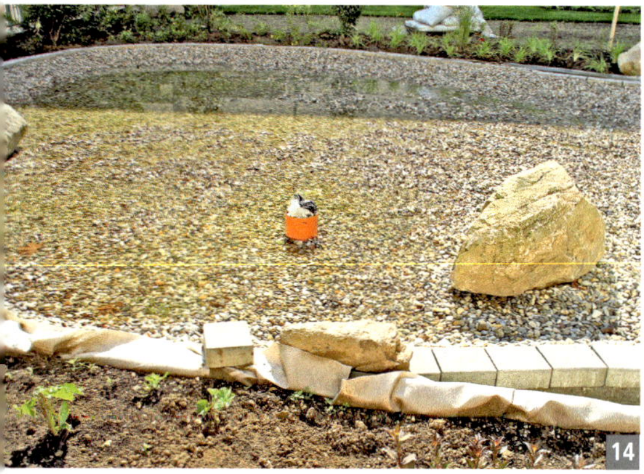
14

14 Der Ablauf aus dem Quellteich über der Tiefgarage zur Bachquelle erfolgt über das KG-Rohr, dessen Ende aus dem Teich herausschaut. Es wird später mit Findlingen kaschiert.

15 Erdkabel und Wasserleitung: Für die Strom- und Wasserversorgung im Garten, z.B. für Beleuchtung und Gießwasser, wurden Erdkabel und PE-Rohre bereits vor den Pflasterarbeiten verlegt.

16 Der Bach nach Anlage des Rasens und Flutung: Der Bachabschnitt ist inzwischen mit Gehölzen und Stauden begrünt. Das Wasser sprudelt auf dem Schotter munter im Bachbett dahin.

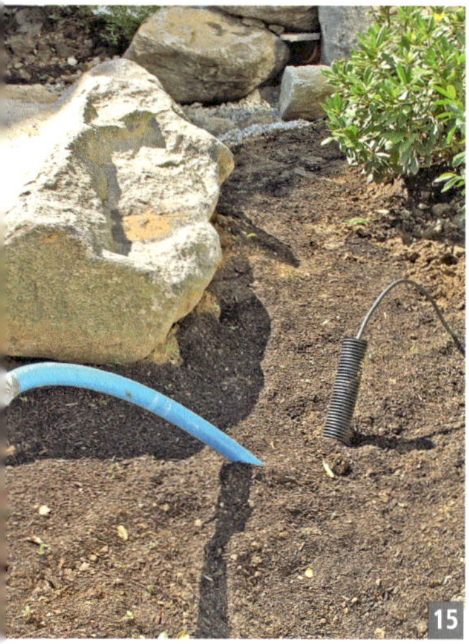
15

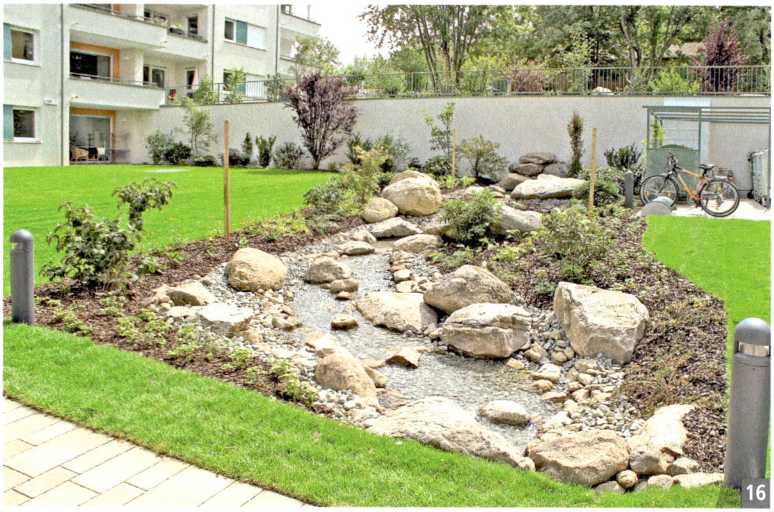
16

17 Der Quellteich nach der Bepflanzung: Der flache Quellteich ist randvoll mit Wasser gefüllt. Im Becken breiten sich Blutweiderich, Wasserschwertlilien und andere Wasserpflanzen aus. Der Wasserablauf liegt versteckt unter einem Findling.

18 Der Bachlauf am Hang: Eine leistungsfähige Pumpe erzeugt einen kräftigen Wasserschwall. Auch an der steilen Böschung bewirken die kantigen Steine einen gut sicht- und hörbaren Sprudel.

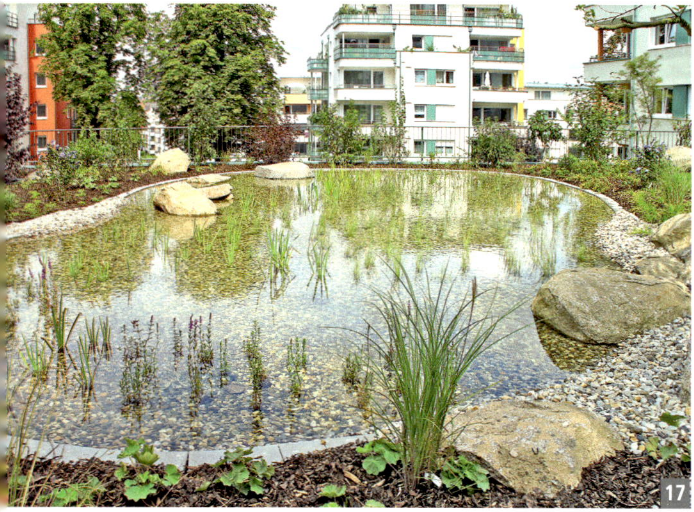
17

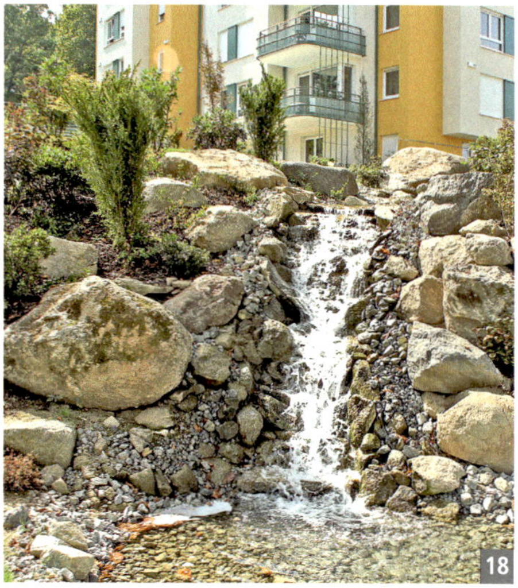
18

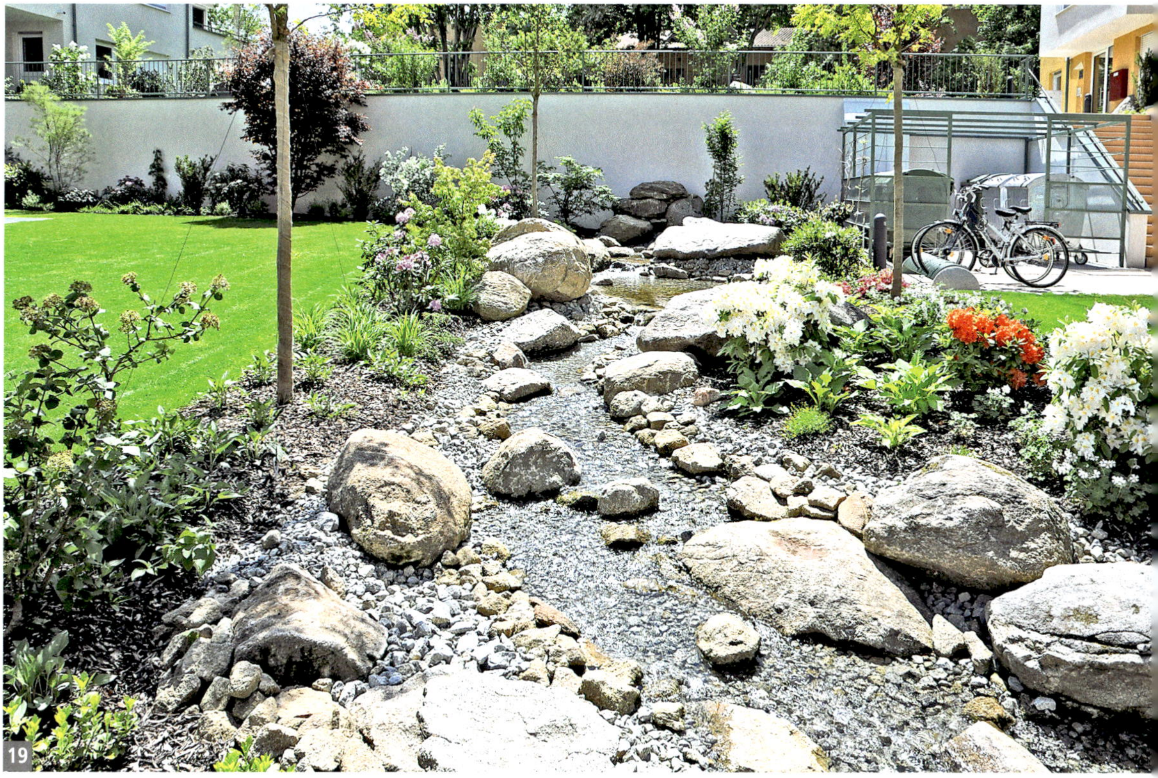

19 Bach mit Kieselbeet: Ein Jahr später sind die Stauden, Gräser und Gehölze gut angewachsen. Im Frühjahr blühen die Rhododendren und Azaleen. Die 3 Robinien, die noch gepflanzt wurden, spenden zunehmend Schatten.

20 und 21 Von der 2. Ebene fließt der Bach über einen Steilhang weiter nach unten. Von einem kleinen Sammelbecken aus erreicht das Wasser dann durch unterirdische Rohre den großen Mündungsteich auf der unteren Ebene.

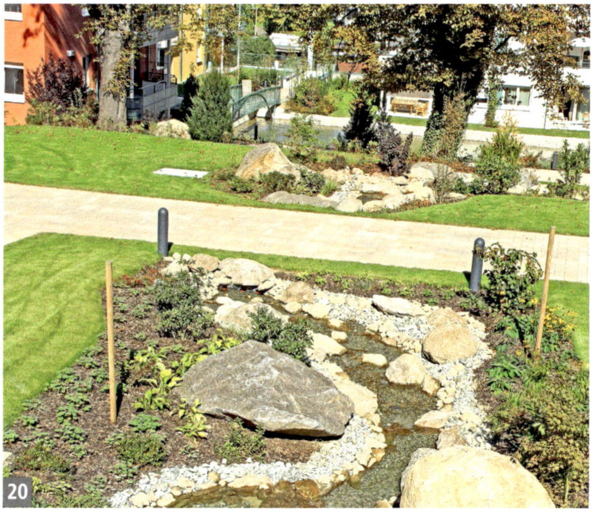

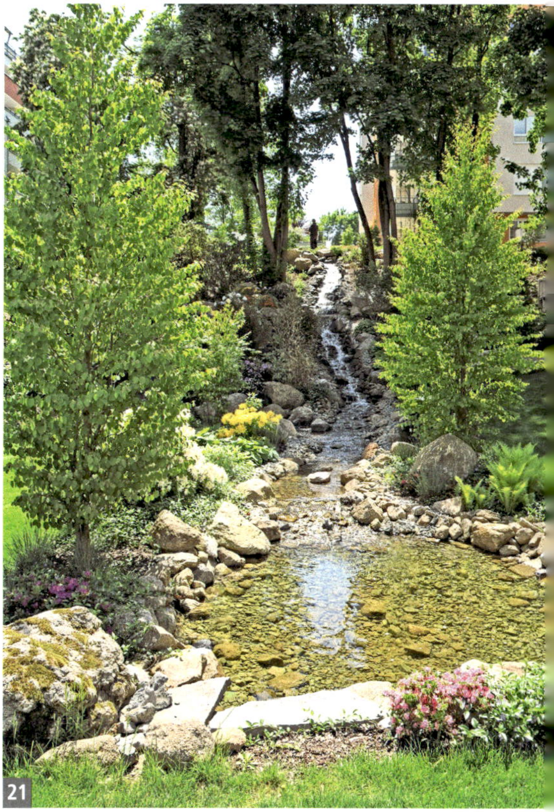

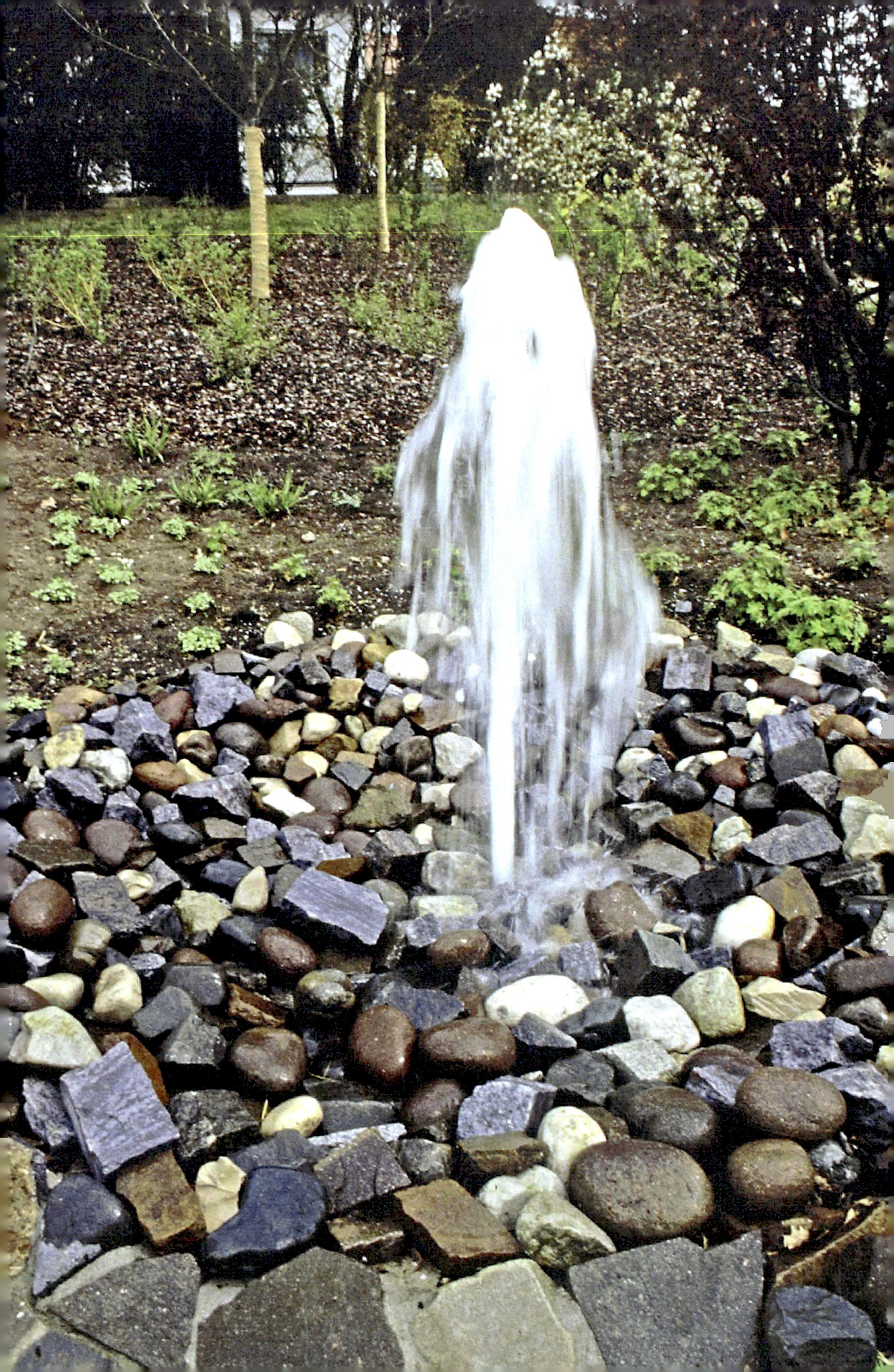

7 Technik für Teiche, Bäche und Kaskaden

Für einen einfachen, sachgerecht angelegten Teich sind technische Geräte wie Pumpen, Filter, Vorklärgeräte, Belüfter und dergleichen nicht notwendig. Algen, die sich am Boden ablagern oder fadenförmige Büschel bilden, lassen sich, wenn sie Überhand nehmen, einfach mit einem Rechen abfischen. Sobald die eingesetzten Wasserpflanzen gut angewachsen sind und üppige Bestände bilden, tragen sie zur Klärung des Wassers und zur Reduzierung der darin enthaltenen Nährstoffe bei. Dann haben sich auch die Mikroorganismen ausreichend vermehrt, so dass sie bei der Wasserreinigung wesentlich mithelfen können. Die Entwicklung von Mikroorganismen kann gezielt gefördert werden, indem der Teich nach der Fertigstellung mit Wasser aus einem gesunden Teich „geimpft" wird. Auch Wasserschnecken können zur Sauberhaltung beitragen.

Eine Umwälzpumpe wird erforderlich, wenn ein Quellstein, ein Springbrunnen oder allgemein bewegtes Wasser im Teich erwünscht ist. Für einen Springbrunnen reichen schon relativ kleine Fördervolumina aus. Dabei sollte der Wasserstrahl immer so gerichtet werden, dass Wasserpflanzen nicht gestört oder ihre Blätter beschädigt werden. Werden Fische im Teich gehalten, ist die Wasserreinigung mittels Umwälzpumpe und Filter ebenso unverzichtbar wie die Sicherstellung eines ausreichenden Sauerstoffgehaltes, ggf. durch ergänzende Belüftung. Auch für einen Bachlauf wird eine leistungsstarke Umwälzpumpe benötigt, um das im Bach abfließende Wasser wieder zurück zur Quelle zu pumpen. Beim Schwimmteich kann eine Umwälzpumpe, ggf. in Verbindung mit einem Filter, sinnvoll sein, wenn das Bad intensiv und von vielen Personen genutzt wird und die Vegetationszone nicht ausreichend groß ist, um die gewünschte Klärung des Badewassers herbeizuführen.

Wesentliches Element all dieser technischen Hilfsmittel am Teich ist eine elektrische Umwälzpumpe.

7.1 *linke Seite und*
7.2 *unten*
Etwas technisches Zubehör ist notwendig, damit der Wasserstrahl aus dem Quellstein fließt oder eine Fontäne Wasser in die Höhe befördert.

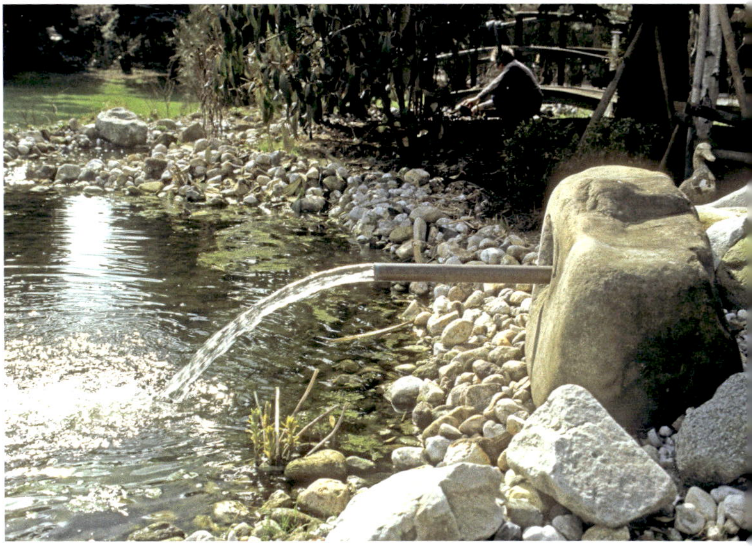

Pumpen

Die Vielfalt an Pumpen für den Einsatz in und an Teichen ist groß und entsprechend schwierig gestaltet sich die Auswahl für den Anwender. Entscheidend sind die Anforderungen, die an die Pumpe gestellt werden: Die wichtigsten Kriterien sind Förderhöhe und gewünschtes Fördervolumen, aber auch die Verträglichkeit gegenüber Fremdstoffen im Wasser und die Einbauart der Pumpe (Trockenaufstellung oder Tauchpumpe) sind Aspekte bei der Auswahl.

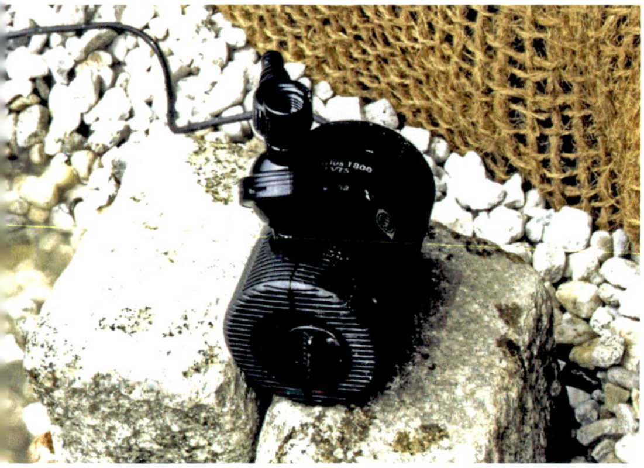

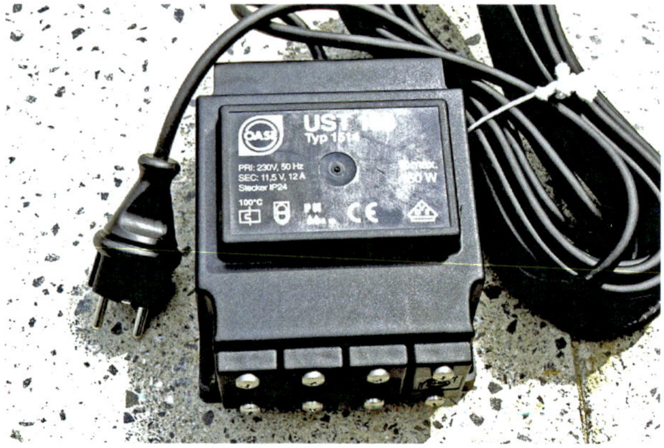

7.3
Die kleinen Gleichstrompumpen sind durchaus leistungsfähig. Dieser Typ erzeugt am Badeteich einen kräftigen Wasserschwall.

7.4
Gleichstrompumpen erhalten den elektrischen Strom über einen Trafo mit Gleichrichter, der geschützt im Trockenen platziert wird.

7.5
Kleiner Sprudelstein mit Solarpumpe und 30 cm Fontäne.

7.6
Eine leistungsstärkere Solarpumpe bringt eine kräftigere Fontäne zustande. Die Module müssen zur Pumpe passen und günstig zur Sonne hin ausgerichtet sein.

Solarpumpen

Interessant und verlockend erscheint der Einbau einer solargetriebenen Pumpe; denn Solarpumpen benötigen keinen elektrischen Strom aus der Steckdose und sind, sofern hochwertige Pumpen eingesetzt werden, im Betrieb zuverlässig und wartungsfrei. Sie laufen, so lange das zugehörige Solarpanel genügend Sonnenlicht empfängt und ausreichend Strom liefert. Da Solarpumpen mit 12 V Gleichspannung (d.h. mit Kleinspannung) arbeiten, geht von der Elektrizität selbst bei einem Kurzschluss oder einem Isolationsfehler keine Gefahr aus. Die Leistung des Solarmoduls (oder der Module) muss natürlich auf die Pumpenleistung abgestimmt sein, die Solarmodul-Nennleistung (bei max. Sonneneinstrahlung, d.h. 1000 W/m^2 Einstrahlung) sollte etwa beim Dreifachen der Pumpenleistung liegen.
Für eine kleine Solartauchpumpe mit ca. 8 W Leistungsaufnahme, wie sie als Teichzubehör angeboten wird, ist ein Solarmodul mit etwa 25 Watt Nennleistung notwendig, damit die Pumpe bereits bei mäßiger Sonneneinstrahlung anläuft. Eine solche Pumpe schafft max. 700 l/h Fördermenge (10 - 12 l/min.) und bis zu 2 m Förderhöhe, ausreichend für einen Springbrunnen oder einen kleinen Quellstein. Für eine größere Solarpumpe z.B. mit 17 Watt Leistungsaufnahme wird ein entsprechend größeres Modul mit 50 - 60 W Nennleistung benötigt. Diese Pumpe erreicht max. 1500 l/h Fördervolumen und max. 3 m Förderhöhe, was für einen

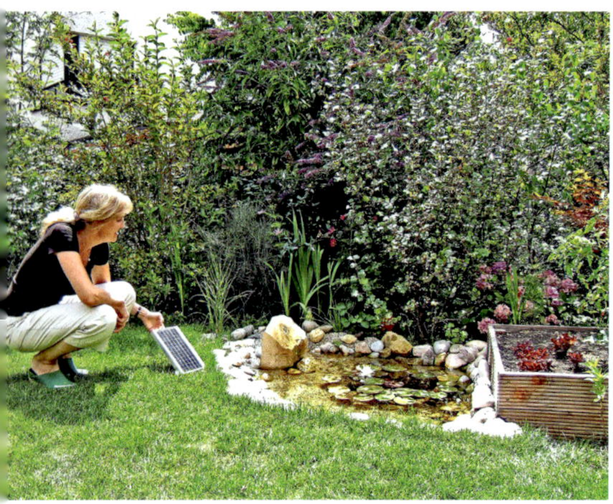

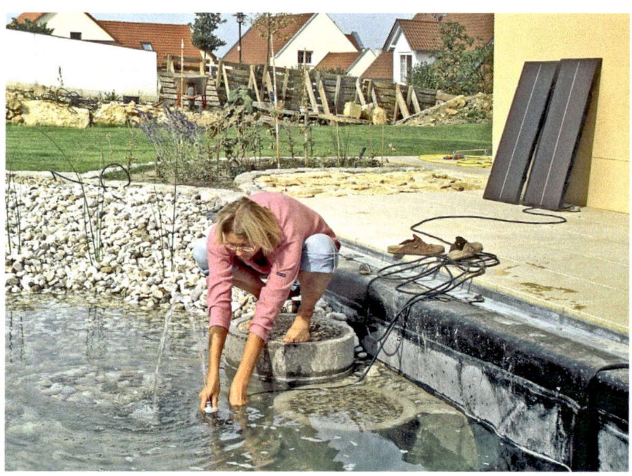

Quellstein oder kleinen Wasserfall am Teich schon ausreicht. Für einen Bachlauf ist die geförderte Wassermenge aber immer noch relativ gering. Für diese Solarpumpen werden auch passende Solarmodule angeboten, ebenso das nötige Vorschaltgerät, das elektrisch zwischen Solarmodul und Pumpe „vermittelt" und eine optimale Solarstromnutzung sicherstellt.
Inzwischen gibt es auch leistungsstärkere Tauchpumpen für 12 Volt Versorgungsspannung auf dem Markt, deren Leistung und Fördervolumen eher auf den Einsatz in Badeteichen abgestimmt ist. Verfügbar sind 2 Modelle mit 55 W Leistung (6000 l/h, 3,2 m Förderhöhe) und 90 W Leistung (12.000 l/h, 3,5 m Förderhöhe), für die es ebenfalls passende Solarmodule und Vorschaltgeräte gibt. Da diese Tauchpumpen mit 12 V Kleinspannung arbeiten, können sie gefahrlos im Badeteich eingesetzt werden.
Es empfiehlt sich, die Pumpe und die zugehörigen Komponenten bei einem kompetenten Händler zu kaufen, der ggf. bei der Einrichtung hilft oder zumindest ein vergleichbares System vorführen kann und der ggf. Pumpe sowie Solarmodul umtauscht, z.B. wenn sie im speziellen Einzelfall doch zu wenig Leistung bringen. Erfahrungsgemäß funktionieren Solarpumpen und Module viele Jahre zuverlässig. Der veränderliche Wasserschwall beim Wechsel von Wolken und Sonne stört nicht, das mehr oder weniger starke Plätschern wird sogar als angenehm empfunden.
Im Vergleich zu den netzbetriebenen Wechselstrompumpen liefern Solarpumpen überwiegend eine geringere Leistung und sind auch teurer in der Anschaffung. Dafür kann nicht nur die Installation des Stromanschlusses am Teich eingespart werden, sondern es entfallen auch die laufenden Verbrauchskosten für den Pumpenstrom.

Pumpen für einen Bach oder Badeteich

Für den Betrieb einer ergiebigen Quelle oder eines Bachlaufs ist die Leistung der eben genannten kleineren Solarpumpen oft nicht ausreichend. Hier kommen eher konventionelle Kreisel-Tauchpumpen für Netzspannung (230 V Wechselstrom) zum Einsatz, die mit recht gutem Wirkungsgrad und entsprechend stromsparend arbeiten. Eine Faustregel besagt, dass für einen schönen Bachlauf pro Zentimeter Bachlaufbreite mindestens 1,5 l Wasser in der Minute fließen sollten. Bei

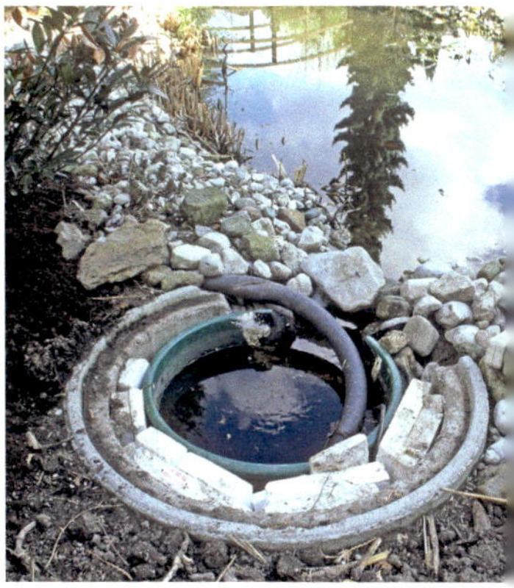

7.7
Hier liegt die Pumpe leicht zugängig in einem Schacht.

7.8
Anschluss des Pumpenschlauches an den Quellstein

7.9
Mehr Druck als Teichpumpen erzeugen gewöhnliche Tauchpumpen. Sie kommen zum Einsatz, wenn ein großer Höhenunterschied zwischen Teich und Quelle zu überwinden ist.

7.10
Die Pumpe im Teich presst das Wasser durch einen Schlauch zur Quelle. Der Schlauch muss richtig bemessen sein und sollte möglichst unsichtbar unter den Steinen verlegt werden.

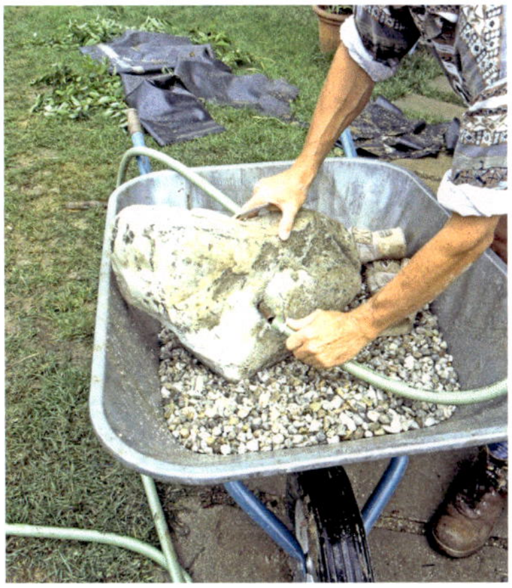

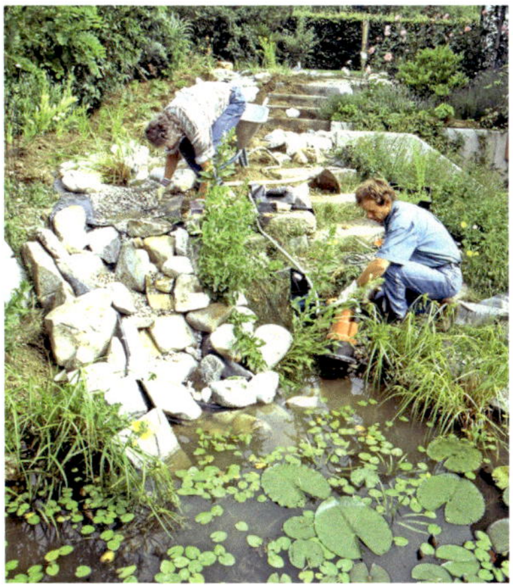

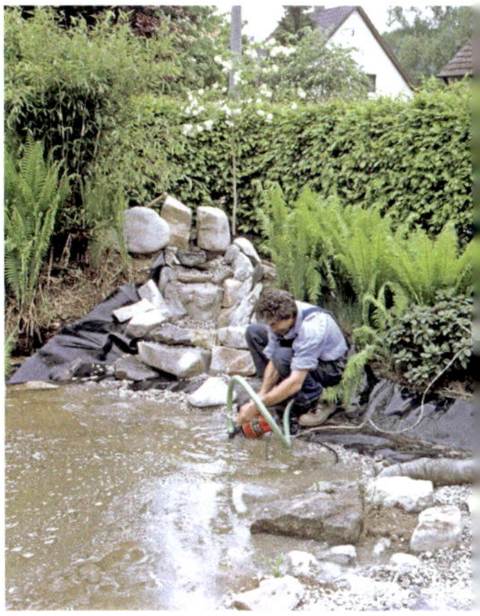

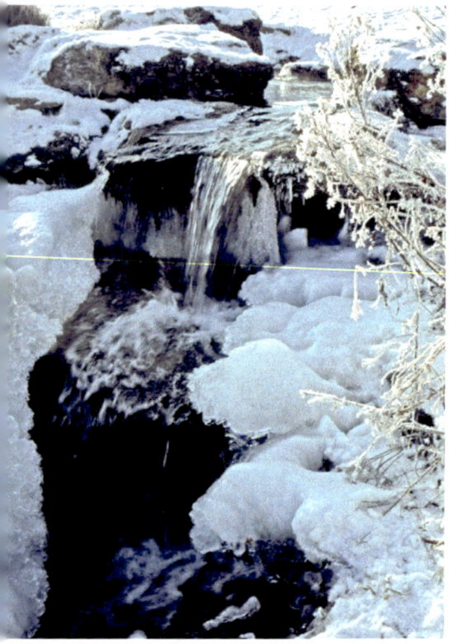

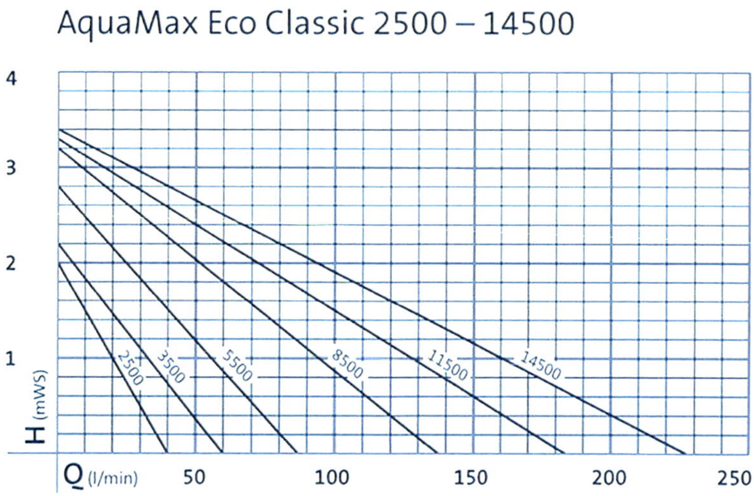

7.11
Ein Hanggrundstück oder eine steile Böschung bieten sich vorzüglich für einen Bachlauf an. Bei geschickter Einrichtung ausgewählter Natursteine plätschert das Wasser munter hinunter. Ein kräftiger Wasserschwall gefriert auch im Winter nicht.

7.12
Kennlinien von Teichpumpen verschiedener Leistung Quelle: Oase Teichpumpen

7.13
Der Betriebspunkt auf der Pumpenkennlinie zeigt, welches Fördervolumen die Pume bei einer bestimmten Förderhöhe erreicht.

einem 50 cm breiten Bach sind das mindestens 75 l Wasser pro Minute, die mit der Pumpe zur Quelle hinaufgefördert werden müssen. Das entspricht einem Förderstrom von mindestens 4500 l/h, wobei die Förderhöhe durch den Höhenunterschied zwischen Teichoberfläche und oberem Auslauf der Quelle gegeben ist (wenn man die Reibungsverluste im Pumpenschlauch einmal vernachlässigt). Insofern sind für einen kleinen Bachlauf Förderströme in der Größenordnung 3.000 bis 10.000 l/h in der Regel ausreichend.
Soll das Teichwasser zwecks Reinigung z.B. durch ein Filterbecken, einen Sumpf oder durch ein separates Pflanzenbeet umgewälzt werden, kann das Teichvolumen als Bemessungsgröße für den Förderstrom herangezogen werden. Zur Reinigung sollte das gesamte Wasservolumen etwa einmal in 2 Stunden umgewälzt werden. Bei größeren Teichen führt das schnell zu beträchtlichen Pumpenleistungen. So sollte die Pumpe für einen 30 m^2 großen Badeteich mit 1 m durchschnittlicher Wassertiefe, der folglich 30 m^3 Wasser enthält, 15.000 l/h umwälzen können.
Für übliche Fördervolumina und Förderhöhen, die bei typischen Gartenteich-Anlagen in der Größenordnung von 1.500 - 15.000 l/h bei 2 - 3 m Förderhöhe liegen, sind eine Vielzahl von Teich-Tauchpumpen auf dem Markt.
Tabelle 7.1 nennt für einige Teich-Tauchpumpen den Zusammenhang zwischen der elektrischen Leistung, der max. Fördermenge und der max. Förderhöhe, die durchaus als typisch gelten können. In der Tabelle wird auch der Durchmesser des Schlauchanschlusses angegeben. Für die Leitung zur Quelle sollte ein dazu passender Spiralschlauch gewählt werden, der im Durchmesser keineswegs kleiner sein sollte als der Anschlussstutzen, damit

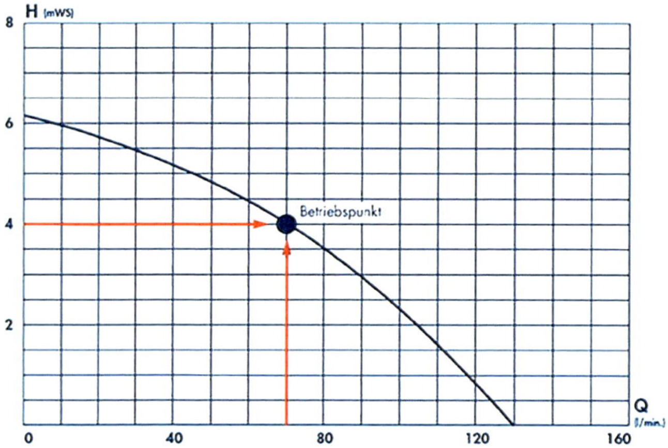

die Strömungsverluste in der Leitung nicht zu groß werden.

Die in der Tabelle genannten Fördermengen sind Maximalwerte, bei Kreiselpumpen geht die reale Fördermenge mit zunehmender Förderhöhe, die überwunden werden muss, deutlich zurück. Nähere Angaben können der Pumpenkennlinie entnommen werden (Abb. 7.12 zeigt ein Beispiel), die den Zusammenhang zwischen Pumpenleistung, Förderstrom (-volumen) und Förderhöhe beschreibt. In der Regel werden in den technischen Unterlagen der Hersteller solche Pumpenkennlinien angegeben, zumindest wird auf typische Förderhöhen und –volumina hingewiesen.

Bei den gebräuchlichen Teichpumpen, von denen bisher die Rede war, handelt es sich um speziell für diesen Zweck optimierte Kreiselpumpen (Tauchpumpen), die sich durch einen verhältnismäßig guten Wirkungsgrad und entsprechend günstigen Stromverbrauch auszeichnen. Dabei ist die Ansaugöffnung entweder mit einem Sieb ausgestattet, oder sie liegt bei anderen Bauformen innerhalb des Pumpengehäuses, das insgesamt als Saugkorb gestaltet ist, um zu verhindern, dass Algen, Blätter und andere grobe Fremdkörper in die Pumpe gelangen und diese blockieren. Natürlich könnten prinzipiell auch andere Tauchpumpen eingesetzt werden, wie sie zum Auspumpen von Kellern, Baugruben etc. zum Teil sehr preiswert im Baumarkt zu finden sind. Diese Tauchpumpen (oft mit Handgriff) haben in der Regel eine deutlich höhere Leistung, die am Teich kaum benötigt wird; neben dem höheren Stromverbrauch ist (gerade bei billigen Pumpen) die begrenzte Lebensdauer (2000 – 4000 h) ein Nachteil, der gegen ihren Einsatz am Gartenteich spricht.

Leistungsaufnahme und Förderleistung einiger Teichpumpen

Leistungsaufnahme Watt	32	45	60	110	135
Max. Förderleistung in l/h in l/min.	2.500 40	3.500 60	5.500 90	11.500 180	14.500 230
Max. Förderhöhe m Wassersäule	2,0	1,6	2,5	3,3	3,4
Anschluss Druckseite Zoll	1″	1½″			
Anschluss Saugseite: Ø in mm	25 mm	1½″			

Tabelle 7.1
Beispiel für die Leistungsaufnahme und Förderleistung einiger Teichpumpen

Für Badeteiche dürfen Tauchpumpen mit Netzspannung nicht eingesetzt werden, um jede Gefahr durch solche Elektrogeräte im Wasser zu vermeiden. Sofern man nicht auf die teureren 12 V-Gleichstrompumpen (mit Schutz-Kleinspannung, siehe oben) ausweichen will, muss die Umwälzpumpe im Trockenen außerhalb des Teiches aufgestellt werden. Passende Teichpumpen für Trockenaufstellung werden ebenfalls als Teichzubehör angeboten, und zwar mit Ansaugstutzen, an den sich ein entsprechender Saugschlauch anschließen lässt. Eine passende Ansaugstelle im Teich mit einem Schutzgitter gegen das Ansaugen größerer Fremdkörper muss in diesem Fall eigens angelegt werden. Bei solchen Pumpen sollte ein Schutz gegen Trockenlaufen eingebaut sein, damit sie nicht überhitzen und Schaden nehmen, falls die Ansaugöffnung im Teich durch Blätter oder andere Fremdkörper verstopft ist und kein Wasser gefördert werden kann.

Richtig absichern

Um die Teichpumpe mit Netzstrom zu versorgen, sollte schon im Zuge der Erdarbeiten für den Teich ein Erdkabel bis an den Teichrand verlegt und ein Steckdosenanschluss vorgesehen werden. Mehrere Steckdosen am Teich ermöglichen den Betrieb zusätzlicher Elektrogeräte, wie z.B. Lam-

7.14
Erdkabel durch ein Leerrohr ziehen

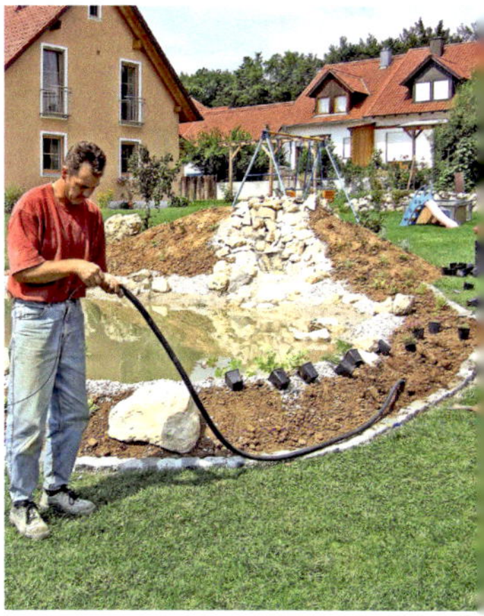

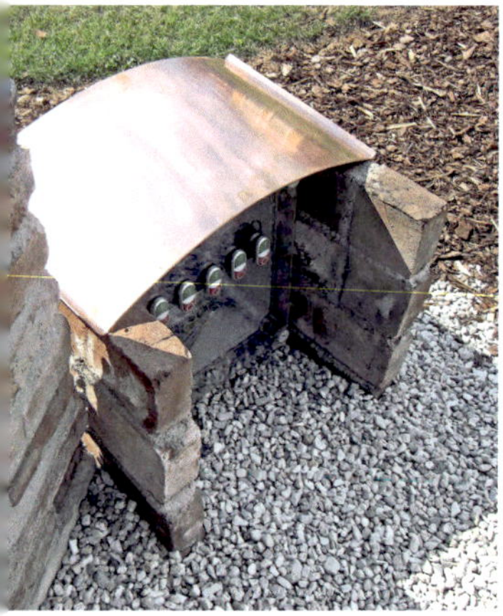

7.15
Hier ist die Stromverteilung in einer mit Kupferblech abgedeckten Ummauerung untergebracht.

7.16 Wasserfilter

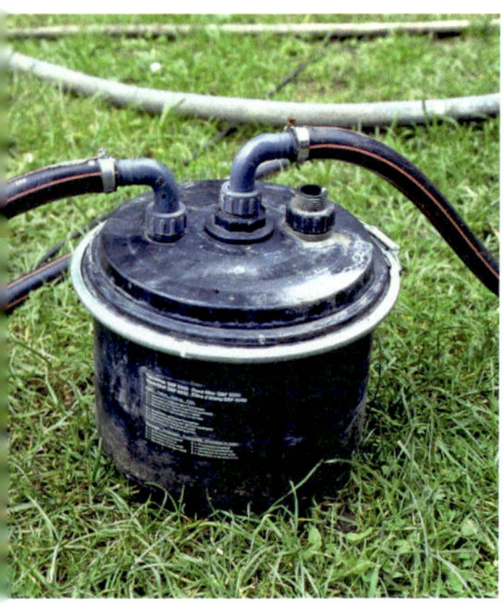

pen, einen Mulmsauger zur Teichreinigung oder eine Entwässerungspumpe. Der Anschluss der Außenleitung an die Stromversorgung muss von einem Elektriker fachgerecht vorgenommen werden. Der Einbau eines separaten Fehlerstrom-Schutzschalters für diesen Stromkreis hilft, Schäden durch elektrischen Strom zu vermeiden.

Filter

Ebenso wie für einen gewöhnlichen Gartenteich nicht unbedingt eine Pumpe benötigt wird, wenn keine Wasserspiele erwünscht sind, ist auch ein Filter nicht zwingend erforderlich. Die Reinigung des Wassers erfolgt durch die Wasserpflanzen, wenn ausreichend viele geeignete Pflanzenarten eingesetzt wurden (insbesondere Unterwasserpflanzen, wie *Elodea* oder *Myriophyllum*), und durch die Mikroorganismen. Zudem trägt die immer wieder notwendige Zufuhr von Frischwasser zur Klärung des Teiches bei, insbesondere wenn im Sommer viel Wasser verdunstet und nachgefüllt werden muss.

Filter sind notwendig, wenn z.B. Fische im Teich gehalten werden, die das Wasser mit ihren Fäkalien verschmutzen, oder wenn ein Badeteich häufig genutzt wird. Da hier sowieso mit einer Teichpumpe gearbeitet wird (siehe oben), ist der Einbau eines Filters in den Wasserkreislauf ohne besonderen Aufwand möglich. Am einfachsten ist es, eine Pumpen-Filter-Kombination vorzusehen, also eine Teichpumpe, die außerhalb des Teiches aufgestellt wird und zusätzlich mit einem Filter ausgestattet ist. Solche Teichfilter mit Pumpe gibt es in mehreren Größen.

Mehr Reinigungsleistung bringen Außenfilter, die neben dem Teich in einem Schacht oder getrennten Becken angeordnet sind und von der Pumpe im Teich mit Wasser gespeist werden. Solche Filter (meist in runden oder eckigen Kunststoffbehältern eingefasst) kommen beispielsweise in kleinen Badeteichen zum Einsatz oder in Teichanlagen mit Fischbesatz. Gute Reinigungsleistung bieten auch Mehrkammerfilter, die in Form von erweiterbaren Modulen am Teichrand untergebracht werden. Zum Betrieb ist eine dazu passende Teichpumpe nötig, die im Wasser installiert ist. Diese Großfilter enthalten Grobfiltermatten, um die groben Schmutzteile zurückzuhalten, sowie eine Kammer mit Lavagranulat, in dem sich Mikroorganismen ansiedeln, die wiederum feine Feststoffe wie Algen, Kot und dergleichen abbauen. In einer dritten Kammer ist ein speicherfähiges Granulat aus Naturstein untergebracht, um Giftstoffe zu binden. Solche Außenfilter, die in unterschiedlichen Größen und Ausführungen angeboten werden, müssen an einer gut zugänglichen Stelle neben dem Teich platziert sein, damit die Reinigung der Filtermedien jederzeit leicht möglich ist.

Zu beachten ist, dass die Absaugstelle (ggf. die Tauchpumpe) und die Ausströmöffnung (beziehungsweise der Schlauch, aus dem das gefilterte Wasser in den Teich zurückfließt) möglichst weit voneinander entfernt angeordnet sind. Nur so lässt sich ein Kurzschlussstrom vermeiden und ein Reinigungskreislauf mit guter Filterwirkung erzielen.

Die Wirkung des Außenfilters lässt sich noch verbessern, indem ein Vorfilter mit UV-Lampe angeschlossen wird. In diesen kleinen Geräten, die als UV-Wasserklärer im Handel sind, brennt eine wasserumspülte UV-Lampe, so dass Algen, schädliche Bakterien und Keime im vorbeiströmenden Badewasser durch das UV-Licht abgetötet werden und ausflocken, wodurch sie vom Hauptfilter besser erfasst werden. Auf diese Weise lässt sich weitgehend verhindern, dass sich grüne Schwebalgen im Wasser in größerem Ausmaß ansiedeln. Da allerdings auch nützliche Mikroorganismen durch das UV-Licht geschädigt werden, ist die Installation eines Vorfilters in einem Naturteich sehr genau abzuwägen.

Skimmer

Zu den Wasserfiltern gehören auch sogenannte Skimmer oder Oberflächenabsauger. Bei diesen Geräten, die an der Wasseroberfläche schwimmend installiert werden, liegt die Absaugöffnung knapp unter der Wasseroberfläche, so dass auf der Wasseroberfläche schwimmende Blätter, Schwimmalgen und andere Feststoffteilchen angesaugt und durch einen Schlauch in die Filteranlage befördert werden.

Schläuche und Zubehör

Teichpumpen, Filter und andere Elemente des Wasserkreislaufes sollten mit sogenannten Spiralschläuchen angeschlossen werden. Diese versteiften Spezialschläuche knicken – anders als gewöhnliche Gartenschläuche – nicht einfach ab, sie sind obendrein UV-stabil und verrottungsfest. Dazu gibt es auch passende Verlängerungsrohre, Verbindungsmuffen, Schlauchverteiler, Reduzierstücke und weitere Verbindungselemente, die für eine lückenlose Installation nötig sind.

Wasserspiele und Lichteffekte für den Teich

Ebenso wie Quellsteine, Springbrunnen oder Wasserspeier zur Belebung der Wasserfläche beitragen, kann auch eine effektvolle Beleuchtung des Teiches oder des Teichufers sehr reizvoll sein, insbesondere am Abend. Wer auf Wasserspiele mit Lichteffekten, z.B. durch Unterwasserlampen nicht verzichten mag, sollte sie so installieren, dass sie nicht zu viel Unruhe in den Teich bringen. Tiere im Teich brauchen die nächtlichen Ruhezeiten. Die Strahler sollten nicht das gesamte Teichbecken ausleuchten, damit sich die Fische, Lurche und andere Tiere in dunkle Zonen zurückziehen können. Damit sie sich an die Strahler gewöhnen, ist es günstig, bestimmte Zeiten einzuhalten. Willkürliches Ein- und Ausschalten ist zu vermeiden, zumal es die Tiere erschreckt.

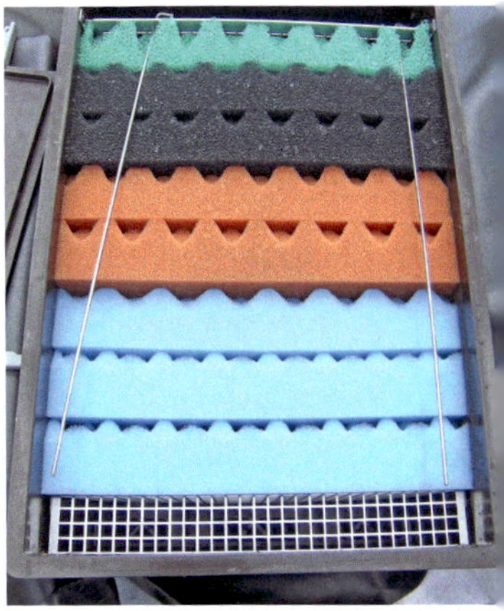

7.17 Wasserfilter innen.

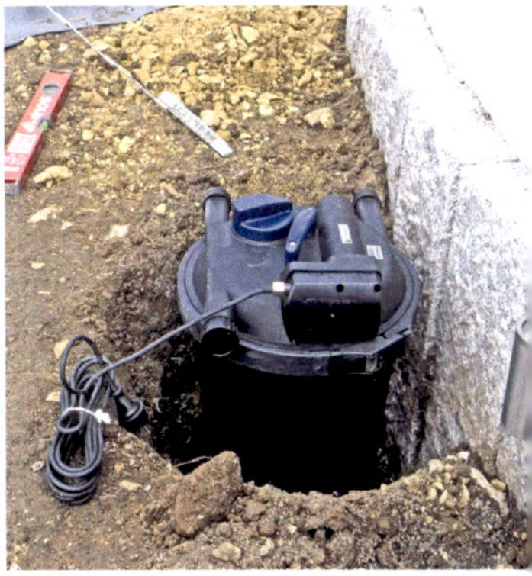

7.18 Einbau eines Druckfilters mit Pumpe

7.19 Pumpe und Filter testen

7.20 Erdkabel und Spiralschlauch für die Wasserleitung wurden im Rahmen der Gartenarbeiten verlegt.

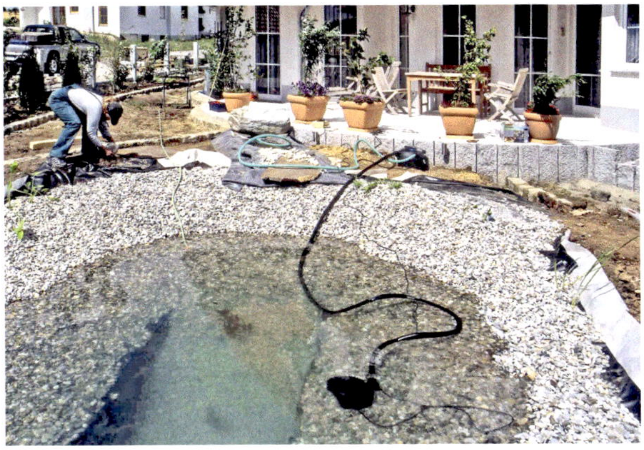

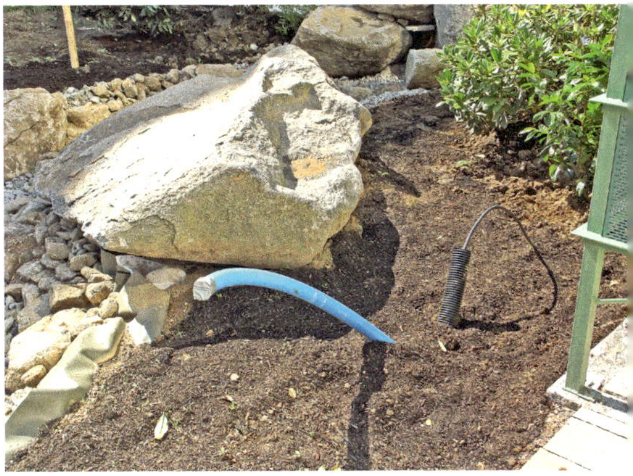

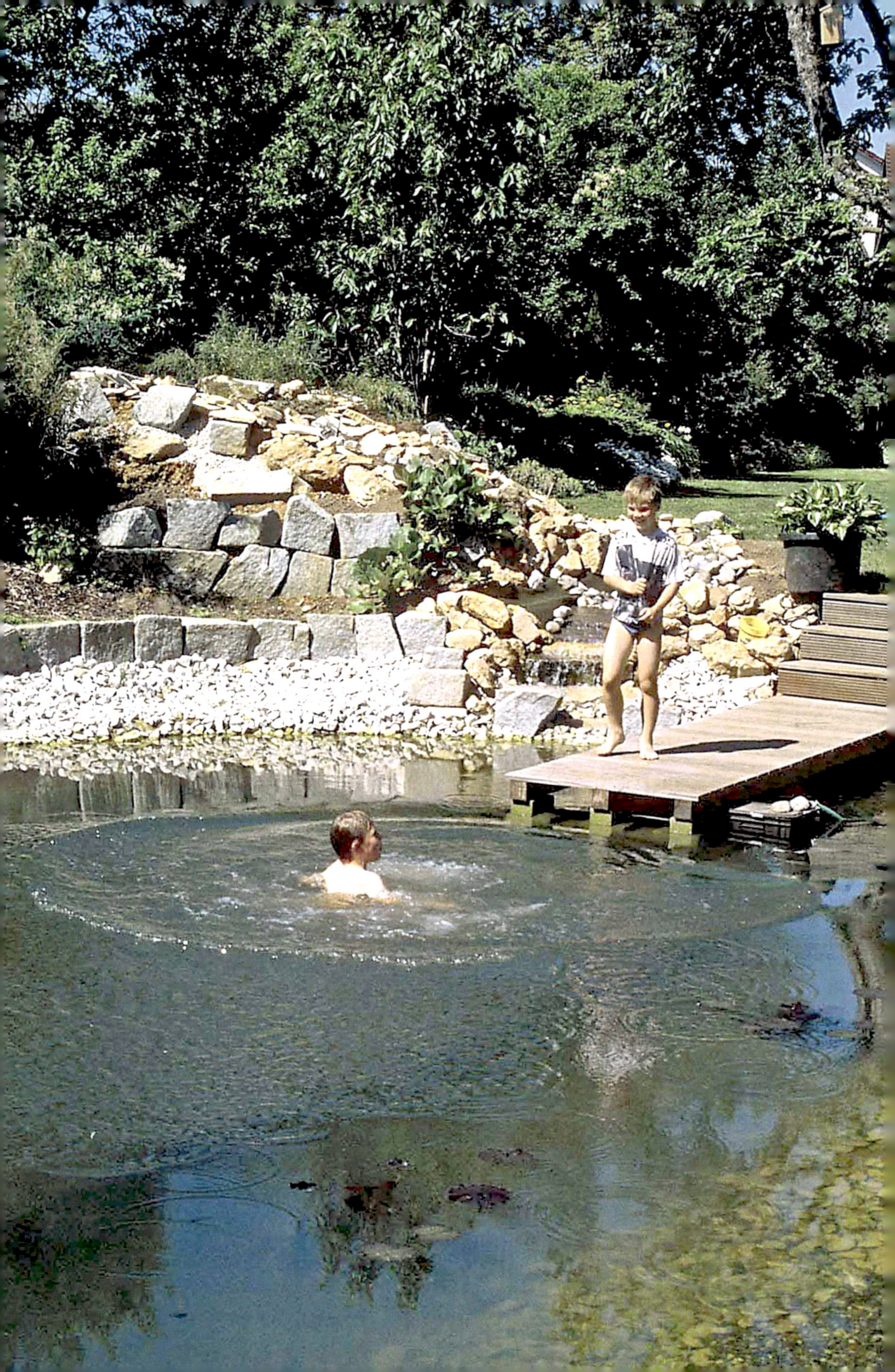

8 Teiche mit Badestelle

Ein größerer Teich ab etwa 30 m² Fläche bietet auch Platz für eine Tiefwasserstelle, die das Baden im Teich ermöglicht. Um schwimmen zu können, sollte der Teich dort eine Tiefe von 120 cm oder mehr haben. Der zusätzliche Aufwand für einen Schwimmbereich in einem größeren Teich hält sich in Grenzen, sofern der Teich nicht durch eine große Zahl von Badenden belastet wird und auch keine allzu hohen Ansprüche an ein kristallklares Badewasser gestellt werden.

Anlegen eines Teiches mit Badestelle

Als Faustregel für einen Naturteich mit Schwimmzone gilt: Gesamte Teichgröße mindestens ca. 30 m², davon etwa 40 - 50%, also ca. 15 m², für den Badebereich und mindestens 50 - 60% (entsprechend 15 m² oder mehr) für die flachere Vegetationszone, in der sich Pflanzen und Tiere ausbreiten können. Die große Vegetationszone wird gebraucht, damit das Wasser hinreichend gereinigt und von Trübstoffen befreit wird. Werden höhere Ansprüche an die Klarheit des Wassers gestellt, muss das Wasser durch einen gepumpten Umlauf durch den Pflanzenfilter und/oder durch einen Feinfilter zusätzlich gereinigt werden. Konzeption und Bau solcher komplexeren Schwimmteiche mit Technik sollte wegen der erforderlichen Fachkenntnisse entsprechenden Fachfirmen überlassen werden.

Als Material für die Teichabdichtung ist Teichfolie (1,5 mm Stärke) geeignet. Sie sollte möglichst elastisch sein, um runde, ovale oder auch geschwungene Teichformen gut gestalten zu können. Die Folie wird nach dem Verlegen mit einer Schicht aus Kies oder Sand bedeckt, damit sie vor Beschädigungen geschützt ist. Eine einfache, großzügige Gestaltung wirkt meist am besten. Während das Profil in der Vegetationszone vielfältig abgestuft sein kann und sich dadurch günstige Standplätze für Pflanzen und Ruhezonen für die Teichtiere ergeben, bleibt die Tiefwasserzone (die Badezone) frei von Bewuchs. Der Schwimmbereich kann – muss aber nicht – von der Vegetationszone abgetrennt werden, z.B. durch Abtrennungen aus kiesgefüllten Teichsäcken, durch den Einbau von Holzbohlen (z.B. aus Lärche) oder auch durch eine Natursteinmauer, die auf der Folie aufliegt. Die Abtrennung des Pflanzbereiches hat den Vorteil, dass die Vegetation und die dort siedelnden Mikroorganismen durch die Wasserbewegungen beim Baden nicht gestört werden und die Badenden das Wasser ungetrübt genießen können. Wenn die Abtrennung unterhalb des Wasserspiegels liegt, sollte auch ohne Pumpe ein ausreichend starker Wasseraustausch zwischen den beiden Bereichen gegeben sein, so dass das Badewasser im Vegetationsbereich gereinigt wird. Ein zu geringer Austausch kann, wie bereits erwähnt, ggf. durch die Installation einer Umwälzpumpe behoben werden.

Ausbaggern lassen

Der Erdaushub für einen größeren Teich mit Badebereich ist nur mit einem Bagger kräfteschonend zu bewältigen. Diese Arbeit bietet sich im Zuge eines Neubauvorhabens oder bei einer Gartenrenovierung an; auf jeden Fall muss die Zufahrt mit Baumaschinen

8.1 *(linke Seite)*
Ein Badeteich erfreut nicht nur Kinderherzen ...

ungehindert möglich sein. In einem eingewachsenen Garten kann die nötige Zufahrt eventuell durch das Umpflanzen von Gehölzen oder das Entfernen von Zaunelementen geschaffen werden.

Nach dem groben Erdaushub werden die unterschiedlichen Pflanzzonen ausgeformt und die Tiefwasserstelle für den Badebereich planiert. Der weitere Ausbau erfolgt dann ähnlich wie bei anderen Folienteichen auch, die Schwimmzone bleibt natürlich frei von Bepflanzung.

Mikroorganismen statt Technik zur Wasserreinigung

Auch bei Teichen mit Badebereich kann auf Filter und Pumpen verzichtet werden, wenn das biologische Gleichgewicht durch die Nutzung nicht zu sehr gestört wird. Probleme mit Algen lassen sich durch große Wasservolumina und eine ausreichend große Vegetationszone außerhalb der Badezone vermeiden. Dort sorgen die Pflanzen und Kleinstlebewesen für die Wasserreinigung. Auch ein Bachlauf, der aus einiger Höhe in den Teich mündet, unterstützt die Wasserreinigung durch den Eintrag von Sauerstoff in das Wasser.

Forcierte Wasserumwälzung

Ist eine forcierte Wasserumwälzung mittels Pumpe erwünscht oder notwendig, sollte das Wasser gezielt aus dem Badebereich abgesaugt und entweder nach externer Filterung in den Badebereich zurückgeführt oder gut verteilt in den Vegetationsbereich eingeleitet werden, so dass dort eine

8.2
Besinnliches Fußbad im naturnahen Badeteich

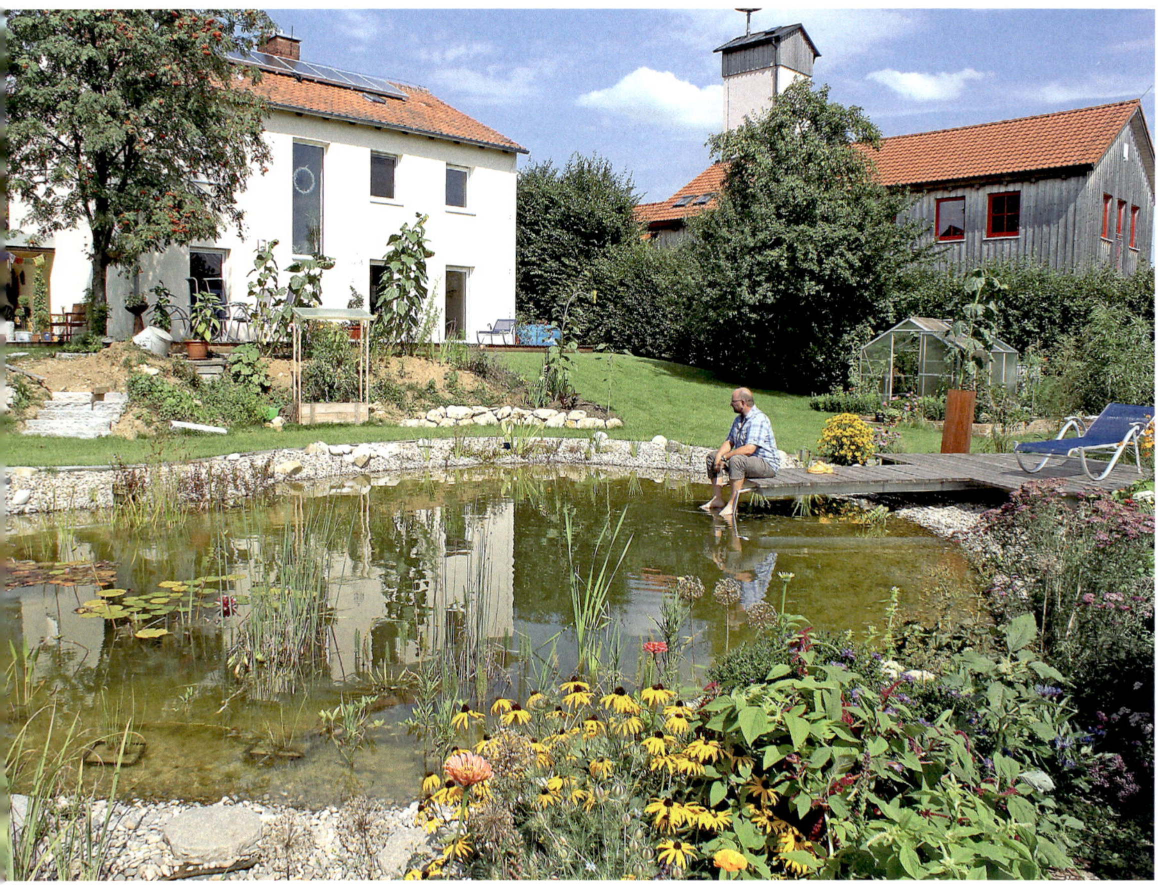

Filterung stattfinden kann. Die für die Reinigung wichtigen Lebewesen dürfen durch den Wasserumlauf auf keinen Fall gestört oder gar geschädigt werden, denn ein funktionierendes Teichbiotop ist für die Wasserreinigung unverzichtbar. Die Filterung ist im Wesentlichen für die Badezone von Bedeutung, so dass Skimmer und andere technische Reinigungseinrichtungen, wenn überhaupt, in diesem Bereich anzuordnen sind.

Ein Biotop braucht Zeit

Besonders in der ersten Zeit nach der Fertigstellung eines (Bade-)Teiches im Sommer kann die Biotopzone durch ihre geringe Pflanzenmasse noch wenig zur Filterung und Nährstoffreduzierung beitragen. Dann haben Algen gute Wachstumsbedingungen und der Teich sieht manchmal schon wenige Tage nach dem ersten Füllen trübgrün aus. Die Algen schaden der Wasserqualität in der Regel nicht, zumal sie selbst Pflanzen sind und zur Filterung beitragen. Sie produzieren bei Tageslicht sogar Sauerstoff. Erst wenn sie absterben und Klumpen bilden oder zu Boden sinken, verbraucht der verrottende Algenmulm Sauerstoff. Das schadet der Wasserqualität und ist beim Baden unangenehm.

Wassertest

Vor dem Baden ist es gut zu wissen, welche Eigenschaften das Wasser hat. Im Fachhandel sind unterschiedliche Test-Sets erhältlich. Damit lassen sich u.a. der Sauerstoffgehalt, der pH-Wert und weitere Eigenschaften mit einfachen Mitteln feststellen. Der *Härtegrad* (Karbonathärte) sollte sich zwischen 8 und 12 Grad deutscher Härte (dH) bewegen, der *Säuregrad* (pH-Wert) zwischen 6 und 8 (am besten 7 bis 7,5 liegen).

Saures Wasser, das durch das Einleiten von viel Regenwasser entsteht, lässt sich durch die Zugabe von kalkhaltigem Leitungswasser neutralisieren; umgekehrt kann ein zu hoher pH-Wert durch Einleiten von Regenwasser gesenkt werden. Bei hohen Nitratwerten ist u.U. ein partieller oder vollständiger Wasseraustausch notwendig.

Ungetrübter Badespass

Den Badegästen sollte es selbst am Herzen liegen, dass ihr Freizeitrevier möglichst in gutem Zustand bleibt. Heftige Wasserbewegungen durch „Seeräuberspiele" und dergleichen sollten besser unterbleiben. Obwohl Frösche und andere Wasserbewohner recht tolerant sind, bleiben die Grünzonen vom Badebetrieb ausgeschlossen. Zu den Baderegeln gehört außerdem, dass wasserlösliche Sonnencremes nicht in das Badewasser gelangen sollten und daher vor dem Eintauchen in den Badesee abzuduschen sind (Dusche mit separatem Ablauf).

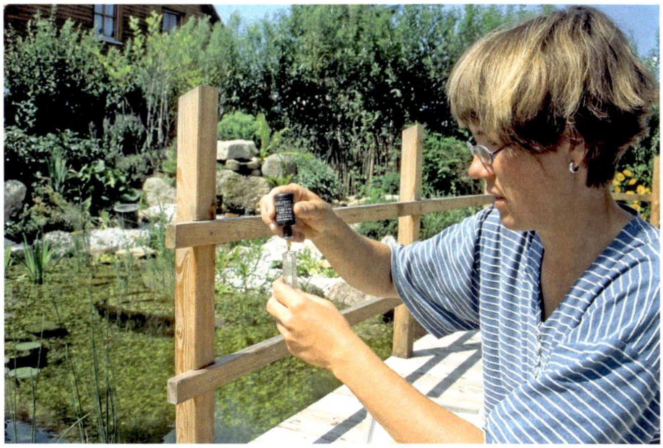

8.3
Vor dem Baden ist es gut zu wissen, welche Eigenschaften das Wasser hat.

pH-Wert

Der pH-Wert (lateinische Abkürzung von potentia hydrogenii) ist eine Messzahl für den Säuregrad einer Substanz. Die Säurewirkung wird von positiv geladenen Wasserstoffteilchen und negativ geladenen Hydroxidionen verursacht. Der pH-Wert zeigt das Verhältnis an.
Die Werte reichen von 0 bis 14. 0 ist extrem sauer, 14 ist extrem alkalisch (basisch). Bei 7 ist das Verhältnis ausgeglichen oder neutral.
Zum Vergleich einige Werte: Essig hat einen pH-Wert von 3. Wasser liegt im neutralen Bereich um pH=7, ebenso die meisten Gartenböden. Sie sind damit für fast alle Pflanzen verträglich. Nur wenige Böden wirken sauer, z.B. Torf (pH-Wert bei 4-5) oder alkalisch, z.B. Kalkmergel.

Baubeispiel 8.1: Schwimmbad vor der Haustür

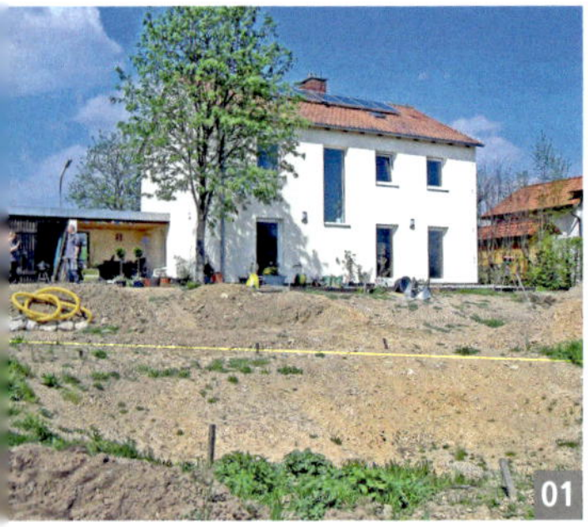

Liegt der nächste Baggersee, ein Naturbad an einem Fluss oder ein Freibad weit weg vom Wohnort, ermöglicht ein Badeteich im Garten an heißen Sommertagen jederzeit den erfrischenden Sprung ins Wasser. Die Baukosten sind sehr überschaubar, wenn auf eine aufwändige technische Ausstattung verzichtet wird. Der nachfolgend beschriebene Teich entstand in Eigenleistung. Nur die Baugrube wurde im Zuge der Haus- und Gartenrenovierung mit einem Bagger ausgehoben.

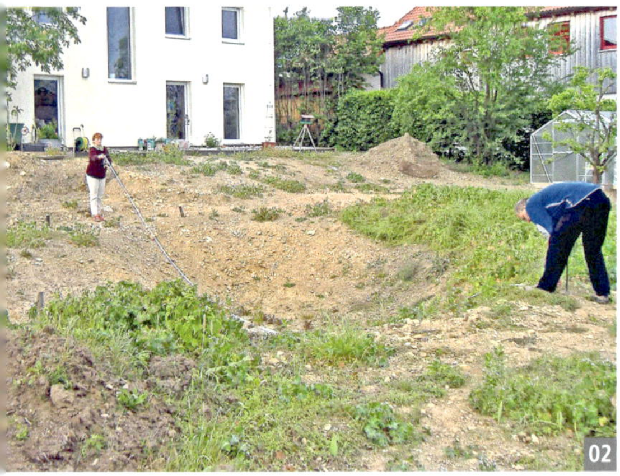

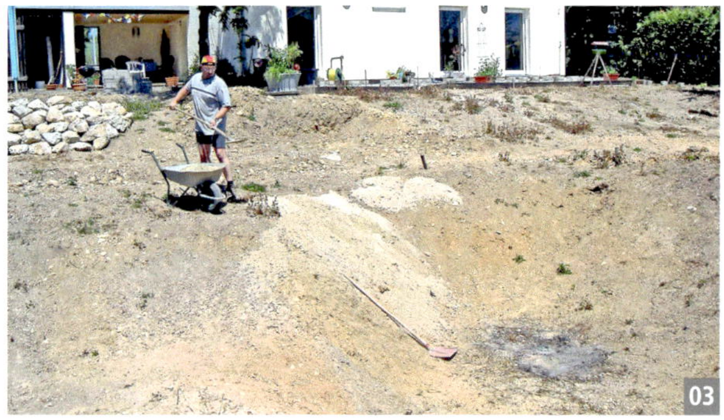

01 Der Erdaushub für den Teich wurde zum Wall aufgeschüttet. Durch die Terrassierung liegen die Teichufer auf dem Hanggrundstück nun ringsum auf gleicher Höhe.

02 Der Bau des Teiches begann mit dem Ausmessen des Teichbettes und dem Bestellen von Folie und Vlies.

03 Sand hat sich als preiswerter Baustoff zum Auspolstern des Teiches bewährt. Besonders an den steinigen Stellen schützt er die Folie und fängt den Wasserdruck ab.

04 Das Teichvlies wurde als Meterware geliefert. Beim Kauf von Vlies und Folie lohnen sich Preisvergleiche. Das Teichbett wurde auf der Sandschicht vollständig mit Vlies ausgepolstert.

05 Folie ausbreiten: Von Fachfirmen werden auch Sondergrößen und -formen angefertigt. Die professionellen Schweißnähte halten zuverlässig dicht. Die Folie passt sich der Form des Teichbetts an.

06 Der Rollkies für den Teichbau, von einem Spediteur per Container geliefert, wird hier in Säcke abgefüllt, um damit eine Böschung im Teich auszukleiden und eine Treppe zu bauen.

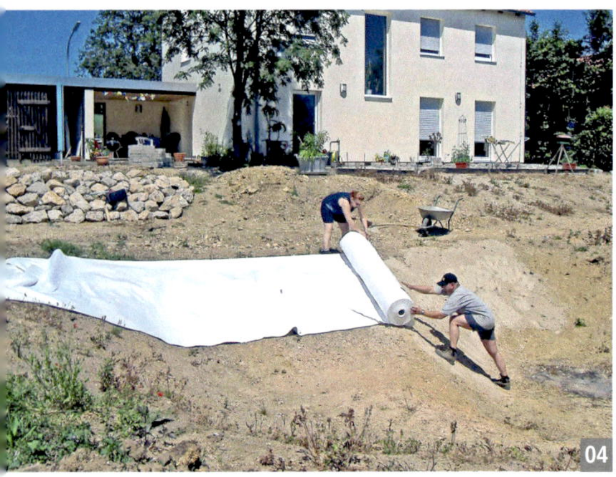

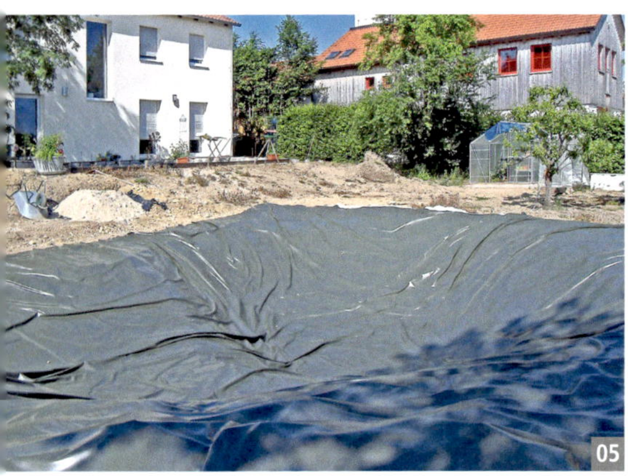

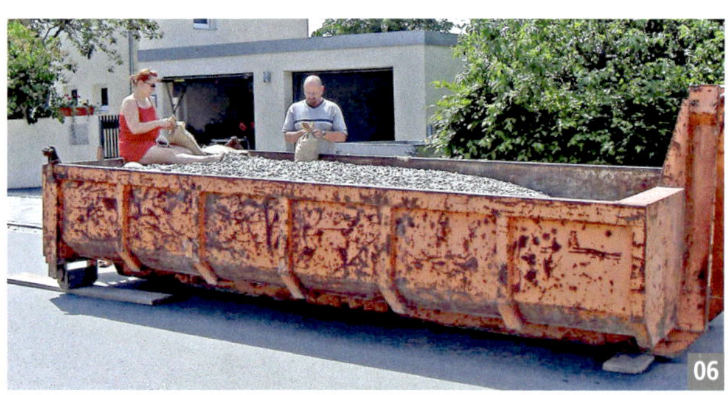

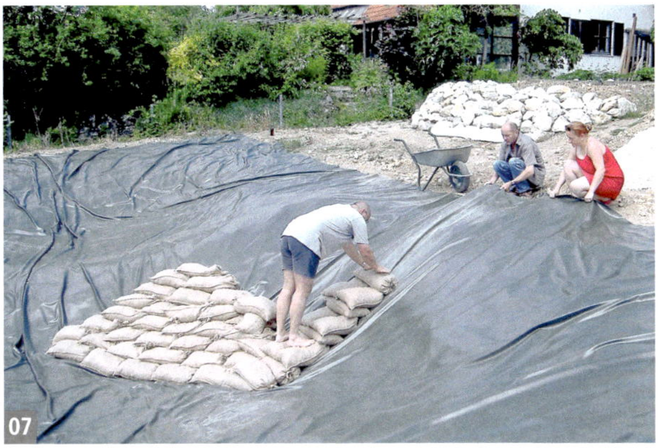

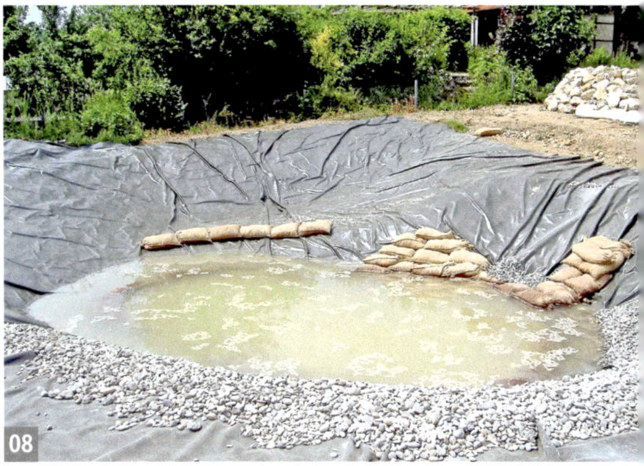

07 Treppe bauen mit Kiessäcken: Die Idee war gut, allerdings erwies sich das Jutegewebe als nicht verrottungsfest, so dass sich die Säcke nach einigen Jahren auflösten. Besser wäre es gewesen, dafür Kunstfasersäcke einzusetzen.

08 Fluten mit Regenwasser: Zum Befüllen des Teiches diente Regenwasser vom Hausdach. An den flachen Teilen der Böschung konnte der Rollkies ohne Abstützung durch Sandsäcken aufgebracht werden.

09 Substrat einfüllen: Die Seerosen erhielten Pflanzbecken aus Betonringen, die auf Vliesstücken aufliegen. Als Substrat dient lehmige Aushuberde.

10 Hier wird das Regenwasser vom Hausdach noch über eine Behelfsleitung eingeleitet. Nach einem heftigen Sommergewitter war der Teich schnell zu einem guten Teil gefüllt.

11 Das Substrat mit Kies bedecken: Für Seerosen bieten die großen Pflanzbehälter günstige Wachstumsbedingungen. Das Abdekken mit Kies verhindert, dass Erde aufgeschwemmt wird.

12 Den Teich einrichten: Zum weitere Ausbau des Teiches war viel Rollkies eingebracht worden. Mangels Regen musste der Teich zusätzlich mit Leitungswasser gefüllt werden.

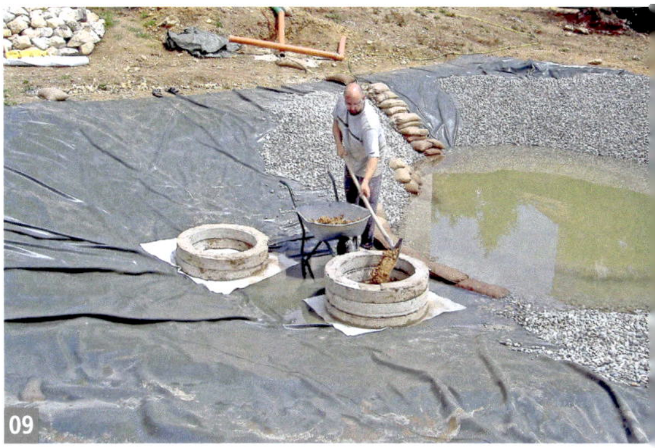

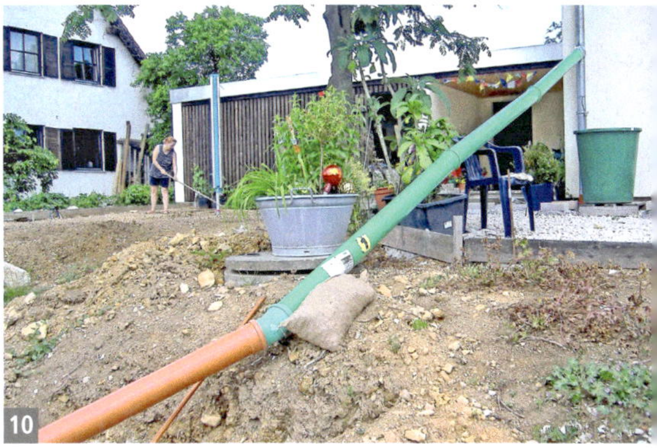

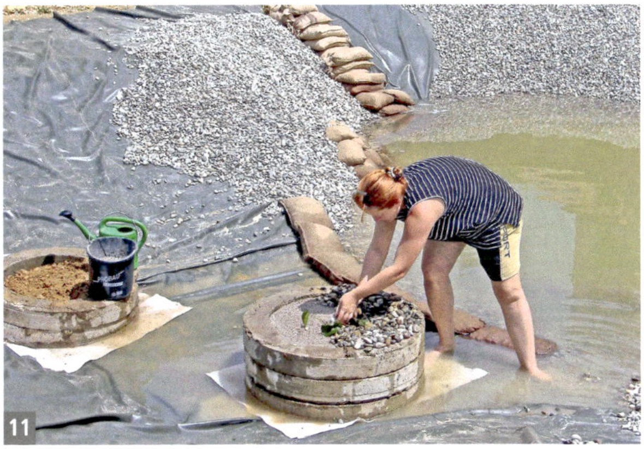

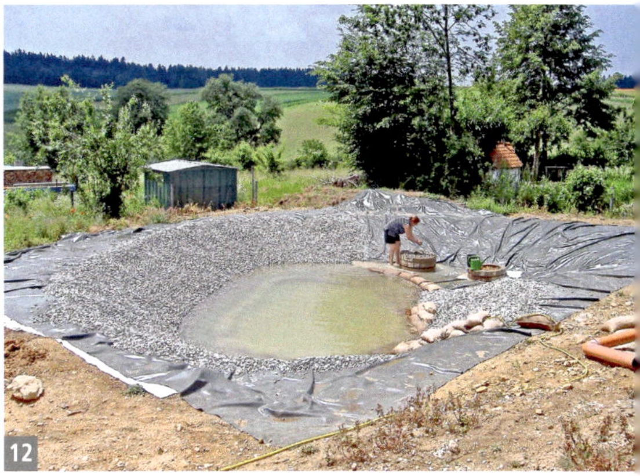

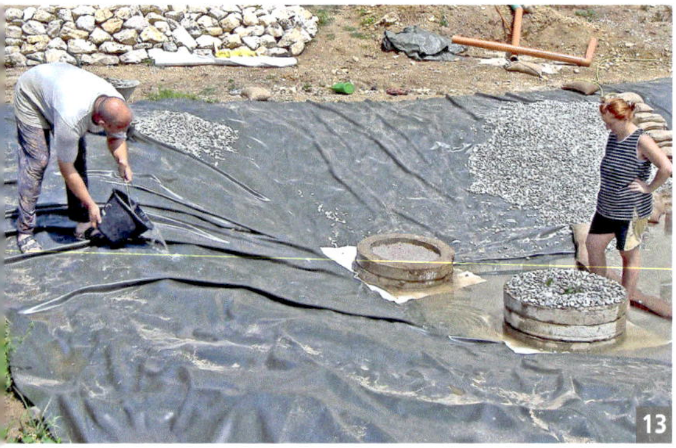

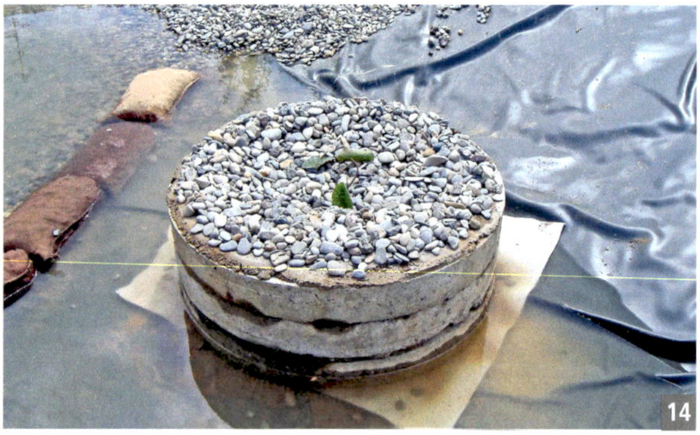

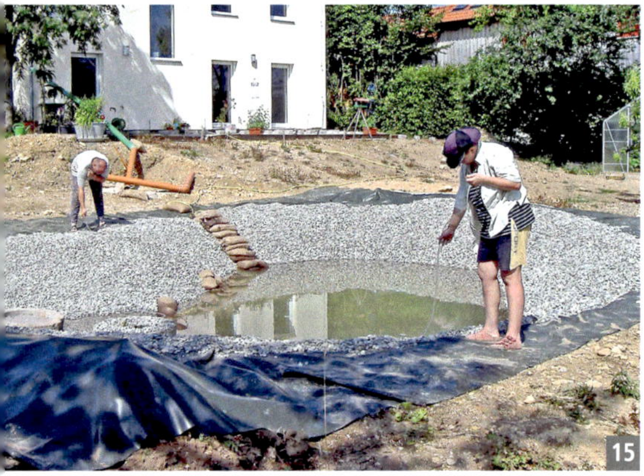

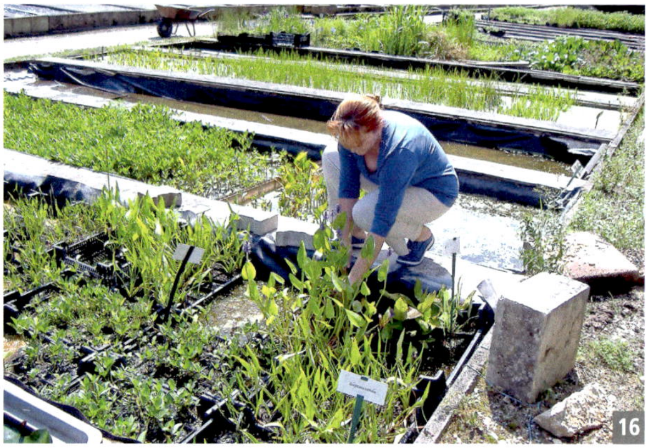

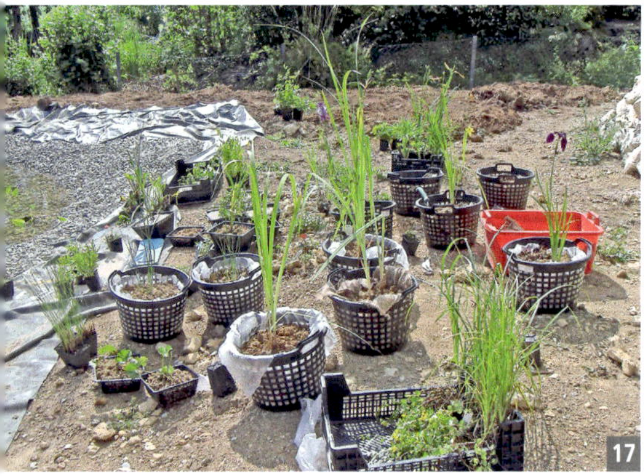

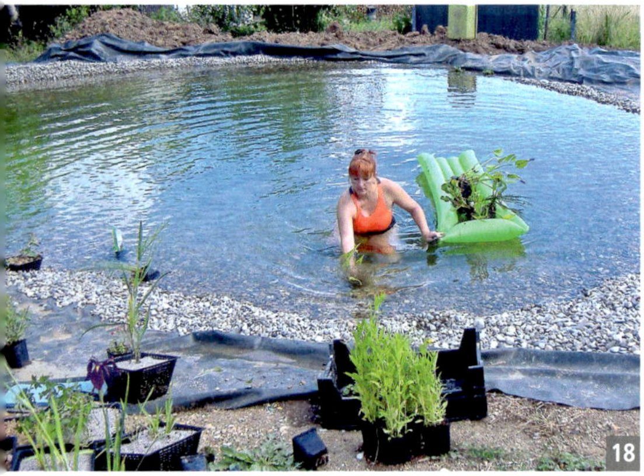

13 Das „Impfen" des frischen Teichwassers mit einem Eimer voll Wasser aus einem gesunden, alten Teich führt Mikroorganismen zu, die zur Reinigung beitragen.

14 Seerose nach der Pflanzung: Die Seerose konnte sich gut entwickeln, am Wuchern wird sie durch die Betoneinfassung gehindert.

15 Mit der Schlauchwaage wurde genau geprüft, ob das Ufer überall gleich hochist. Wo dies nicht der Fall war, konnte die Folie noch zusätzlich mit Erde unterfüttert werden.

16 Wasserpflanzen einkaufen: Wasserpflanzen in Töpfen können auch während der Wachstumszeit im Sommer von Staudengärtnereien bezogen werden.

17 Wasserpflanzen einsetzen: Die Wasserpflanzen aus der Gärtnerei haben hier schon ihren Platz in Gitterkörben erhalten. Diese bieten ihnen genügend Wurzelraum, hindern sie aber an zu starker Ausbreitung.

18 Wasserpflanzen einsetzen: Weniger starkwüchsige Arten lassen sich direkt in den Kies einsetzen. Hierbei war eine Luftmatratze hilfreich.

19 Aus einem Nachbarteich konnten neben dem „Impfwasser“ auch Schwimmpflanzen besorgt werden. Sie sind bei der Wasserfilterung nützlich.

20 Das Teichwasser hat sich wenige Tage nach dem Fluten schön geklärt. Die Trübstoffe sind abgesunken.

21 .... schon war das erste Bad im Teich möglich.

22 Schwimmteich mit Sumpfbecken: Das Sumpfbecken ist vom Teich abgetrennt, wird aber daraus mit Wasser versorgt.

23 Der Teich nach Fertigstellung: Ein Jahr nach der Anlage des Teiches sind die Wasserpflanzen gut angewachsen. Das von der Badezone abgetrennte Biotop bietet Rückzugsbereiche für die Teichtiere.

24 Wasserfrösche und andere Tiere siedeln sich oft von selbst an. Sie finden im Biotop Futter und Ruheplätze.

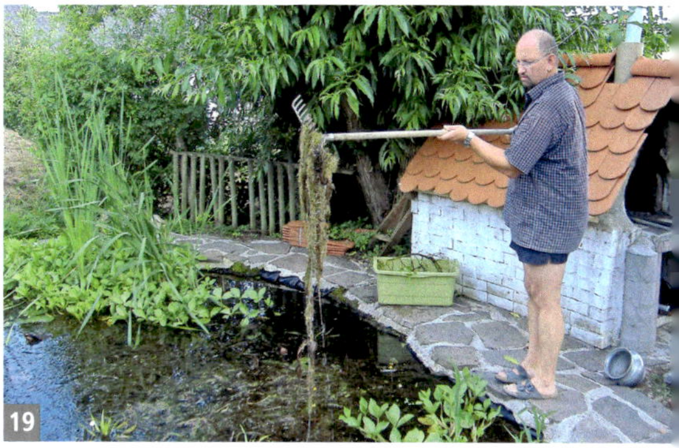
19

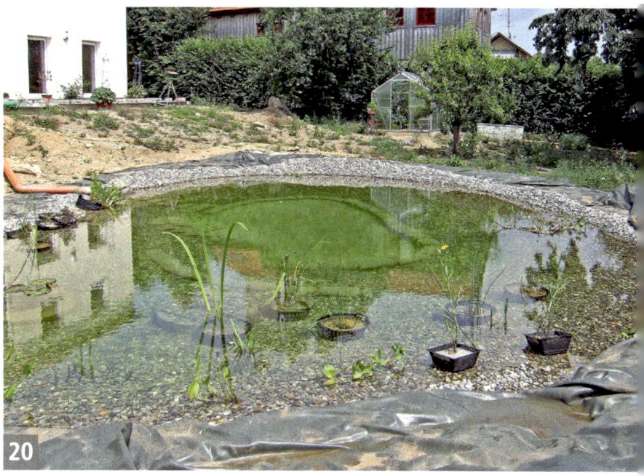
20

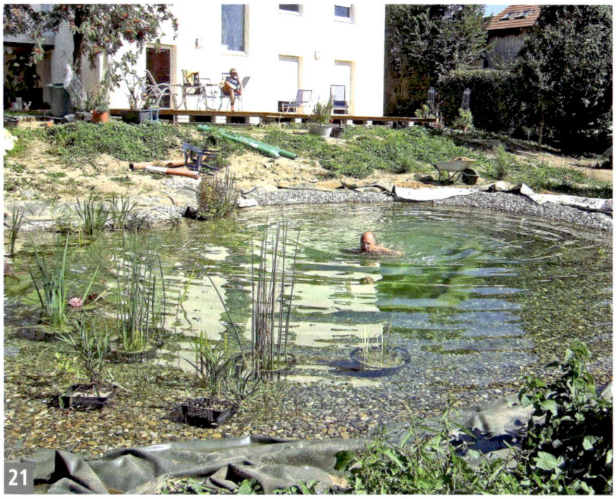
21

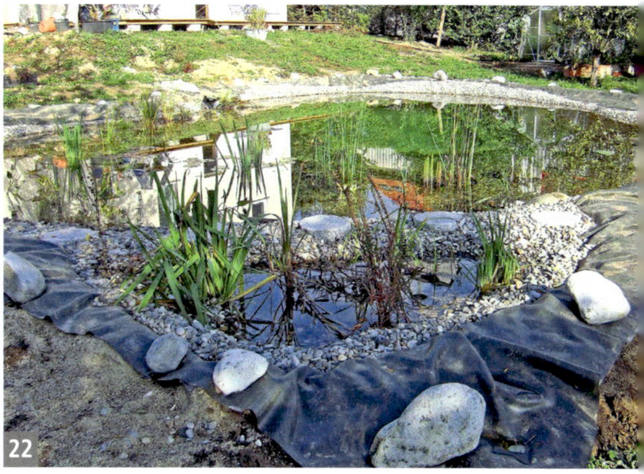
22

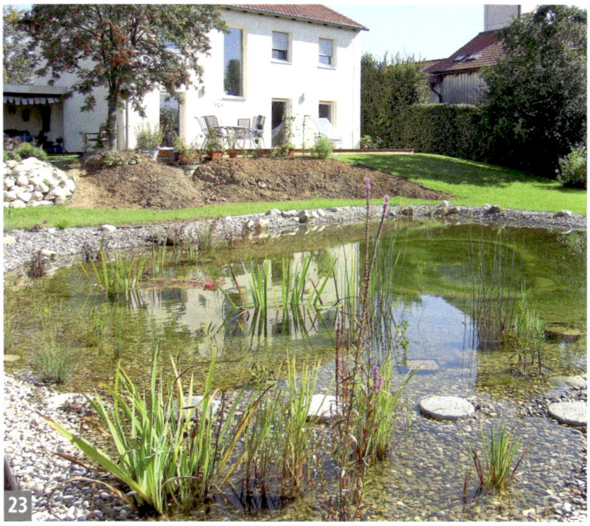
23

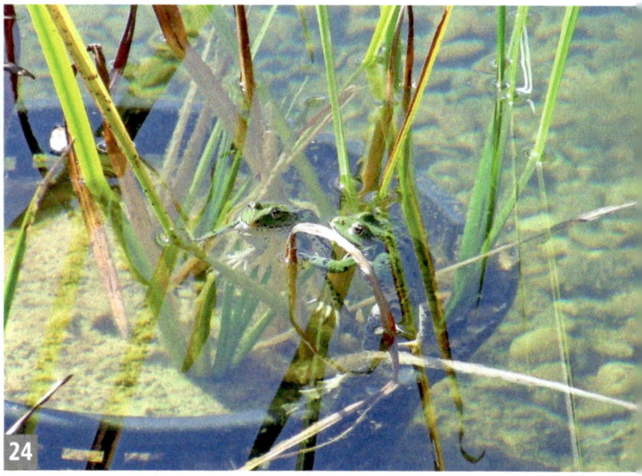
24

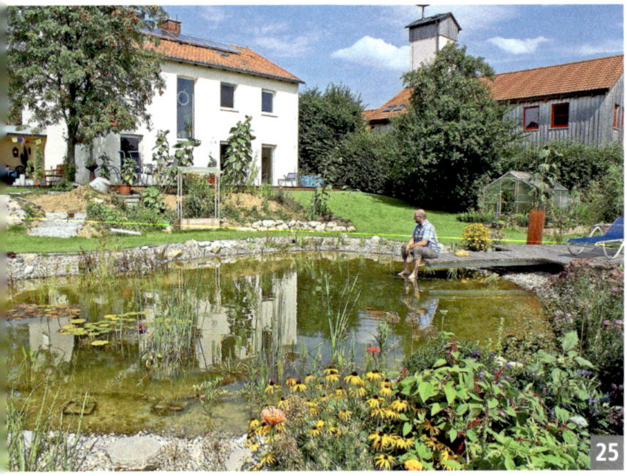

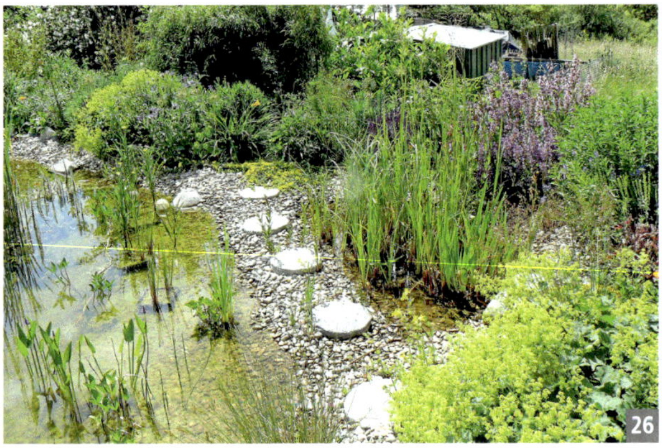

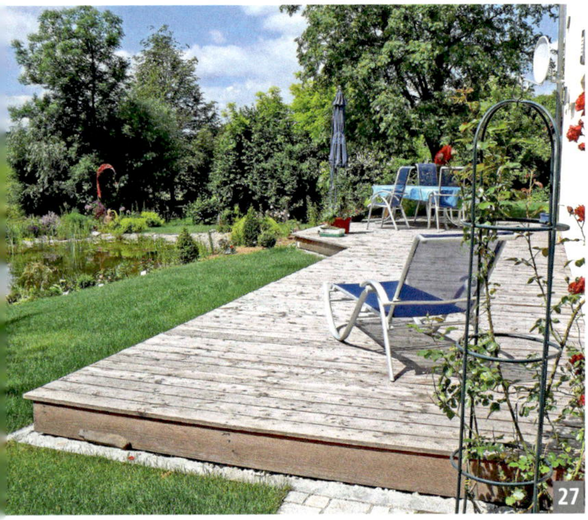

25 Zwei Jahre nach der Anlage hat sich der Teich gut etabliert. Hinzugekommen ist u.a. ein Steg mit Leiter.

26 Ufer mit Trittplatten: Am Ufer grünen und blühen Gräser und Stauden. Der Rundgang um den Teich ist auf dem Kies und auf Trittplatten möglich.

27 + 28 Holzterrasse am Badeteich: Der Teich ist vom Haus gut einsehbar und wirkt rund ums Jahr gut fürs Gartenbild. Die Holzterrasse wurde im Zuge der Gartengestaltung gebaut (siehe auch „Terrassen und Decks aus Holz selbst gebaut“, ökobuch Verlag).

Kosten (Teich mit Biotop, ca.)

100 m² Teichfolie (1,5 mm PE)	800 €	Pflanzkörbe	50 €
100 m² Teichvlies	200 €	Betonringe	20 €
5 m² Rollkies und Kiesel	100 €	Wasserpflanzen	100 €
Sandsäcke	100 €	**Gesamt:**	**ca. 1370 €**

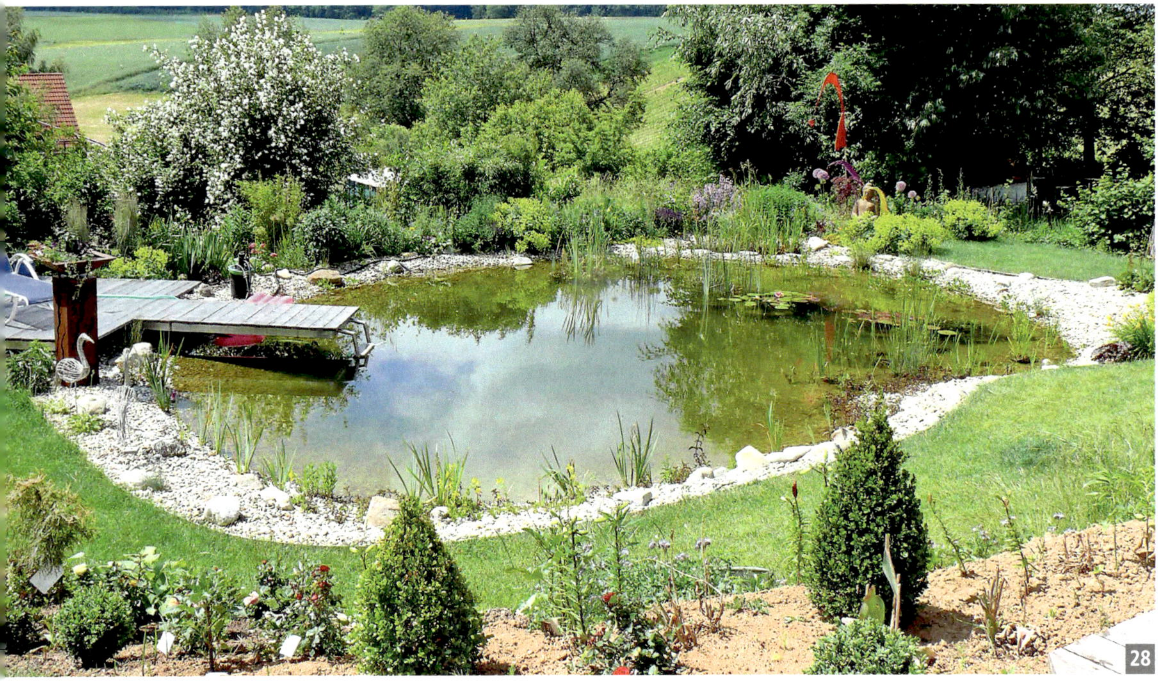

Baubeispiel 8.2: Badeteich am Haus für Groß und Klein

Ein Teich nahe am Haus ist eine feine Sache. Schon sein Anblick wärmt das Herz, wenn die Wasserfläche in der Sonne silbrig glitzert und die Singvögel ihren Durst stillen. Und natürlich bietet das Freibad über der Terrasse kleinen und großen Badefreunden viel Vergnügen – nicht nur an heißen Sommertagen, sondern auch im Winter, wenn sich bei Dauerfrost eine dicke Eisdecke bildet, die zum Schlittschuhlaufen einlädt. Ein Badeteich sollte immer eine üppige Pflanzzone haben. Schilf, Rohrkolben und vor allem Unterwasserpflanzen wie Wasserpest *(Elodea)* und Tausendblatt *(Myriophyllum)* tragen zur Filterung und Sauerstoffversorgung bei. Aber auch Seerosen, Wasserschwertlilien und weitere dekorative Gewächse, die weniger zur Klärung beitragen, dürfen sich im Wassergarten ausbreiten. Im folgenden Beispiel wird der Teich von einer angenehm plätschernden Quelle mit Wasser versorgt.

Kosten

Die Baustoffe für den Teich kosteten ca. 800 € (Folie, Vlies, Kokosfasermatte, Böschungsgewebe, Pumpeund Zubehör, Rollkies, Sand, Zement, Pflastersteine). Lohnkosten ergaben sich nicht, da die Teichanlage in Eigenleistung im Urlaub und an den Wochenenden erstellt wurde.

01 Die Baustelle: Schon kurz nach dem Hausbau stand fest, dass ein Badeteich gebaut werden sollte; allerdings war der jüngste Spross der Familie noch nicht flügge. Deshalb wurde der vorgesehene Standort einige Jahre lang als Spielplatz genutzt.

02 Die Erdarbeiten für das Teichbett erledigten die Hausbewohner mit Muskelkraft und Schubkarre.

03 Teichbett am Haus: Die kleine Holzterrasse ermöglicht einen Sitzplatz direkt über dem Wasser. Sie wurde aus Lärchenholz auf einem Betonfundament errichtet.

04 An der Hauswand wurden Styroporplatten zum Schutz der Teichfolie befestigt..

05 Überlaufrohr zur Kanalisation: Wegen der Lage so nah am Haus ist es wichtig, Bauschäden auszuschließen; zur Vermeidung von Wasserschäden bei heftigen Regenfällen wurde deshalb hier ein Ablauf zur Hausentwässerung eingebaut.

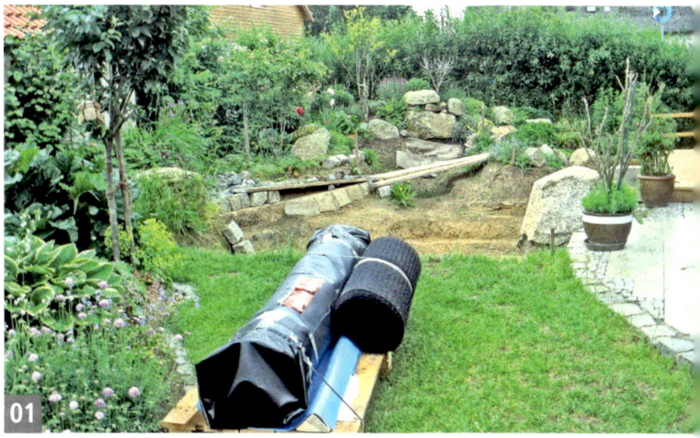
01

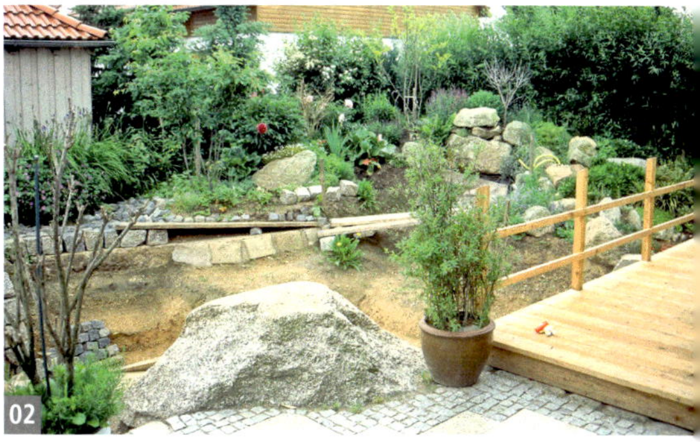
02

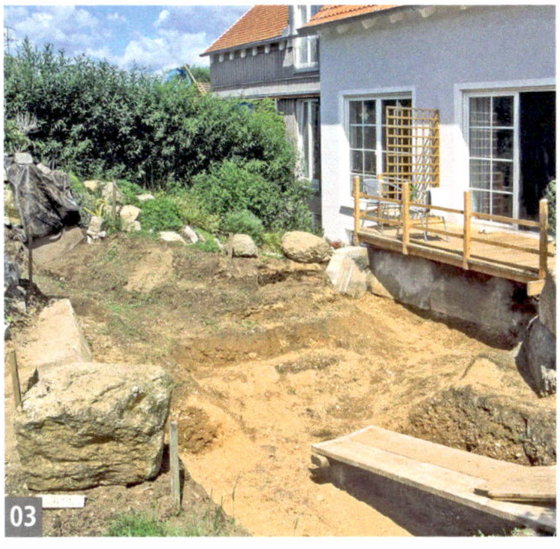
03

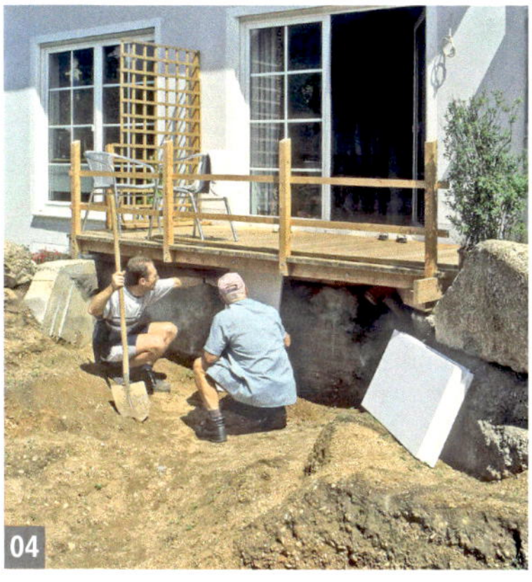
04

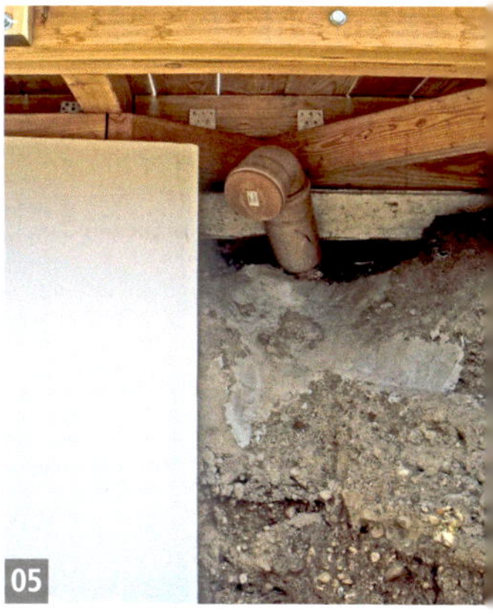
05

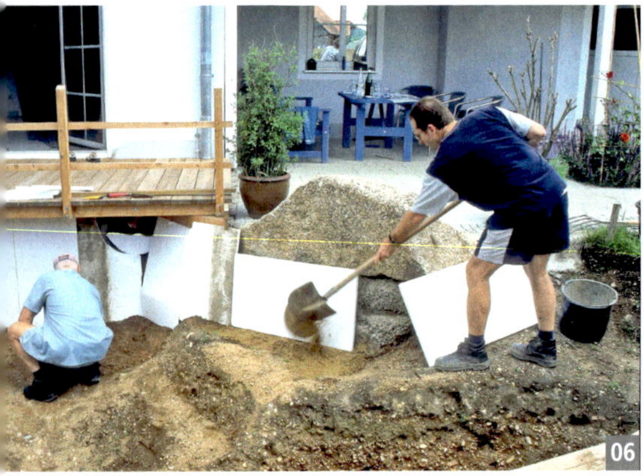

06

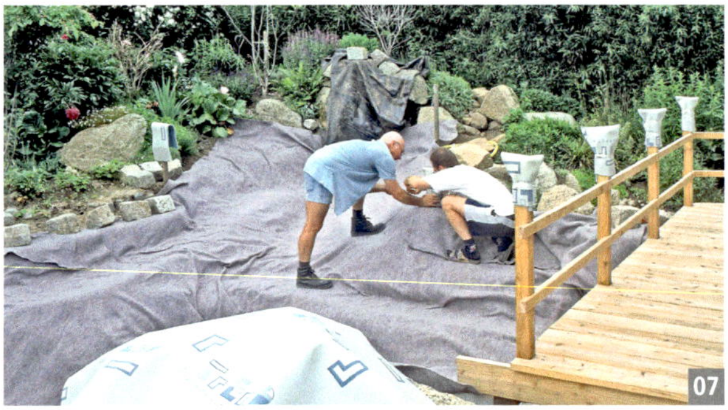

07

06 Teichbett auspolstern: Als bewährter Ausbau des Teichbettes wurde zuerst eine Lage Bausand eingebracht ...

07 ... dann Teichvlies ausgelegt ...

08 ... und zusätzlich alte Teppiche zum Auspolstern verwendet.

09 Hier werden die Vliesbahnen mit einem Teppichmesser passend zugeschnitten.

10 Folienschutz an scharfen Kanten: Um Schäden an der Folie durch Druckstellen oder scharfe Kanten zu vermeiden, wurden auch Steine und Pfosten sorgfältig mit Polstermaterial abgedeckt.

11 So sieht ein optimal vorbereitetes Teichbett aus. Das Ufer wurde zum Ausrollen der Teichfolie mit einer Stoffbahn abgedeckt.

12 Folie ausbreiten: Das Ausrollen der schweren Teichfolienrolle ist nur mit vereinten Kräften zu schaffen. Hilfreich ist es, eine so große Folie nach dem Faltplan des Herstellers auszulegen.

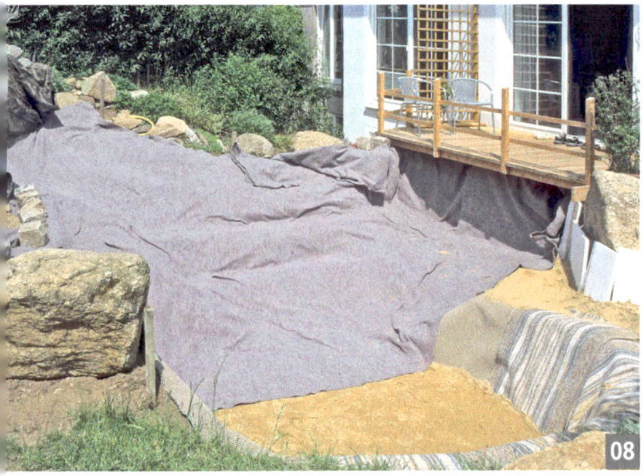

08

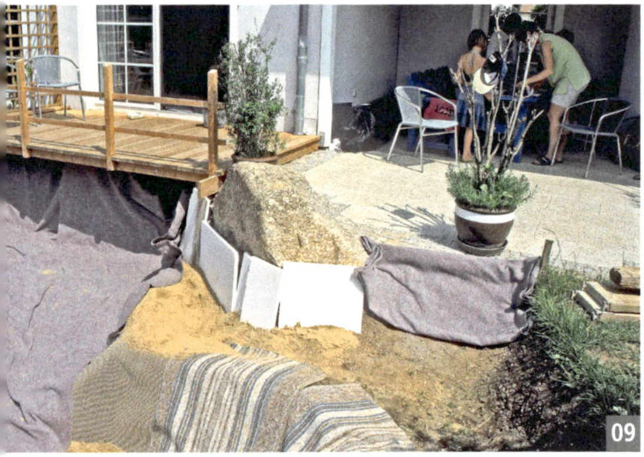

09

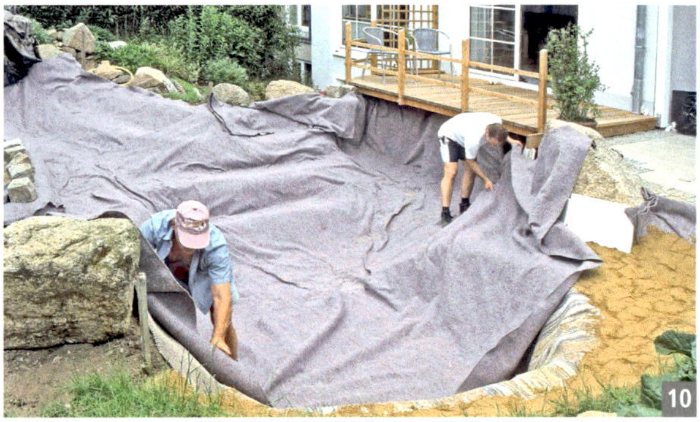

10

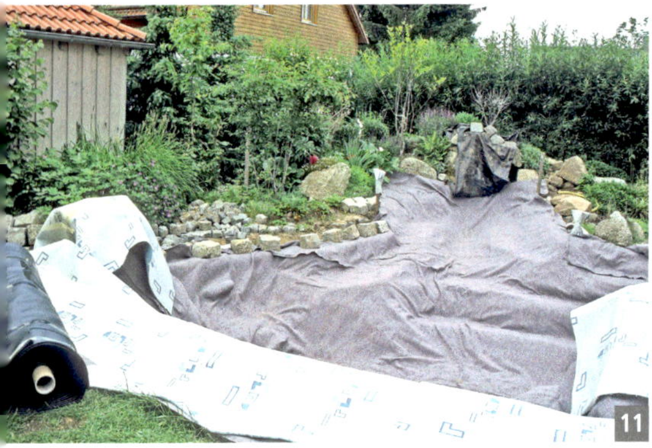

11

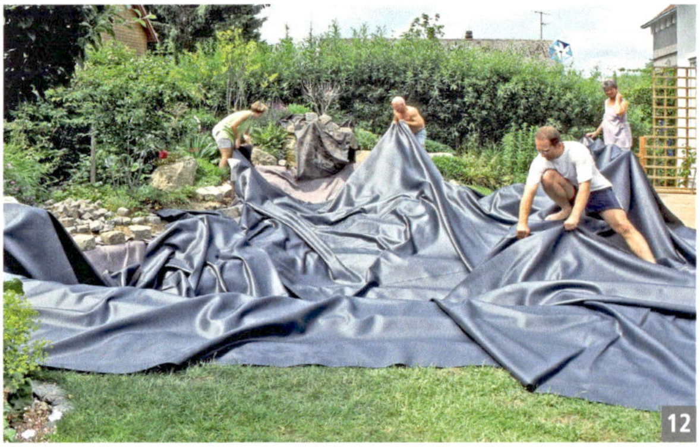

12

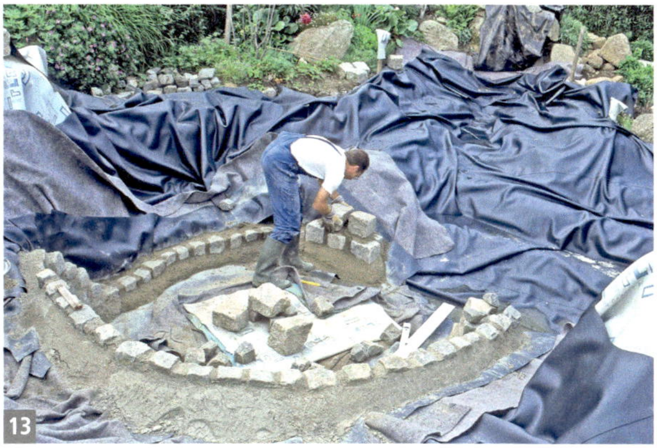

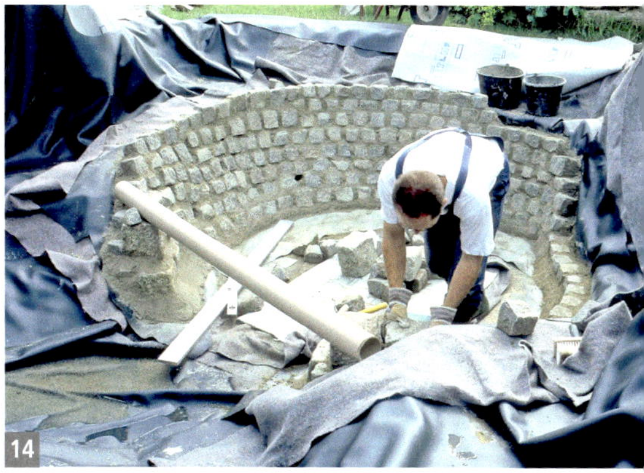

13 Steine im Verbund setzen: Besonders beim Ausbau des Teiches mit Steinen und Beton ist eine gute Polsterung zur Folie hin unverzichtbar. Hier wird die Einfassung im Badebecken gemauert. Ein relativ trockener Beton aus Trasszement erleichtert das Aufmauern. Er härtet dennoch gut aus.

14 Das Vlies fängt den Druck ab. Die Teichfolie wird vom Beton nicht angegriffen. Hier wird die Steilwand im Badebecken aufgemauert. Aus den Pflastersteinen lassen sich auch Pflanzbecken für wuchernde Arten anlegen. Auch der Sockel für einen Schwebebalken aus Holz im Wasser entstand auf ähnliche Weise.

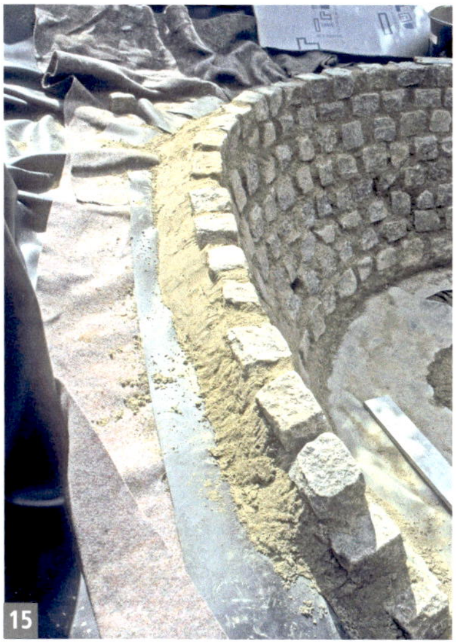

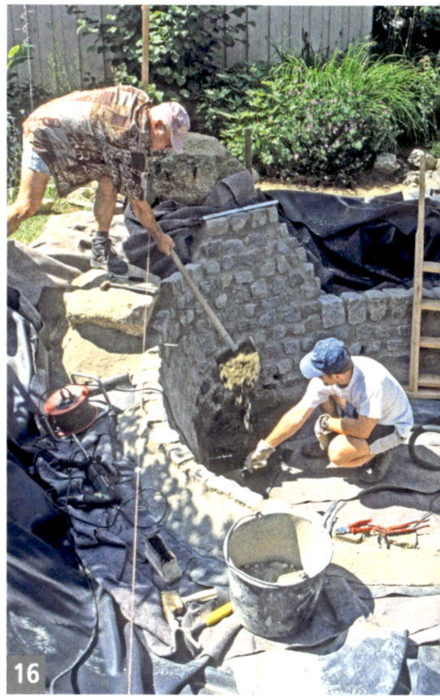

15 Gutes Verfugen des Mauerwerks ist an frostgefährdeten Stellen wichtig, damit keine Risse entstehen.

16 Leiter vormontieren: Der Badeteich erhielt einen Einstieg aus Restbrettern vom Terrassenbau; ein Betonsockel bietet eine sichere Basis dafür.

17 Überlaufrohr abdichten: Der Wasserstand richtet sich nach der niedrigsten Stelle im Teich; diese befindet sich hier unter der Terrasse. Die Folie muss am Überlaufrohr dicht anliegen, damit kein Wasser durchsickern und Bauschäden an der Hauswand verursachen kann.

18 Als Unterlage an Steilstellen kommt eine Böschungsmatte aus Kokosfasern zum Einsatz und hält dort den Rollkies fest. Alternativ können solche Stellen auch mit großen Steinen angeböscht werden.

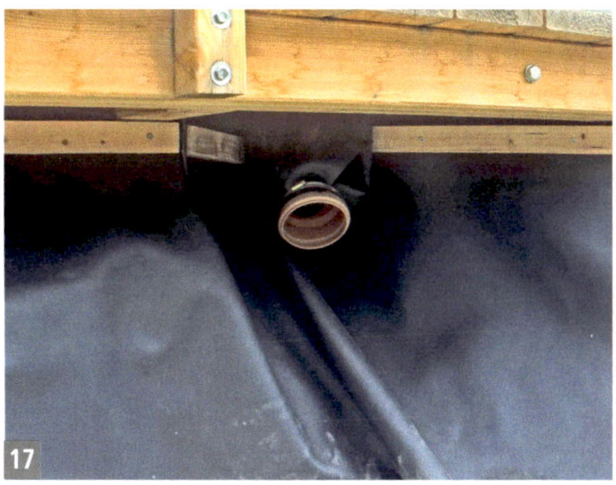

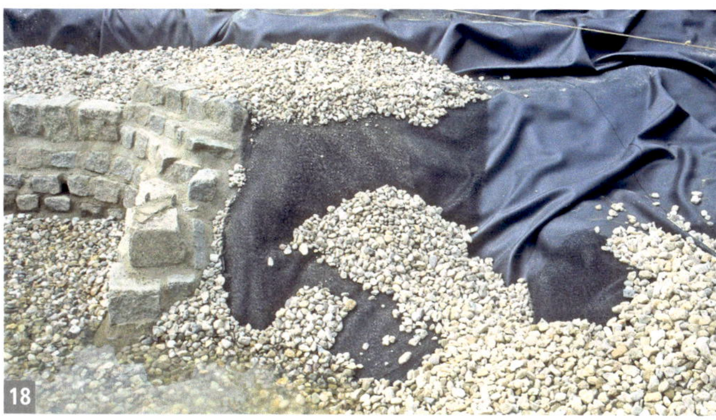

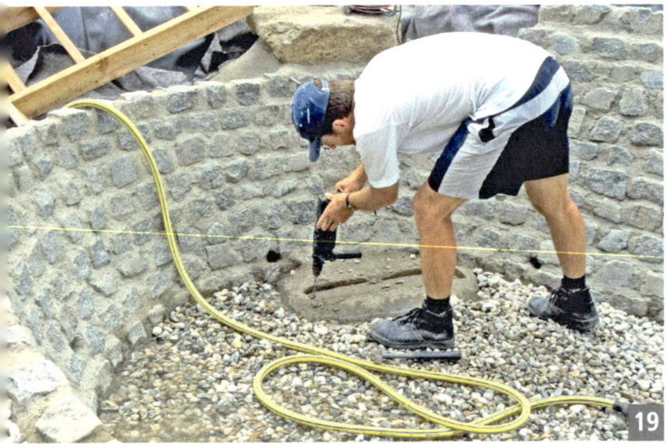
19

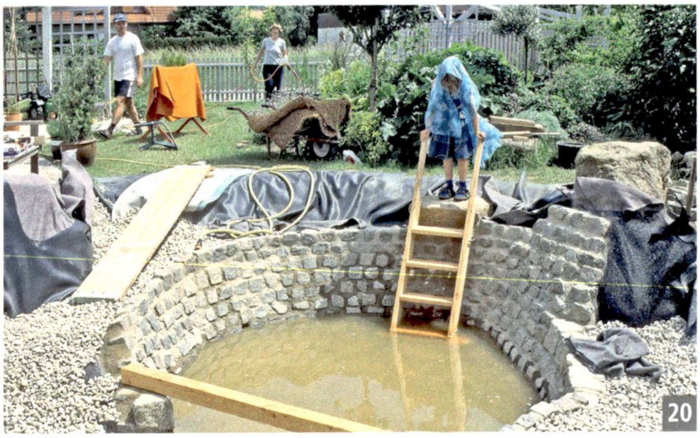
20

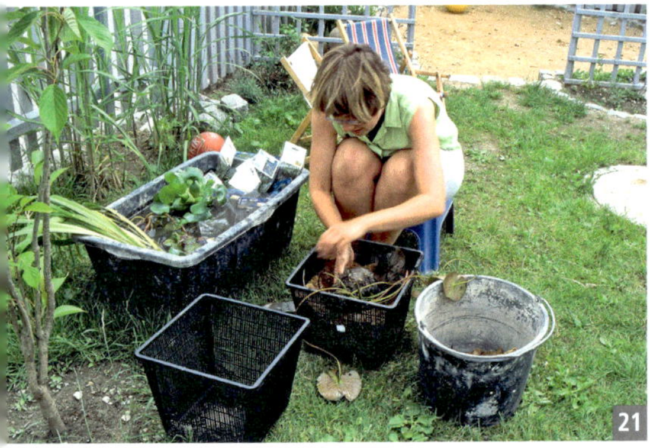
21

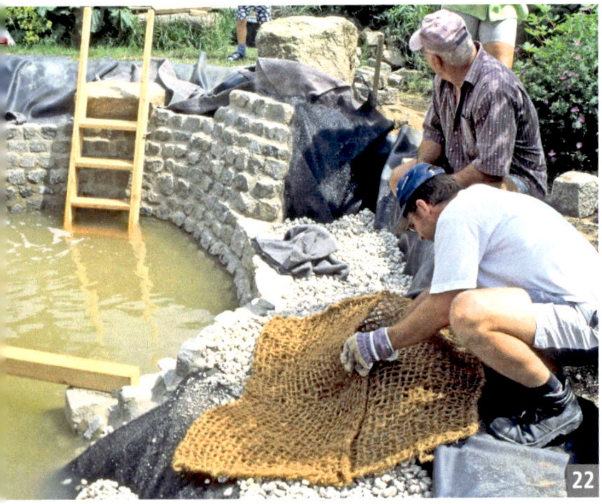
22

19 Löcher für Schrauben bohren: Die Einstiegsleiter muss richtig sitzen, damit sie Halt bietet und selbst keine Schäden am Mauerwerk verursacht. Das Verrutschen lässt sich durch eine Befestigung am Betonsockel verhindern. Dazu wurden hier die Anker montiert. Die Bohrungen dürfen natürlich keine Schäden an der Folie verursachen, d.h. der Sockel muss ausreichend dick sein.

20 Den Teich fluten: Der Teich wurde vorsichtshalber in mehreren Etappen mit Wasser gefüllt, um Schäden rechtzeitig erkennen zu können. Beim Fluten mit Brunnenwasser musste immer wieder gewartet werden, bis Grundwasser in den Brunnen nachfloss. Die Wasserqualität im Teich richtet sich nach dem Zustand des Brunnens. Hier wurden Trübstoffe hochgepumpt und eingefüllt.

21 Die vitalen Seerosen werden in den Gitterkörben am Wuchern gehindert.

22 Kokosmatten auslegen: Kokosmatten mit Pflanztaschen erleichtern die Begrünung. An Böschungen rutscht dadurch die Erde nicht ab.

23 In den Gitterkörben lassen sich die Seerosen einfach aus dem Wasser holen oder umstellen. Der Schwebebalken soll zum Balancieren und zur Biotopabgrenzung dienen.

24 Bachausbau: Der Zugang zur Quelle ist später auf Trittsteinen möglich; diese wurden auf Beton gesetzt.

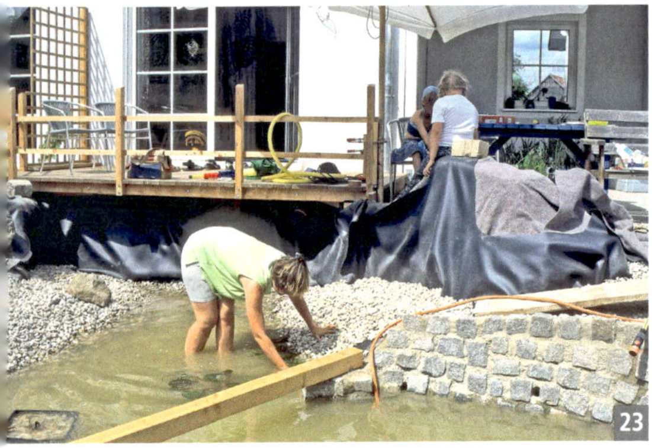
23

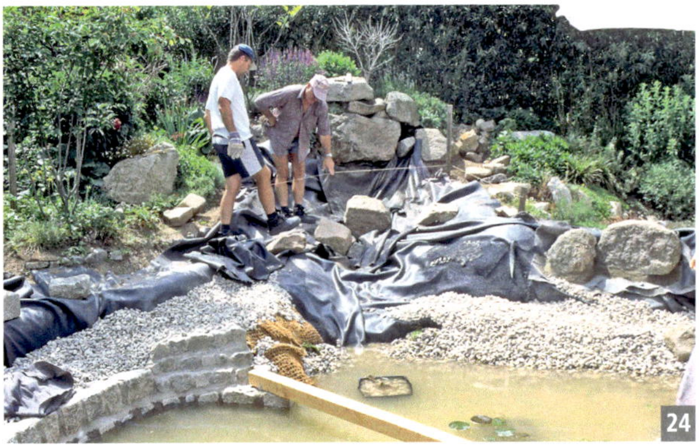
24

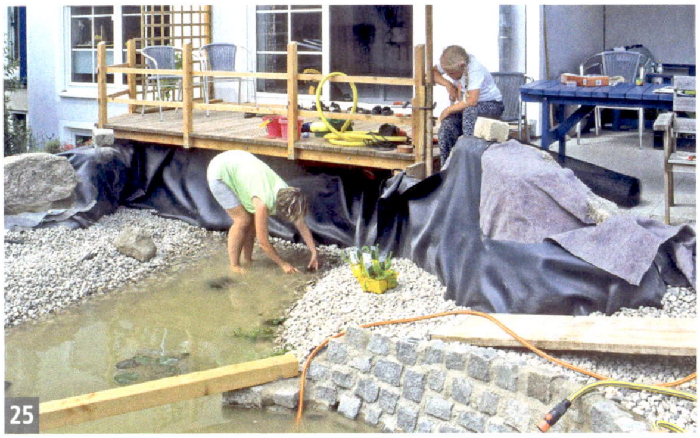

25

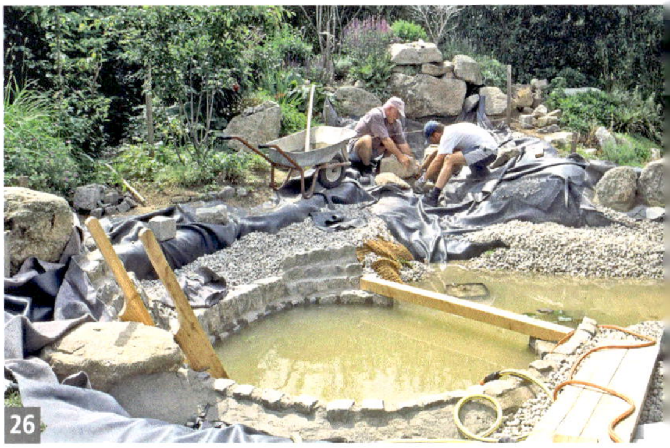

26

25 Das Tausendblatt *(Myriophyllum)* trägt durch seine vielen Blätter zur Filterung und Klärung des Wassers bei. Die Pflanzen wurden direkt in den Rollkies gesetzt.

26 Bachausbau: Eine Richtschnur gibt hier die passende Höhe der Trittsteine vor. Die Betonsockel verschwanden später unter einer Rollkiesschicht.

27 Der Teich nach Bepflanzung: Die Tiefwasserpflanzen sitzen an ihren Plätzen. Der noch niedrige Wasserstand genügt zum Feuchthalten.

28 Trittsteine im Bachbett: Es dauert einige Tage, bis der Beton abbindet. Dann bilden die Sockel eine tragfähige Basis für die Trittsteine im Wasser.

29 Randsteine in Beton setzen: Durch die Einfassung am Ufer entsteht ein massiver Teichrand und zugleich eine Einfassung für den Weg, der später gepflastert wurde. Die Granitsteine sitzen auf einem Betonsockel.

30 Die Kokosmatte verdeckt die schwarze Folie und trägt zugleich zu deren Schutz bei.

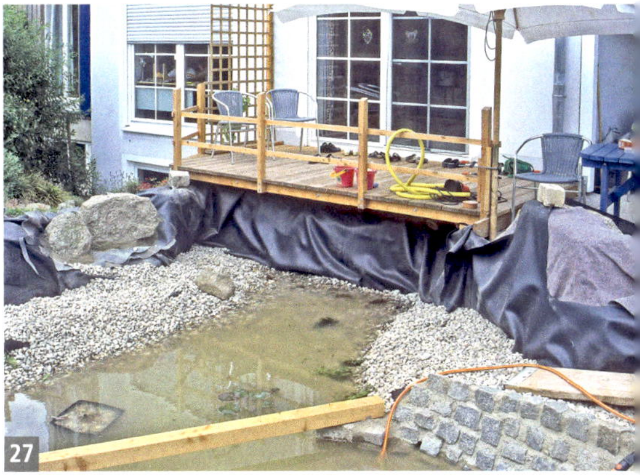

27

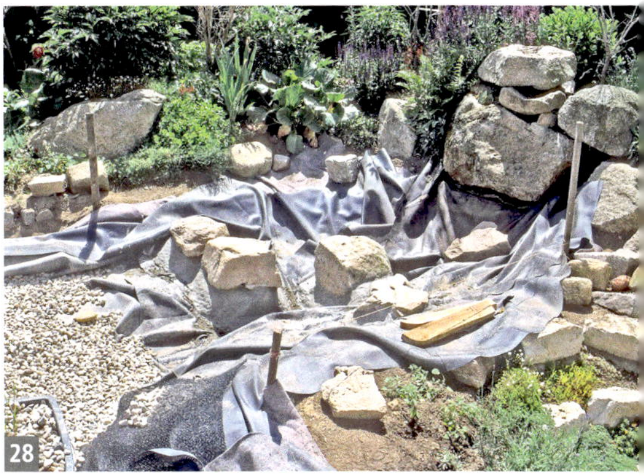

28

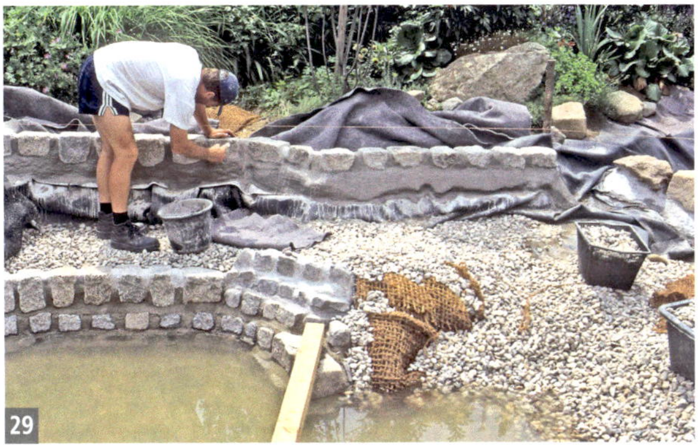

29

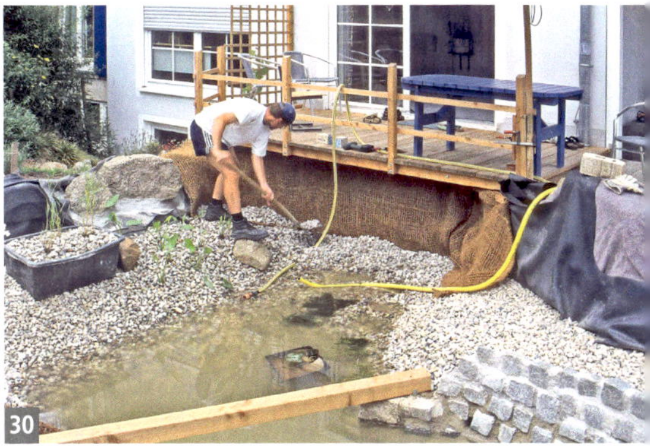

30

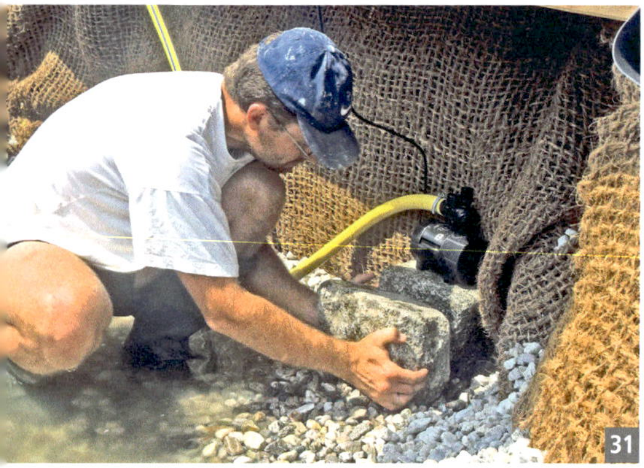

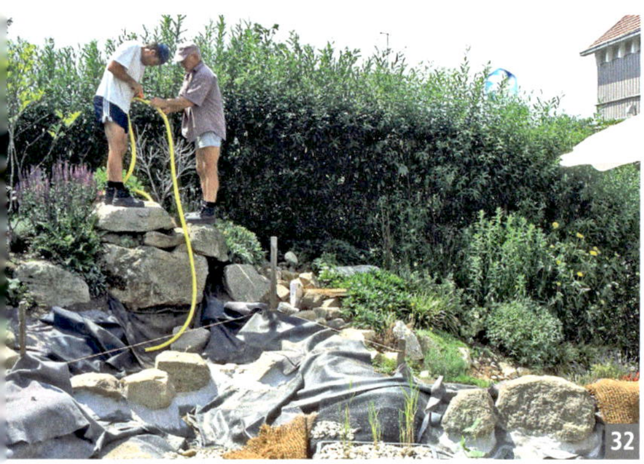

31 Hier wird die Gleichstrompumpe montiert, um das Wasser zu den Quellsteinen des Baches zu fördern.

32 Wasserschlauch zur Quelle legen: Der Durchmesser des Wasserschlauches richtet sich nach der Leistung der Pumpe bzw. deren Fördervolumen. Der Schlauch sollte druckstabil sein, wenn er im Boden eingegraben wird. Hier liegt der Schlauch nur im Rollkies.

33 Nach der ganzen Mühe kommt eine Erfrischung im Wasser wie gerufen. Das kalte Brunnenwasser erwärmt sich an der Sonne.

34 Der Schwebebalken bildet später, wenn der Teichausbau beendet ist, die Grenze zum Biotop. Zum Baden steht dann nur eine Teichhälfte zur Verfügung.

35 Teichplanung: Es war hilfreich, dass schon vor dem Erdaushub ein Plan mit den einzelnen Zonen erstellt wurde. So konnten die Mulden entsprechend ausgeformt werden.

36 Ein dreidimensionaler Plan lässt die Details sehr plastisch werden: Ergänzend zur Zeichnung wurde deshalb ein maßstabsgetreues Modell gefertigt.

Tipp

Schöne Findlinge bieten sich als Sitzsteine an und tragen zur Ufergestaltung bei; solche Steinbrocken fallen gelegentlich beim Erdaushub an. Große Kieselsteine sind in Baggereibetrieben oder Kiesgruben erhältlich, auch Bruchsteine sind gut geeignet.

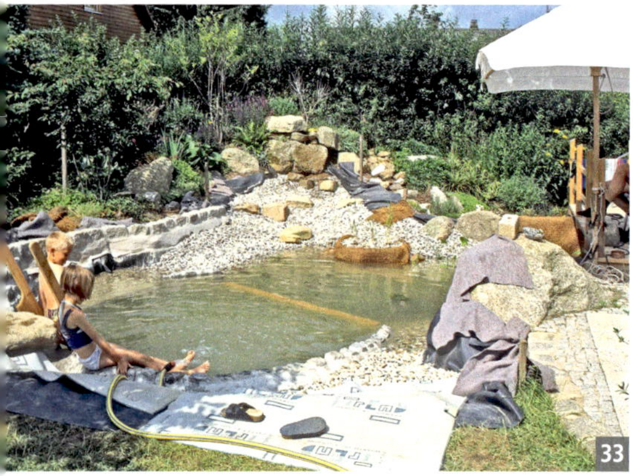

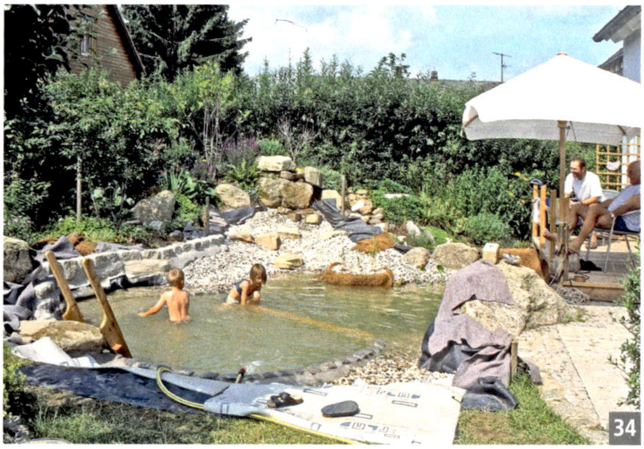

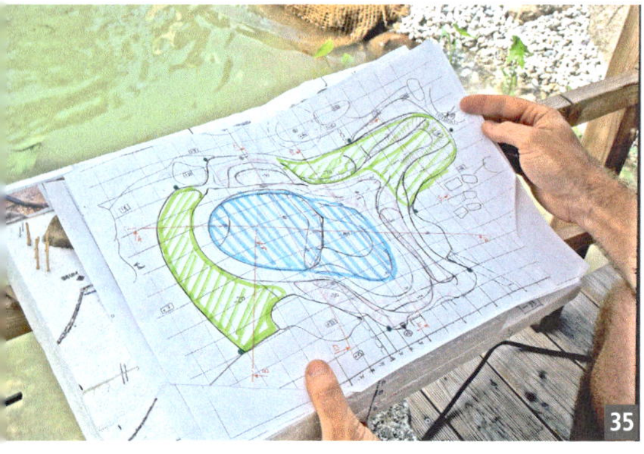

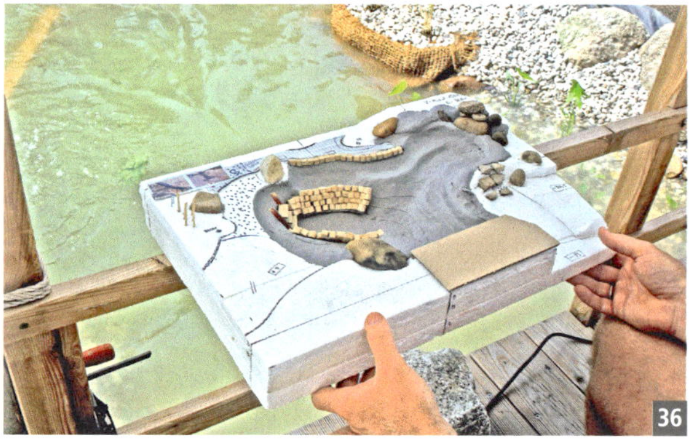

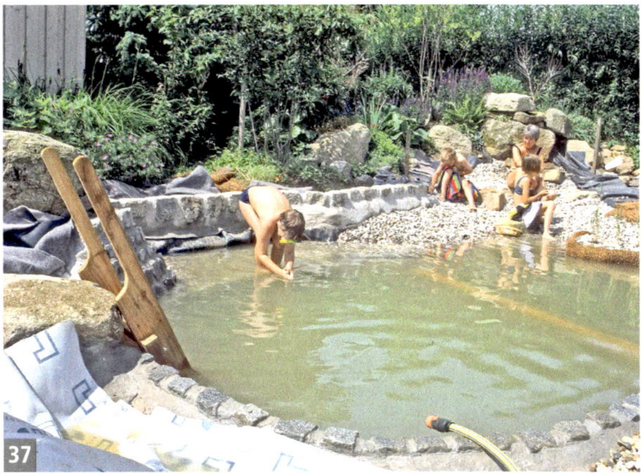

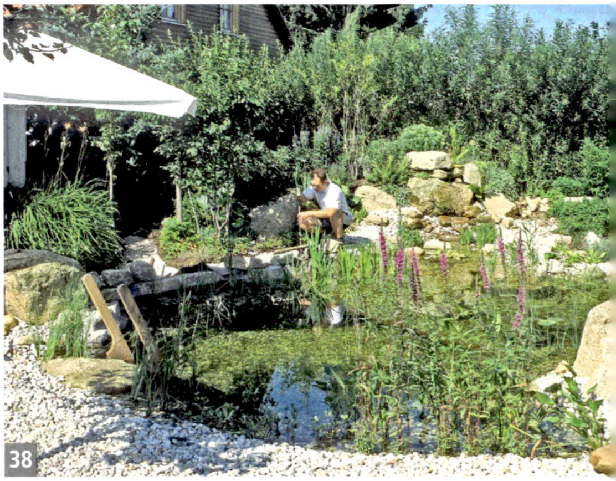

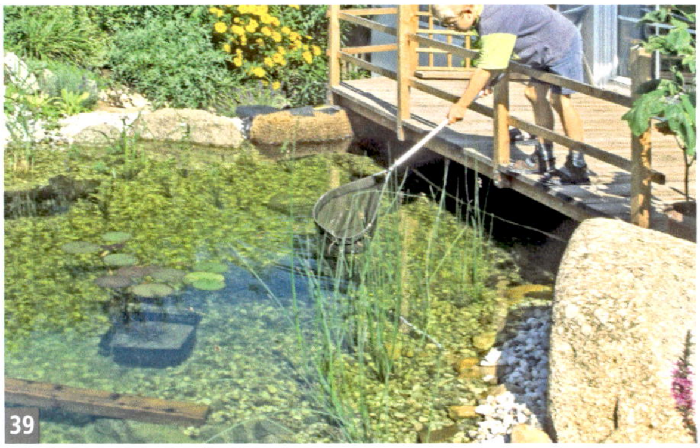

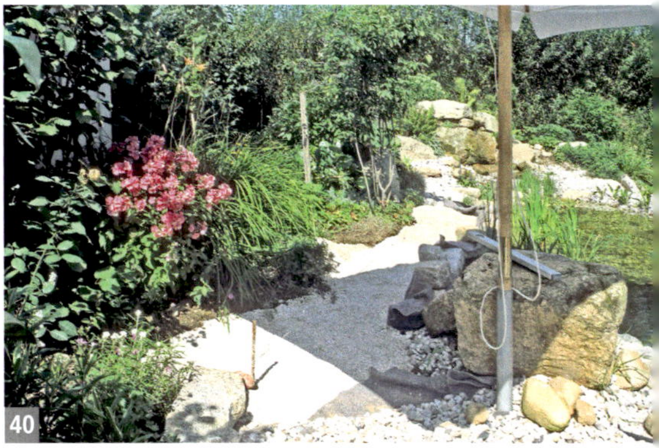

37 Der Sprung ins Wasser: Bei hohem Wasserstand kann sogar getaucht werden!

38 Teichufer ausbauen: Harmonisch eingebettet in die natürliche Umgebung wirkt die Wasserstelle erst, wenn die Pflanzen gut angewachsen sind. Topfpflanzen gewöhnen sich schnell an das Kiesbett.

39 Teichpflege: Damit das Wasser klar bleibt, müssen Blätter und welke Pflanzenteile abgefischt werden. Das gelingt hier mit einem Käscher von der Terrasse aus.

40 Den Weg pflastern: Noch sind restliche Arbeiten zu erledigen: Es war geplant, dass ein Pflasterweg zur Quelle führt. Auf einem Unterbau aus Schotter und Splitt wurde Natursteinpflaster als begehbare Teicheinfassung verlegt.

41 pH-Wert bestimmen: Vor dem Baden ist es gut zu wissen, welche Eigenschaften das Wasser hat. Im Fachhandel sind Test-Sets erhältlich. Damit können u.a. der Sauerstoffgehalt, der pH-Wert und weitere Eigenschaften mit einfachen Mitteln erkannt werden. Hier zeigt die Farbtafel einen hohen pH-Wert an.

42 Das Verfugen des Pflasters mit Splitt festigt die Steine. Ein Sonnenschirm sorgt für Schattierung und verhindert eine übermäßige Algenbildung im Wasser.

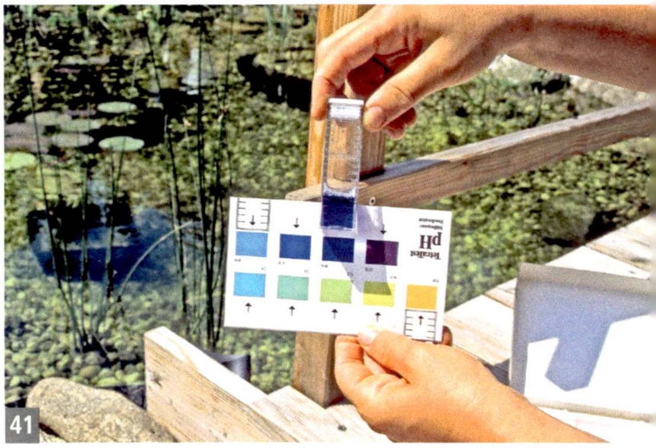

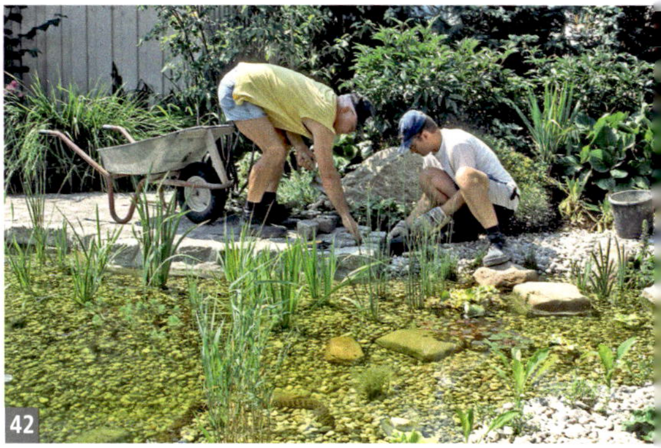

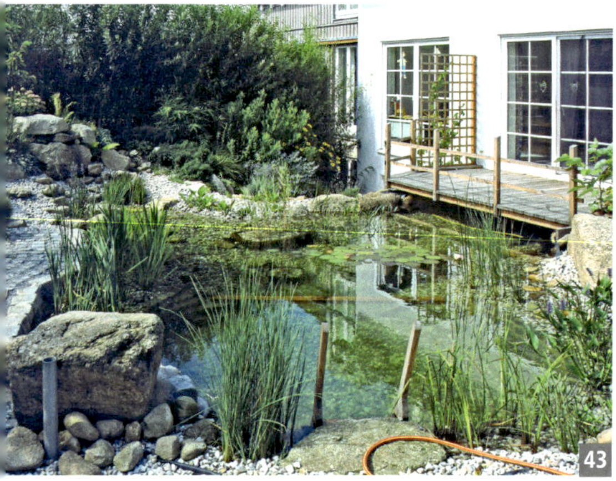

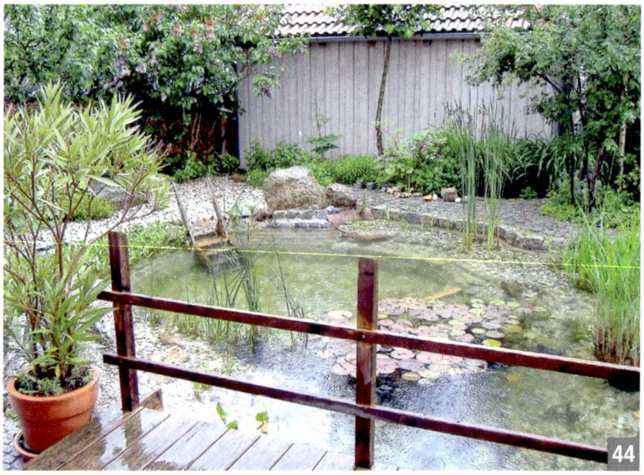

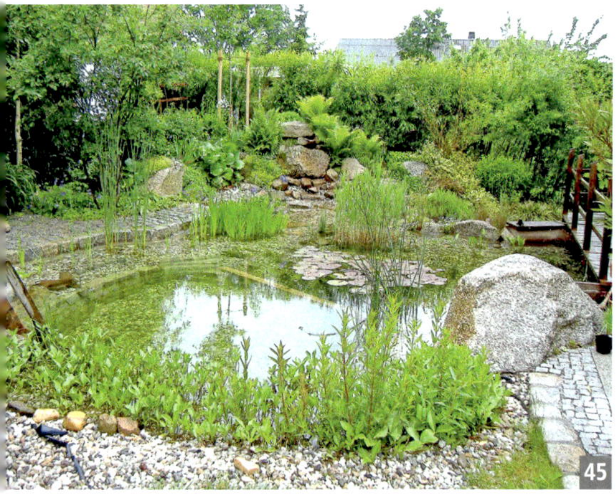

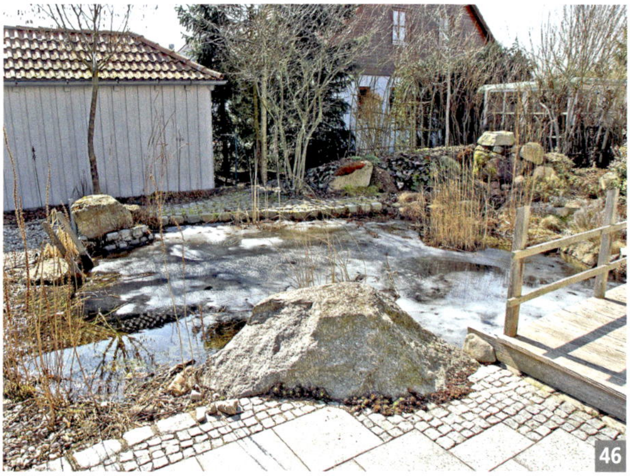

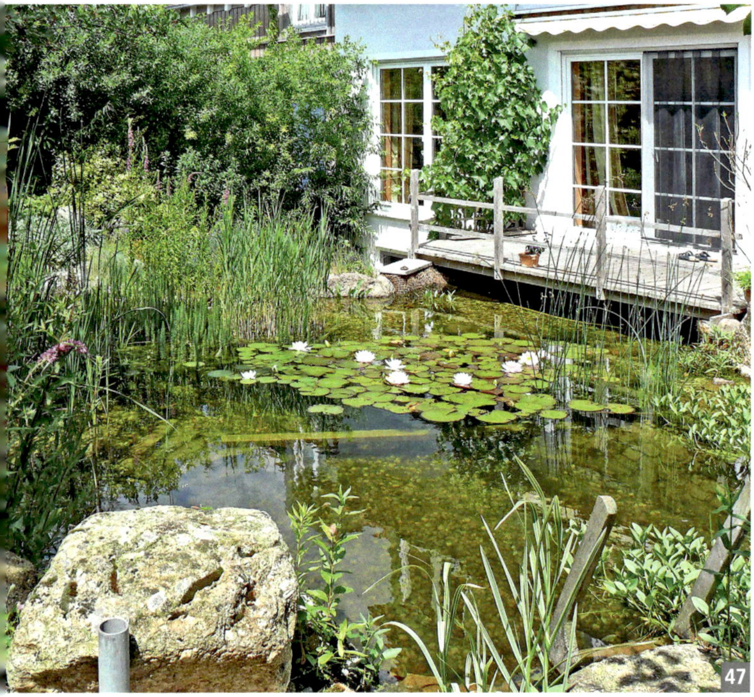

43 Der Badeteich nach der Fertigstellung: Im Sommer nach dem Bau des Teiches ist er gut eingewachsen. Die Seerose und das Hechtkraut blühen schon im Jahr nach der Pflanzung.

44 Vier Jahre danach haben sich die Seerosen, der Fieberklee und die Binsen gut entwickelt. Die Pflanzenentwicklung ist auch von der Wasserqualität abhängig.

45 Die schöne Teichanlage verbessert den Wohnwert des Gartens das ganze Jahr hindurch.

46 Der Badeteich im Winter: Die Flachwasserpflanzen sind frosthart und nehmen auch das Zufrieren des Teiches hin. Die frostempfindlichen Seerosen sitzen im frostfreien Tiefwasser.

47 Auch im achten Jahr nach dem Bau des Teiches sind keine Schäden an der Folie, am Mauerwerk und an den anderen Baustoffen erkennbar. Die Seerosen breiten sich flächig aus.

9 Pflanzen im und am Wasser

In der Natur bleiben Gewässer nicht lange kahl. Mit Macht siedeln sich am Ufer Weiden und Erlen an und im Wasser wachsen bald Schwimm- und Tauchpflanzen. Die Begrünung erfolgt durch Samen und Pflanzenteile, die selbst im nährstoffarmen Kies Wurzeln schlagen. Natürlich bieten Seen, Flüsse und Kiesweiher wesentlich mehr Raum zum Ausbreiten als gewöhnliche Hausgärten. Hier lassen sich – wenn überhaupt – nur einzelne Weiden ansiedeln, vielleicht eine Trauerweide als Hausbaum oder kleine Arten wie Hängekätzchenweiden und Kopfweiden, die durch Beschneiden kompakt gehalten werden.

Vor dem Pflanzen ist zu bedenken, dass insbesondere heimische Wasserpflanzen sehr vital sind und sich wenige Pflanzen besser entwickeln können als zu viele auf engem Raum. Sollen die Pflanzen zur Klärung eines Schwimmteiches oder Regenwassersammelbeckens nützlich sein, darf aber gerne üppig begrünt werden.

In einem Klärteich können sich sogar Rohrkolben und Schilfgräser ausbreiten. Ein kleiner Teich an der Terrasse bietet dagegen nur sorgsam ausgewählten Arten Platz, wie z.B. Seerosen, die wohl zu den schönsten Wasserpflanzen zählen.

Die meisten Wasserpflanzen wie Seerosen, Wasserschwertlilien oder Sumpfdotterblumen sind Stauden, also ausdauernde Gewächse, die sich zunehmend ausbreiten. Hinzu kommen gehölzartige Uferpflanzen wie Weiden oder Erlen, die ebenfalls langlebig sind. Während Gehölze am Standort bleiben und je nach Art ihre typische Krone oder einen Busch bilden, breiten sich die meisten Stauden durch Wurzelausläufer aus. Wo etwa Rohrkolben, Schilf, Pfahlrohr und Weiderich Platz zum Ausbreiten haben, füllen sie diesen früher oder später aus und zwar gründlich! Pflanzen, die sich durch kräftige Wurzelausläufer vermehren, sollten deshalb nur in großzügigen Wassergärten wachsen oder sie werden in ihrem Wachstum begrenzt (in Pflanzbehälter setzen). Sonst unterdrücken sie andere weniger wüchsige Arten wie z.B. Froschlöffel, Pfeilkraut oder Zwergbinse und wuchern einen kleinen Teich in wenigen Jahren zu. Besondere Vorsicht ist mit sogenannten Neophythen geboten, die sich stark ausbreiten. Die bekanntesten sind u.a. der Bärenklau alias Herkulesstaude (*Heracleum mantegazzianum*) und das Indische Springkraut (*Impatiens glandulifera*). Sie haben sich an natürlichen Flussläufen angesiedelt und bilden stellenweise dichte Bestände.

Algen: Auch die lästigen Algen sind Pflanzen. Sie benötigen Licht und Wärme zum Wachsen. Die Algenbildung im Teich lässt sich vermindern, wenn keine überflüssigen Nährstoffe in den Wasserhaushalt eingebracht werden. Auch das Schattieren z.B. mit Schwimmblattpflanzen ist eine wirksame Maßnahme gegen die Algenvermehrung im frühen Sommer, ebenso die jährliche Reinigung des Teiches. Eine großzügige Teichbeflanzung mit Unterwasserpflanzen, ein Bach, der in den Teich mündet und das Wasser filtert und nicht zuletzt algenfressende Tiere wie Wasserschnecken und Bitterlinge sind ebenfalls bewährte Mittel. Am besten werden möglichst viele der Maßnahmen vorbeugend eingesetzt, denn ein übermäßiges Algenwachstum ist immer ein Indikator, dass das ökologische Gleichgewicht gestört ist.

Pflanze	Wasserstand	Wuchshöhe	Blütezeit	Blütenfarbe
Acorus calamus, Kalmus	5 - 50 cm	70 cm	April - Juli	grün
Alisma plantago - aquatica, Froschlöffel	5 - 30 cm	50 cm, Blüte 100 cm	Sommer	weiß
Aponogeton distachyos, Wasserähre	50 cm	flach	Sommer	weiß
Azolla caroliniana, Algenfarn	schwimmend	flach		
Butomus umbellatus, Blumenbinse	5 - 30 cm	50 cm, 100 cm Blüte	Sommer	rosa
Calla palustris, Sumpfkalla	5 - 20 cm	20 cm	Sommer	weiß
Caltha palustris, Sumpfdotterblume	0 - 10 cm	20 cm	Frühjahr	gelb o. weiß
Cyperus, Zypergras	10 - 20 cm	50 - 120 cm	Sommer	grün o. braun
Eichhornia crassipes, Wasserhyazinthe	schwimmend	flach	Sommer	blau
Elodea canadensis, Wasserpest	ab 20 cm	untergetaucht		
Equisetum, Schachtelhalm	0 - 50 cm	50 - 100 cm		
Eriophorum, Wollgras	0 - 10 cm	30 - 50 cm	Sommer	weiß
Hippuris vulgaris, Tannenwedel	0 - 50 cm	insges. ca. 100 cm		
Hottonia palustris, Wasserfeder	20 cm	untergetaucht	Frühjahr	weiß
Iris pseudacorus, Wasserschwertlilie	0 - 20 cm	100 cm	Juni	gelb
Juncus effusus, Binse	0 - 50 cm	60 cm	Sommer	bräunlich
Lemna minor, Wasserlinse	schwimmend	flach		
Lysichiton, Scheinkalla	0 - 10 cm	30 cm	Frühjahr	weiß o. gelb
Lysimachia - Arten, Gilbweiderich	Ufer o. 0 - 20 cm	flach o. 50 cm	Mai - Juli	gelb
Mentha - Arten, Minze	Ufer o. 0 - 30 cm	50 cm	Sommer	blau
Menyanthes trifoliata, Fieberklee	0 - 20 cm	insges. ca. 30 cm	Mai - Juni	weiß
Myosotis, Sumpfvergißmeinnicht	0 - 10 cm	30 cm	Sommer	weiß
Myriophyllum, Tausendblatt	ab 20 cm	untergetaucht		
Nasturtium officinale, Brunnenkresse	0 - 10 cm	30 cm	Juni	weiß
Nelumbo nucifera, Lotosblume	0 - 50 cm	200 cm	Sommer	weiß
Nuphar lutea, Teichrose	100 cm	schwimmend	Sommer	gelb
Nymphaea - Arten, Seerosen	30 - 100 cm	schwimmend	Sommer	bunt
Nymphoides, Seekanne	20 - 120 cm	schwimmend	Sommer	gelb
Phragmites australis, Schilf	0 - 50 cm	1 - 4 m	Sommer	weißlich
Pistia stratiotes, Wassersalat	schwimmend	flach		
Pontederia cordata, Hechtkraut	0 - 30 cm	30 cm	Sommer	blau
Potamogeton, Laichkraut	ab 50 cm	untergetaucht	Sommer	grün
Ranunculus - Arten, Hahnenfuß	0 - 30 cm	flach o. - 100 cm	Sommer	gelb o. weiß
Sagittaria, Pfeilkraut	0 - 20 cm	50 cm	Sommer	weiß
Salvinia natans, Schwimmfarn	schwimmend	flach		
Scirpus - Arten, Simsen	0 - 50 cm	30 - 100 cm	Sommer	braun
Sparganium, Igelkolben	0 - 30 cm	30 - 60 cm	Sommer	weiß
Stratiotes aloides, Krebsschere	50 cm	schwimmend	Sommer	weiß
Trapa natans, Wassernuß	schwimmend	flach	Sommer	weiß
Typha - Arten, Rohrkolben	0 - 50 cm	50 - 200 cm	Sommer	braun
Utricularia, Wasserschlauch	30 - 100 cm	untergetaucht	Sommer	gelb
Veronica beccabunga, Bachbunge	0 - 50 cm o. schwimmend	kriechend	Sommer	blau

Tabelle 9.1 Pflanzen, die im Wasser wachsen.

Viele Arten

Bei den Wasserpflanzen sind nicht nur Gestalt und Blütenfarbe wesentliche Unterscheidungsmerkmale, sondern auch die Wassertiefe, in der sie bevorzugt vorkommen. Es gibt grasartige mit langen, steilen Blättern wie Schilf, Rohrkolben oder Kalmus, buschig wachsende wie Seggen, Igelkolben oder Simsen, kriechende wie Hahnenfuß, Sumpfdotterblume oder Gauklerblume und natürlich solche Arten, die sich unter Wasser ausbreiten oder auf dem Wasser schwimmen. Im Wesentlichen sind Wasserpflanzen Stauden, die mehrjährig wachsen und zunehmend üppigere Bestände bilden. Bei der Platzierung sind nicht nur die richtigen Pflanztiefen einzuhalten, sondern auch die Wuchshöhen etc. zu beachten (siehe Tab. 9.1 - 9.3).

Große Arten wie Schilf oder Rohrkolben gehören in den Hintergrund, kleine wie Sumpfdotterblumen oder Gauklerblumen kommen vorzugsweise in vordere Bereiche. Sonst gehen sie mit der Zeit im Dickicht der wuchernden Arten unter. Was die Blütenfarben betrifft, lassen sich schöne Pflanzenkombinationen zusammenstellen: So passen gelbe Schwertlilien gut zu roten Seerosen, die gelbe Scheinkalla zu rosaroten Primeln und das blaue Hechtkraut lässt sich vorteilhaft mit blauen Wasserhyazinthen kombinieren. Die Blütenfarben kommen gut zur Geltung, wenn immer mehrere Exemplare einer Art in kleinen Gruppen eingesetzt werden. An der Farbwirkung der Blätter hat man gewöhnlich aber länger Freude als an der Blüte, weshalb wintergrüne Arten wie Flatterbinse oder Bachbunge besonders nach der Fülle des Sommers ihren Wert haben. Aber auch die braunen Schilfblätter oder die Samenstände der Rohrkolben sind im Winterhalbjahr reizvoll.

Gehölze	Wuchshöhe	Blüte
Acer palmatum, Japanischer Fächerahorn	3 - 5 m, schirmförmig	unbedeutend
Alnus viridis, Grünerle	1 - 3 m strauchförmig	unbedeutend
Amelanchier lamarckii, Felsenbirne	3 - 5 m, strauchförmig	weiß im April, rote Herbstfärbung
Aralia elata, Aralie	2 - 3 m, sparrig	gelblich im Sommer, große Blätter
Betula humilis, Strauchbirke	1 - 2 m, strauchförmig	unbedeutend
Buddleia, Sommerflieder	2 - 3 m locker, buschig	verschiedene Sorten, wertvolle Nektarquelle
Salix caprea, Salweide	ca. 3 m, breitbuschig	gelbe Kätzchen im März/April
Salix caprea 'Pendula', Hängekätzchenweide	ca. 2 - 3 m, überhängend	wie die Art
Salix helvetica, Schweizer Weide	ca. 0.50 m	silbrig, im Frühjahr

Tabelle 9.2 Gehölze, die am Wasser wachsen (Auswahl)

Stauden	Wuchshöhe	Blüte
Alchemilla, Frauenmantel	30 - 50 cm	gelb; Juni/Juli
Eupatorium, Wasserdost	100 - 200 cm	rosa; Juli bis September
Filipendula, Mädesüß	50 - 100 cm	weiß oder rosa; Juni/Juli
Hemerocalis, Taglilie	50 cm	gelb, rot; Juni bis August
Hosta, Funkie	30 - 60 cm	weiß; Juni/Juli
Ligularia, Kreuzkraut	100 - 200 cm	gelb; Juli bis September
Lysimachia punctata, Goldfelberich	50 - 80 cm	gelb; Juni bis August
Lythrum salicaria, Blutweiderich	80 - 100 cm	violettrot; Juni bis August
Mimulus luteus, Gauklerblume	30 - 50 cm	gelb; Mai bis August
Darmera (=Peltiphyllum), Schildblatt	50 - 80 cm	rosa; April/Mai
Polygonum bistorta, Wiesenknöterich	50 - 80 cm	rosa; Mai bis August
Primula, Primel	0 - 50 cm	verschied. Arten; Frühjahr

Tabelle 9.3 Stauden, die am Wasser wachsen (Auswahl)

Durch Teilung vermehrbare Wasserpflanzen			
Feuchtzone (zeitweise überschwemmt)	**Wassertiefe**	**Sumpf- und Flachwasserzone (ständig feucht)**	
Filipendula ulmaria, Echtes Mädesüß	0 - 10 cm	*Iris pseudacorus,* Sumpfiris	0 - 10 cm
Lysimachia thyrsiflora, Gilbweiderich	0 - 10 cm	*Juncus effusus,* Sumpfbinse	10 - 30 cm
Lythrum salicaria, Blutweiderich	0 - 10 cm	*Mentha aquatica,* Wasserminze	10 - 30 cm
Polygonum bistorta, Wiesenknöterich	0 - 10 cm	*Menyanthes trifoliata,* Fieberklee	10 - 20 cm
Ranunculus acris, Scharfer Hahnenfuß	0 - 10 cm	*Phragmites australis,* Schilfrohr	10 - 30 cm
Sanguisorba officinalis, Großer Wiesenknopf	0 - 10 cm	*Sagittaria sagittifolia,* Pfeilkraut	10 - 30 cm
Valeriana dioica, Sumpfbaldrian	0 - 10 cm	*Typha latifolia,* Rohrkolben	10 - 30 cm
		Tiefwasser (Tauchblatt- und Schwimmblattpflanzen)	
Sumpf- und Flachwasserzone (ständig feucht)		*Ceratophyllum demersum,* Hornkraut	30 - 80 cm
Acorus calamus, Kalmus	10 - 30 cm	*Elodea canadensis,* Wasserpest	30 - 80 cm
Alisma plantago-aquatica, Froschlöffel	10 - 30 cm	*Myriophyllum spicatum,* Tausendblatt	30 - 100 cm
Butomus umbellatus, Blumenbinse	10 - 30 cm	*Nuphar lutea,* Gelbe Teichrose	80 - 150 cm
Caltha palustris, Sumpfdotterblume	0 - 20 cm	*Nymphaea-Arten und Sorten,* Seerose	50 - 150 cm
Eriophorum, Wollgras	0 - 20 cm	*Nymphoides peltata,* Seekanne	50 - 80 cm
Hippuris vulgaris, Tannenwedel	20 - 50 cm	*Potamogeton,* Laichkraut	30 - 80 cm

Tabelle 9.4
Durch Teilung vermehrbare Wasserpflanzen (Auswahl)

Seltene Wasserpflanzen ansiedeln

Neue Heimat für Herzlöffel, Sumpfenzian, Seekanne und Co.: Viele geschützte Wasserpflanzen, die in der Natur vom Aussterben bedroht oder gefährdet sind, lassen sich recht erfolgreich im Garten kultivieren. Teichbesitzer können dazu beitragen, solche Arten zu bewahren.

Durch die Entwässerung von Sümpfen, die Trockenlegung von Mooren und den Ausbau von Flüssen zu Wasserstraßen wurden in den letzten Jahrzehnten vielerorts die natürlichen Standorte seltener Pflanzen vernichtet, die auf ständig überflutete oder wechselfeuchte Plätze angewiesen sind.

Im Zuge der Renaturierung werden gelegentlich begradigte Bäche wieder zurückgebaut oder bei der Erschließung von Flächen für Straßen, Industriegebiete und Wohnsiedlungen naturnahe Ausgleichsflächen geschaffen.

Durch Abfischen vermehrbare Schwimmpflanzen (Auswahl)	
Eichhornia	Wasserhyazinthe (frostempfindlich)
Lemna minor	Wasserlinse
Pistia	Muschelblume (frostempfindlich)
Stratiotes aloides	Krebsschere

Dennoch gehen durch den enormen Flächenverbrauch weiterhin Lebensräume für Pflanzen und Tiere verloren. Obwohl die Gesamtflächen der Hausgärten im Vergleich zu den natürlichen Geländegebieten verhältnismäßig klein sind, können sie dennoch zum Arterhalt verschiedener bedrohter Pflanzen beitragen. Einige Arten breiten sich in der geschützten Umgebung eines Gartenteiches sogar besser aus als in freier Natur, da sie nicht mit Konkurrenzpflanzen zu kämpfen haben und ein ständig konstantes Milieu vorfinden. So dringt beispielsweise der Fieberklee *(Menyanthes trifoliata)* bis ins tiefe Wasser eines Gartenteiches vor und breitet sich durch seine kräftigen Wurzelrhizome stark aus. Ähnlich vital ist die ebenfalls geschützte Teichrose oder Mummel *(Nuphar lutea)*. Dieses Seerosengewächs kommt in natürlichen Teichen oder Flussbuchten wild vor. Die Teichrose lässt sich aber auch in ausreichend tiefen Wasserstellen ansiedeln, wenn sie nährstoffreichen Schlamm vorfindet. Hier breiten sich die armdicken Rhizome flächig aus. Für die Ansiedlung von Teichrosen genügt eine Tiefwasserstelle von ca. 1 m und eine Fläche von ca. 3 m^2. Hier lässt sich auch die ebenfalls geschützte Weiße Seerose kultivieren. Besser zurecht kommt die verwandte Seekanne (*Nymphoides peltata*) in flachen Wasserstellen bei 20 bis 50 cm Wassertiefe. Auch diese seltene Staude braucht einen nährstoffreichen Grund. Sie gedeiht vorzugsweise in kalkarmem Wasser und kann gut mit Regenwasser versorgt werden. Herzlöffel (*Caldesia parnassifolia*), eine weitere stark gefährdete Art, die in Deutschland nur noch in zwei Fischweihern in Bayern vorkommt, ist im Garten gleichermaßen auf eine flache Wasserstelle angewiesen. Sie lässt sich sogar in einer Mörtelwanne dauerhaft kultivieren. Der Zwergrohrkolben (*Typha minima*), der ebenfalls auf der Roten Liste der gefährdeten Pflanzen steht, wächst besser im Flachwasser eines Gartenteiches oder auch in einem speziellen Sumpfbecken. Hier kann er zusammen mit der stark gefährdeten Sibirischen Schwertlilie (*Iris sibirica*) in nährstoffreichen Boden eingesetzt werden. Der sogenannte Moorenzian oder besser Sumpfstern (*Swertia perennis*) braucht hingegen einen sauren Boden.

Bezugsquellen: Natürlich dürfen bedrohte Pflanzen nicht am natürlichen Standort entnommen werden – es sei denn, der Bestand ist ohnehin durch Bauvorhaben gefährdet. Viele Wasserpflanzen, die auf der Roten Liste stehen, sind in jedem Gartencenter zu bekommen, so etwa Fieberklee, Seekanne oder Teichrose.
Raritäten bieten spezielle Wasserpflanzen-Züchter an. Adressen sind im Internet über eine Suchmaschine z.B. nach der Eingabe des Suchbegriffes „Wasserpflanzen" zu finden.

Gefährdete Wasserpflanzen

Alisma gramineum, Grasblättriger Froschlöffel
Apium inundatum, Flutender Sellerie
Baldellia ranunculoides, Igelschlauch (s. Abb. Seite 94)
Caldesia parnassifolia, Herzlöffel (s. Abb. Seite 94)
Calla palustris, Sumpfschlangenwurz (siehe auch S. 97)
Carex aquatilis, Wassersegge
Carex limosa, Schlammsegge
Cyperus flavescens, Gelbliches Zypergras
Cyperus longus ssp. longus, Langes Zypergras
Eleocharis mamillata, Zitzensumpfbinse (s. Abb. Seite 94)
Eleocharis multicaulis, Vielstengelige Sumpfbinse
Eleocharis ovata, Eiförmige Sumpfbinse
Eleocharis quinqueflora, Armblütige Sumpfbinse
Eriophorum gracile, Zierliches Wollgras (s. Abb. Seite 94)
Eriophorum latifolium, Breitblättriges Wollgras
Hottonia palustris, Wasserfeder (siehe auch S. 106)
Hydrocharis morsus-ranae, Froschbiss (s. Abb. Seite 94)
Iris sibirica, Sibirische Schwertlilie (s. Abb. Seite 94)
Isoetes echinospora, Stacheliges Brachsenkraut
Isoetes lacustris, Seebrachsenkraut
Isolepis fluitans, Flutende Simse
Juncus stygius, Moorbinse
Lobelia dortmanna, Wasserlobelie
Ludwigia palustris, Sumpfheusenkraut
Luronium natans, Schwimmendes Froschkraut
Lysimachia thyrsiflora, Straußgilbweiderich (s. Abb. Seite 94)
Lythrum hyssopifolia, Ysopblutweiderich
Menyanthes trifoliata, Fieberklee (siehe auch S. 95)
Myosotis rehsteineri, Bodenseevergißmeinnicht
Nuphar pumila, Kleine Teichrose
Nymphaea kandida, Kleine Seerose
Nymphoides peltata, Seekanne (siehe auch S. 110)
Oenanthe-Arten, Wasserfenchel
Parnassia palustris, Sumpfherzblatt
Pedicularis palustris, Sumpfläusekraut
Potamogeton-Arten, Laichkraut (siehe auch S. 110)
Ranunculus tripartitus, Dreiteiliger Wasserhahnenfuß
Schoenoplectus-Arten, Teichsimse (s. Abb. Seite 94)
Senecio paludosus, Sumpfgreiskraut
Sparganium angustifolium, Schmalblättriger Igelkolben
Sparganium minimum, Zwergigelkolben
Stratiotes aloides, Krebsschere (siehe auch S. 95)
Swertia perennis, Sumpfstern
Trapa natans, Wassernuß (siehe auch S. 113)
Typha minima, Zwergrohrkolben (siehe auch S. 107)
Typha shuttleworthii, Shuttleworths Rohrkolben
Utricularia-Arten, Wasserschlauch (siehe auch S. 111)
Wolffia arrhiza, Zwergwasserlinse

Gefährdete Wasserpflanzen

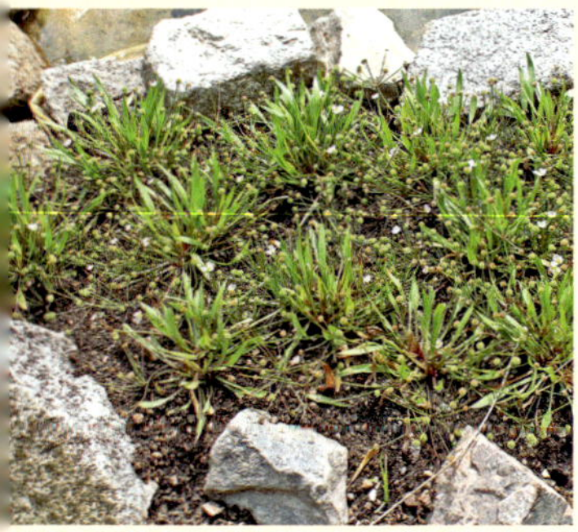

Baldellia ranunculoides, Igelschlauch

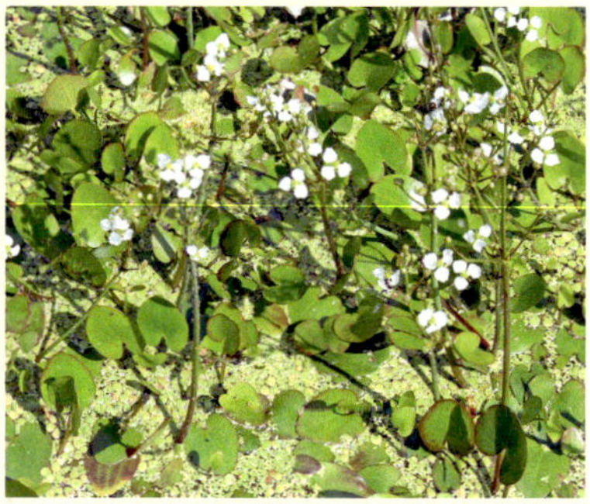

Caldesia parnassifolia, Herzlöffel

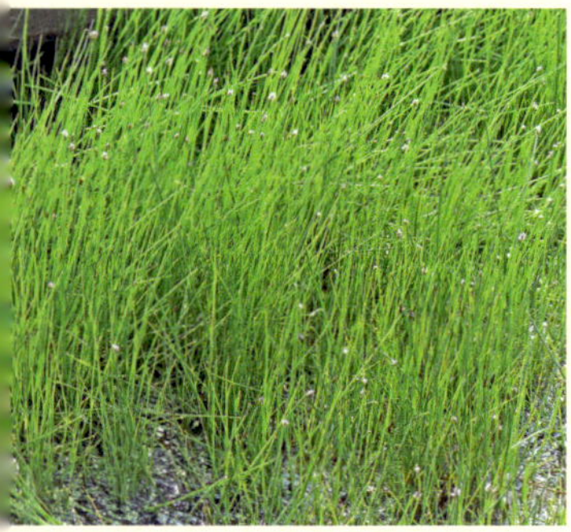

Eleocharis mamillata, Sumpfried

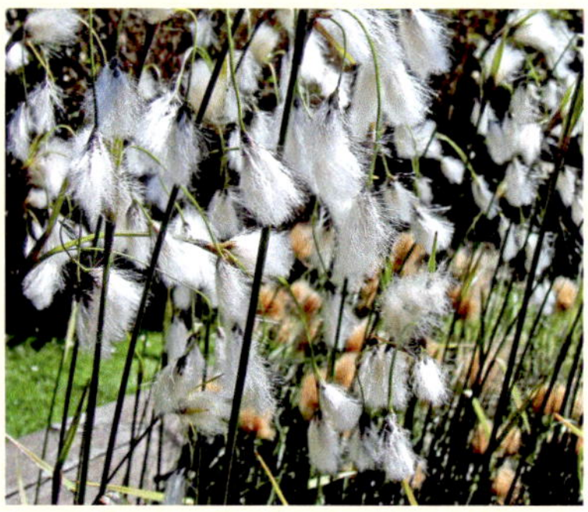

Eriophorum gracile, Zierliches Wollgras

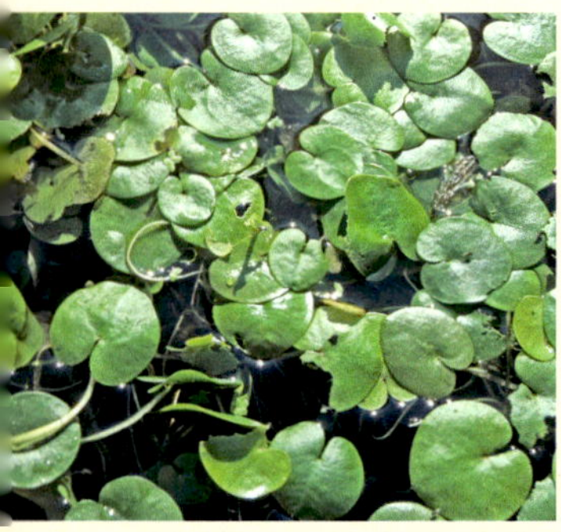

Hydrocharis morsus-ranae, Froschbiss

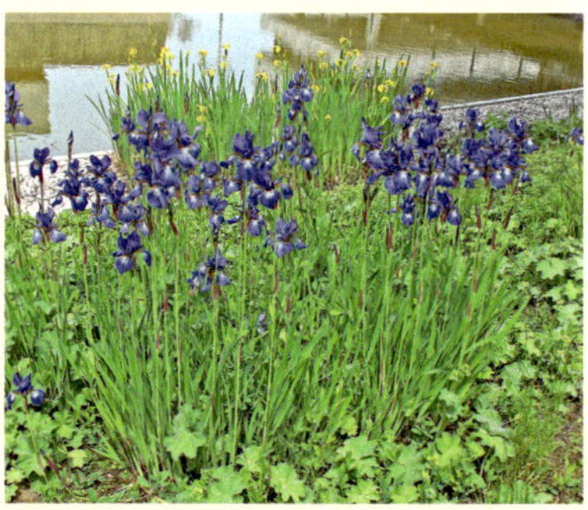

Iris sibirica, Sibirische Schwertlilie

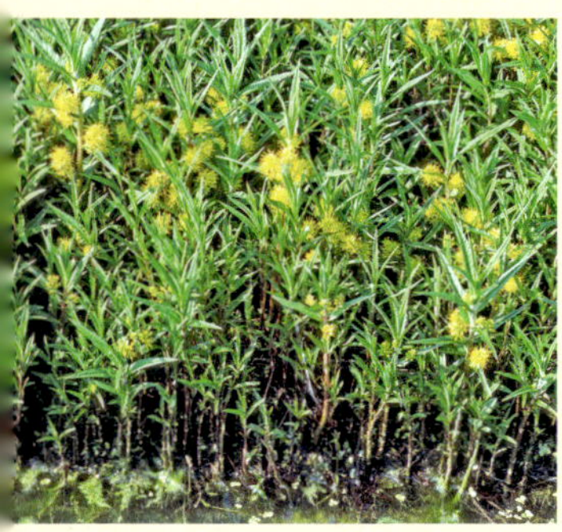

Lysimachia thyrsiflora, Straußgilbweiderich

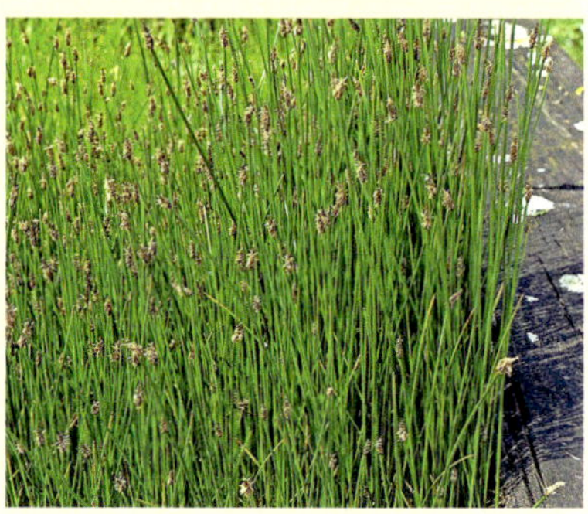

Schoenoplectus, Teichsimse

Gehölze und Stauden

Der Wassergarten ist nicht nur auf nasse oder feuchte Zonen beschränkt. Der Ufergürtel kann mit Gehölzen wie Zwerg- oder Kopfweiden und den dazu passenden Blütenstauden wie Weiderich (mit seiner Fülle an rosa Blüten) und Felberich (mit seinem leuchtend gelben Flor) attraktiv gestaltet werden. Wird die Auswahl nicht auf typische Wasser- und Uferpflanzen beschränkt, können auch Pflanzen wie Rittersporn, Phlox, Lupinen und eine Reihe anderer Blütenstauden nahe am Wasser gedeihen. Dazu passen Blütengehölze wie Forsythien, Zierkirschen oder Weigelien. Selbst Kräuter wie Salbei oder Lavendel und dekorative Nutzpflanzen wie Artischocken, Zucchinis, Rhabarber oder Mais können am Wasser gepflanzt werden, ebenso einjährige Sommerblumen wie Tagetes, Ageratum oder auch große Sonnenblumen.

Wasserpflanzen vermehren

Nachwuchs für den Gartenteich: Da die meisten Wasserpflanzen, die in Gartenteichen gedeihen, Stauden sind, lassen sie sich einfach durch Teilstücke vermehren (Tab. 9.4, S. 92). Stauden treiben im Frühjahr aus dem Wurzelwerk aus und bringen ihre krautigen Triebe, Blätter und Blütenstängel hervor. Nach der Samenreife sterben sie überirdisch ab und überdauern bis zur nächsten Saison im Boden. Wasserschwertlilien (*Iris pseudacorus*), Blutweiderich (*Lythrum salicaria*), Sumpfdotterblumen (*Caltha palustris*) u.a. durch Teilung zu vermehren, bietet sich im Zuge einer Teichrenovierung an. Dabei werden alte Horste in mehrere Stücke zerteilt und nach der Reinigung des Teichbeckens wieder eingesetzt. Die beste Zeit dafür ist im Frühjahr vor dem Austrieb. Bei Wasserpflanzen, die sich durch „Kindel" oder Ausläufer selbst vermehren, lassen sich die Jungpflanzen einfach abfischen. Das gilt z.B. für den Wasserstern (*Callitriche palustris*), die Krebsschere (*Stratiotes aloides*) oder die Wasserpest (*Elodea canadensis*). Von Wasserpflanzen, die fleischige Wurzelrhizome bilden wie z.B. Seerosen (*Nymphaea-Sorten*), Teichrosen (*Nuphar lutea*) oder Fieberklee (*Menyanthes trifoliata*) werden Teilstücke der dicken Hauptwurzeln vorsichtig mit einem Messer abgeschnitten. Auch hier ist der beste Zeitpunkt wieder, wenn bei einem zugewucherten Teich das Wasser abgepumpt ist und die Wurzeln trocken liegen. Sie können dann mit einem scharfen Messer geteilt und in Körbe gepflanzt oder wieder in vorbereitete Mulden gesetzt werden. Arten wie Schilfrohr (*Phragmites australis*) und Rohrkolben (*Typha-Arten*) vermehren sich selbst stark durch Wurzelausläufer und eignen sich nur für große Teiche, wenn sie nicht in ihrem Wachstum begrenzt werden.

Sämlinge nutzen: Bei günstigen Wachstumsbedingungen siedeln sich Wasserpflanzen selbst an. Weidenröschen (*Epilobium*), Blutweiderich (*Lythrum salicaria*), Wollgras (*Eriophorum*) und andere Stauden bilden Samen, die sich selbst aussäen bzw. die zur Aussaat benutzt werden können (geschlechtliche Vermehrung).

Brutknospen: Herzlöffel (*Caldesia parnassifolia*), eine stark gefährdete Art, ist im Gartenteich auf eine flache Wasserstelle angewiesen. Sie vermehrt sich durch Brutknospen. Die Pflanzen bilden bis zum Herbst eine Menge dieser Knöllchen. Sie sinken auf den Teichboden und bleiben den Winter

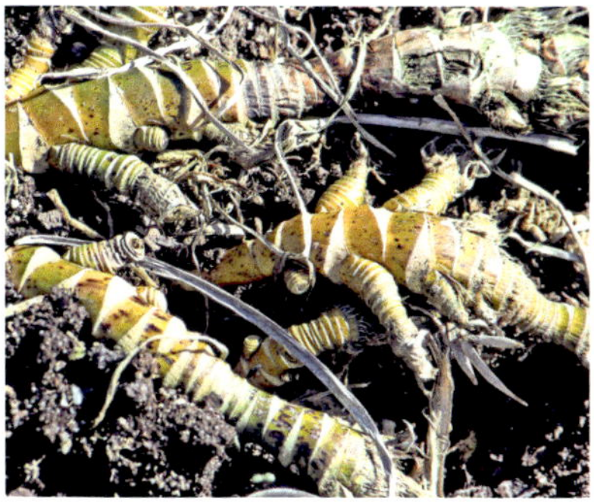

Acorus calamus, Kalmus; Vermehrung durch Wurzelteilung

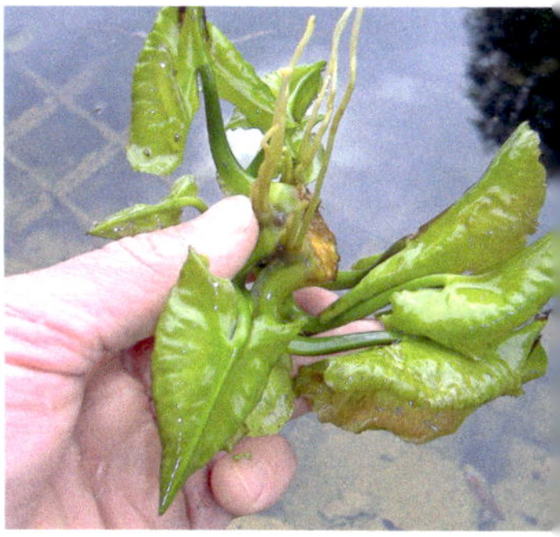

Nymphea, Seerose, hier: bewurzeltes Teilstück

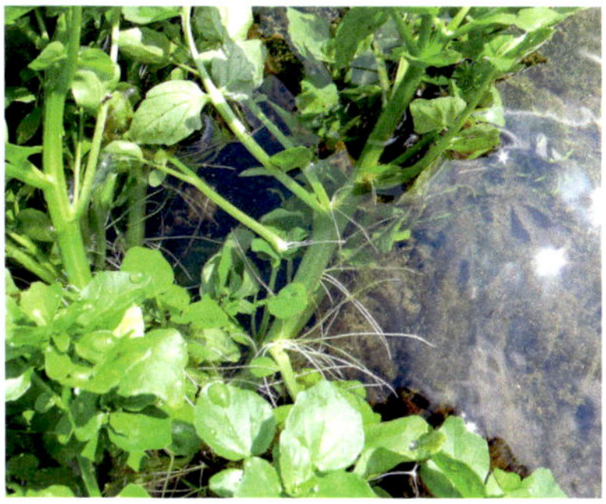

Nasturtium officinalis, Brunnenkresse; Vermehrung durch Faserwurzeln

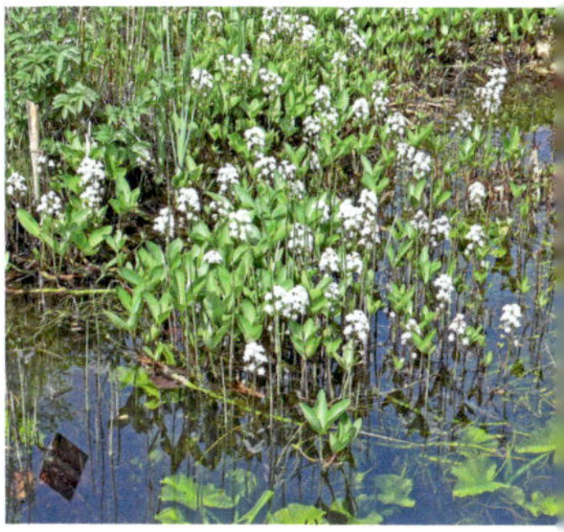

Menyanthes trifoliata, Fieberklee; Vermehrung durch Wurzelteilung

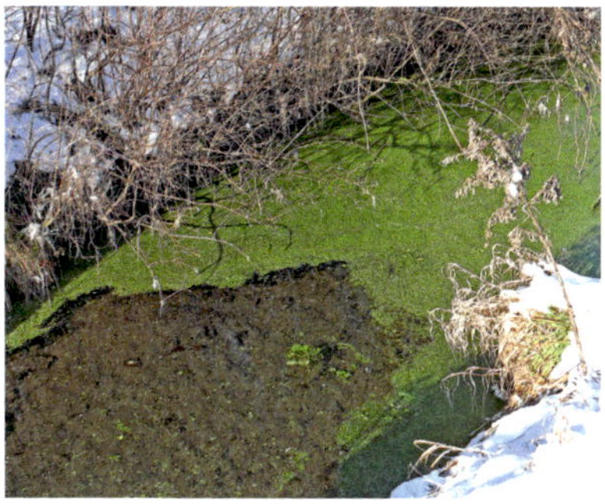

Lemna minor, Wasserlinse; Vermehrung durch Sprossung

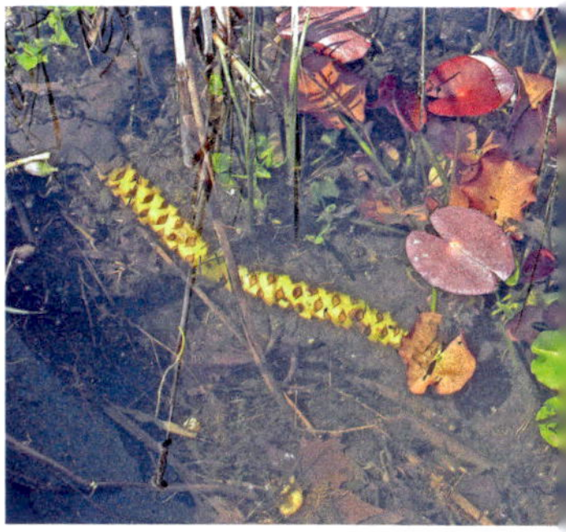

Nupha lutea, Teichrose; Vermehrung durch Wurzelteilung

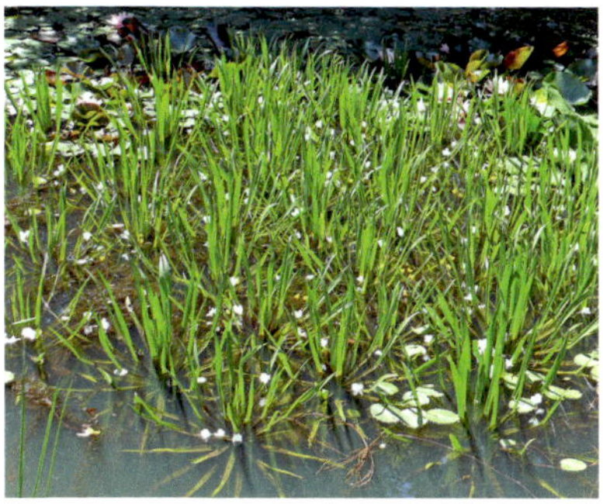

Stratiotes aloides, Krebsschere; Vermehrung durch Ausläufer („Kindel")

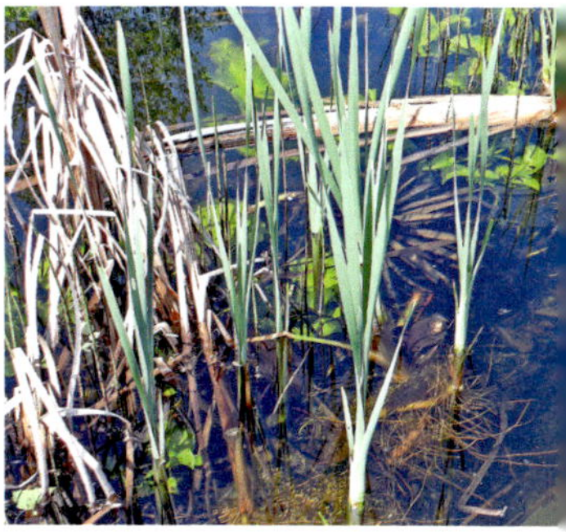

Typha, Rohrkolben; Vermehrung durch Wurzelausläufer

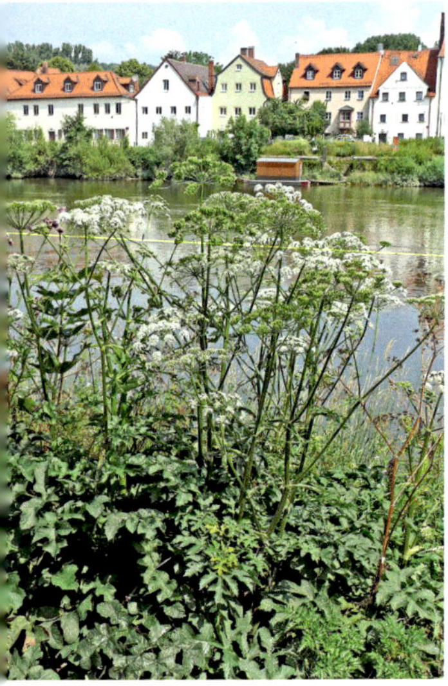

Vorsicht vor dem Bärenklau

Viele Pflanzen breiten sich unerwünscht von selbst aus. Eine besonders wüchsige Art ist der Bärenklau alias Herkulesstaude (oben). Die Aussaat dieses Doldenblütlers lässt sich verhindern, indem die Dolden vor der Samenreife abgeschnitten werden. Die Blätter der Wildpflanze enthalten übrigens ein Nesselgift, das bei Berührung schlimme Blasen verursachen kann. Es wirkt jedoch nur an sonnigen Tagen!

über erhalten. Die Pflanzen selbst sterben ab. Im Frühjahr treiben die Brutknospen aus und entwickeln sich wieder zu neuen Pflanzen. Auf diese Weise bleibt der Bestand erhalten. Die kleinen Wasserpflanzen können durch Brutknospen oder durch das Abfischen einiger erwachsener Pflanzen vermehrt werden.

Keine Wasserlinsen einschleppen: Auch Nachbarn und Bekannte geben gerne Teilstücke von Wasserpflanzen ab, wenn sie einen dichten Teichbestand haben. Es empfiehlt sich, darauf zu achten, dass der Mutterpflanzen-Teich nicht mit Wasserlinsen (*Lemna minor*) besiedelt ist. Diese ungeheuer vitalen Schwimmblattpflanzen breiten sich sonst im eigenen Teich aus und sind nur noch mühsam wieder loszuwerden. Wo sie ungehindert wachsen dürfen, bedecken sie die Wasseroberfläche in wenigen Jahren mit ihrem Grün.

Die Bepflanzung eines Teiches ist – außer bei Frost jederzeit möglich. Als Substrat eignen sich Sand oder Kies, die mineralisch sind und keine organischen Teile mit einbringen. Auch lehmige Gartenerde ist nutzbar, wenn sie in abgegrenzten Nischen, Pflanzinseln oder in Töpfen eingefüllt wird. Gartenerde darf in großen Mengen nicht in den Teich gelangen, sie enthält zu viele Nährstoffe, die das Algenwachstum im Wasser begünstigen. Absolut ungeeignet und schädlich ist Kompost oder ein anderes sehr nährstoffreiches Substrat.

Exkurs: Kopfweiden für das Teichufer selbst ziehen

Weidenbäume sind sehr schnittverträglich. Die elastischen Weidenruten eignen sich vorzüglich für Flechtwerk, also auch zur Uferbefestigung (Abb.3.21, S. 21). Am schönsten wirken am Wasser die gelbholzigen Korbweiden (*Salix viminalis*), oder auch Silberweiden (*S. alba*). Jungpflanzen lassen sich leicht aus Steckhölzern ziehen. Dazu werden junge Triebe (etwa von einem schönen alten Weidenbaum) im Winter geschnitten, auf Scherenlänge eingekürzt und in Töpfe mit feuchtem Sand gesteckt. Die Triebe bilden schon im nachfolgenden Sommer Wurzeln. Kräftige Jungpflanzen können dann bereits im Herbst ausgepflanzt werden. Sie dürfen bis zu einer gewünschten Kronenhöhe aufwachsen, dann werden sie geköpft. Nach dem Rückschnitt bringen sie aus der Schnittstelle mehrere Triebe hervor. Diese werden im nächsten Winter wieder bis auf kurze Stummel gestutzt. Aus jedem dieser Stummel treiben wieder junge Triebe. Nach und nach bildet sich auf diese Weise ein typischer Weidenkopf. Ein Weidenbaum hat selbst in einem kleinen Garten ausreichend Platz und kommt besonders am Gartenteich gut zur Geltung, wenn er regelmäßig gestutzt wird.

Pflanzen-Porträts (Auswahl)

Pflanzen für die Sumpfzone (feucht bis 30 cm Wassertiefe)

Blumenbinse (Schwanenblume)

Butomus umbellatus; Butomaceae

Blumenbinsen sind in Europa, Nordafrika und Asien heimisch. In Nordamerika wurden sie angesiedelt. Die mehrjährigen Stauden bilden gelegentlich ausgebreitete Bestände. Sie wurzeln im Schlamm und treiben lange grüne Blatthalme nach oben, die etwa 1 m lang werden können. Das Besondere sind die rosaroten Blütenstände, die sich im Sommer mehr als 1 m hoch aus dem Wasser erheben.

Standort: Die Blütenstauden brauchen einen nährstoffreichen Boden bei etwa 10-30 cm Wasserstand. Vollsonnige Teichränder bekommen ihnen am besten. Hier breiten sie sich durch Ausläufer aus und vermischen sich mit anderen Flachwasserpflanzen. Blumenbinsen können in großen und kleinen Wassergärten sowie in Wasserbecken in Gruppen oder als einzelne Exemplare gepflanzt werden. Eine zu üppige Ausbreitung lässt sich durch nur das stellenweise Einbringen von Erde verhindern.

Pflege/Vermehrung: Die Kultur der Blumenbinsen erfordert keinen besonderen Aufwand. Sobald die Pflanzen Fuß gefasst haben, breiten sie sich zunehmend aus. Frost schadet ihnen nicht. Die Vermehrung ist durch Abtrennen von Wurzelausläufern kein Problem.

Arten/Sorten: Außer der beschriebenen keine weiteren Arten

Sumpfkalla

Calla palustris; Araceae

Die Sumpfkalla ist ein etwas empfindliches Gewächs für spezielle Sumpfzonen. In einer Mischpflanzung geht sie bald im Dickicht anderer, wüchsigerer Arten zugrunde. Sie kommt in Nord- und Mitteleuropa vor allem in Mooren wild vor, wo sie von konkurrierenden Pflanzen verschont bleibt. Die mehrjährige Staude breitet sich durch Wurzelrhizome aus. Sie bringt kleine ledrige Blätter und im Mai/Juni auffällige weiße Blüten hervor. Diese entwickeln sich zu roten Fruchtkolben. Die Pflanze steht unter Naturschutz.

Standort: Ein freier, sonniger Platz in ständig nassem, saurem Boden ist Voraussetzung für die erfolgreiche Ansiedlung dieser Moorpflanze. Kalkhaltiges Wasser ist ungeeignet.

Pflege/Vermehrung: Neben der Versorgung mit kalkfreiem Wasser und dem Freihalten des Standortes von konkurrierenden Pflanzen benötigt die Sumpfkalla keine besondere Pflege. Die Vermehrung ist durch bewurzelte Ausläuferstücke oder auch durch Aussaat möglich.

Arten/Sorten: Nur eine Art

Sumpfdotterblume

Caltha palustris; Ranunculaceae

Neben Wasserschwertlilien macht sich die Sumpfdotterblume als willkommener Frühblüher bemerkbar. An Bächen breitet sich diese mehrjährige, winterharte Blütenstaude gelegentlich wild aus. Sie kommt in Europa, Asien und Nordamerika vor. Die dottergelben Blüten öffnen sich im März/April. In Kultur sind auch weiße Sorten zu finden. Obwohl Sumpfdotterblumen vorzugsweise am Wasser wachsen und ein wechselfeuchtes Milieu am besten vertragen, nehmen sie

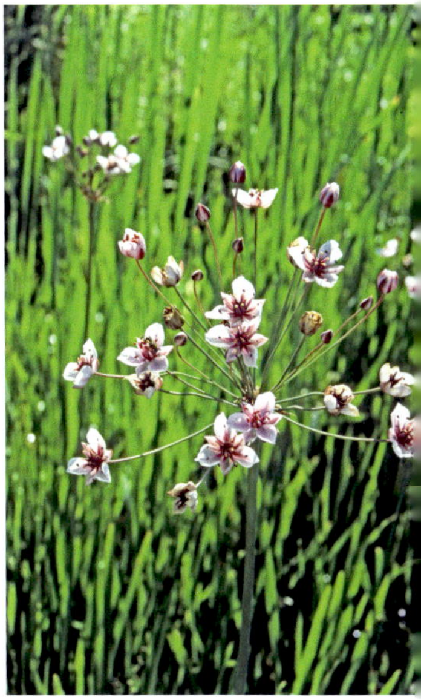

Butomus umbellatus,
Blumenbinse

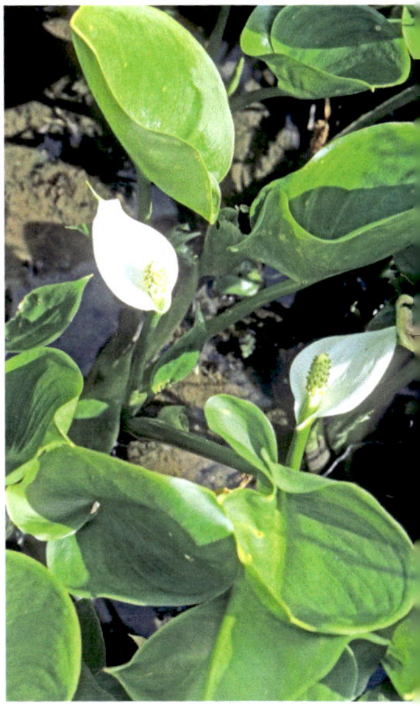

Calla palustris,
Sumpfcalla

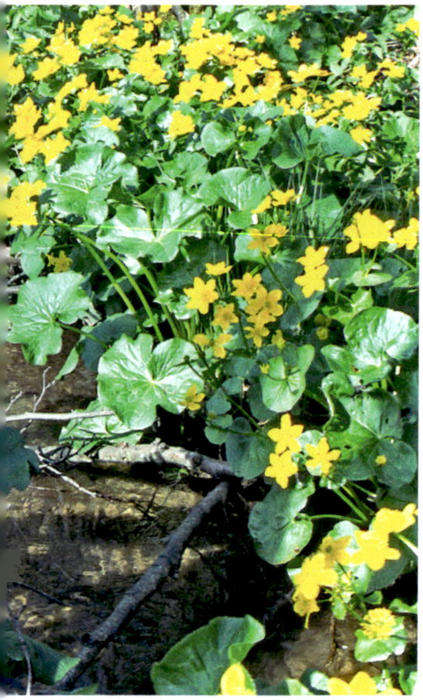

Caltha palustris,
Sumpfdotterblume

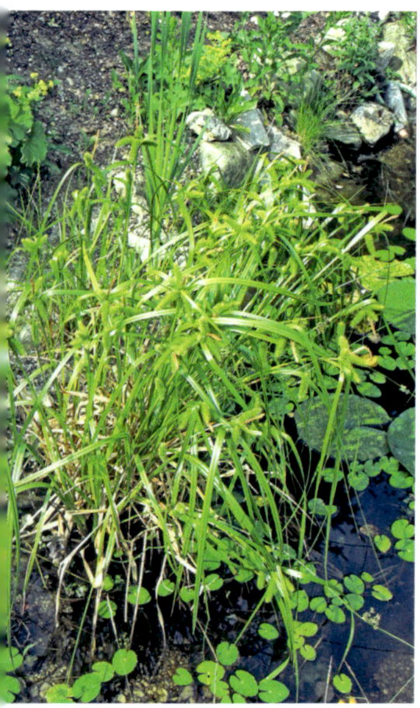

Carex pseudocyperus,
Sumpfsegge

auch gelegentliche Trockenheit hin. Die Ansiedlung ist allein wegen des frühen Flores empfehlenswert. Nach der Blüte, die nur wenige Wochen anhält, passt sich die Sumpfdotterblume der übrigen Ufervegetation an.
Standort: In der Natur kriecht die Sumpfdotterblume an Bächen entlang. Im Garten lässt sie sich sowohl an fließendem Wasser als auch an Teichen ansiedeln. Sie verträgt Sonne gleichermaßen gut wie Schatten, zumal sie ihre Blüten vor der Laubentfaltung schattierender Büsche und Bäume hervorbringt. Der Boden sollte stets wechselfeucht sein, obwohl die tolerante Staude sowohl ständige Nässe als auch gelegentliche Trockenheit hinnimmt. Am besten wirken Sumpfdotterblumen in kleinen Gruppen an freien Stellen im Vordergrund an Teichen, Bächen oder Gräben. Einzelne üppige Exemplare kommen ebenso in Sumpfbecken zur Geltung.
Pflege/Vermehrung: Wichtig ist, dass die kleine Uferstaude frei gehalten wird. Die Konkurrenz anderer wüchsiger Nachbarpflanzen verträgt sie nicht. Leider wird sie manchmal vergessen, zumal sie im Sommer unauffällig wirkt. Im Frühjahr, wenn die Blüte ausbleibt, ist es meistens schon um den Bestand geschehen. Wo in der Natur Bäche oder Gräben von Begradigungen oder „Reinigungen" betroffen sind und neben anderen Wasserpflanzen auch Sumpfdotterblumen vom Bagger bedroht werden, kann für einige Pflanzen der Garten ein Rettungsbereich sein (ansonsten gilt aber: Pflanzen in der Natur stehen lassen). Die Vermehrung ist auch durch Aussaat oder Teilung bereits vorhandener Exemplare möglich.
Arten/Sorten: Neben der beschriebenen gibt es einige andere Arten (z.B. die nordamerikanische *C. leptosepala*). Für den Hausgarten können neben der europäischen Wildform die weißblühende Züchtung *(C. palustris ‚Alba')* und die gefüllt-blühende *(C. p. ‚Multiplex')* empfohlen werden.

Sumpfsegge

Carex pseudocyperus; Cyperaceae

Seggen sind als Wald-, Wiesen- und Wasserpflanzen auf der nördliche Erdhalbkugel weit verbreitet. Es gibt mehr als 30 sommer- und immergrüne Arten. Davon lassen sich einige im Wassergarten ansiedeln. Ständige Nässe vertragen aber nicht alle. Im Wasser lässt sich z.B. die Scheinzypergras-Segge ansiedeln. Diese sommergrüne Graspflanze bildet üppige Büschel, die im Sumpf wurzeln und etwa Kniehöhe errreichen. Sie bringen im Mai überhängende Blütenähren hervor.
Standort: In großen Wassergärten dürfen sich Seggen als bodendeckende Gräser auch im Schatten von Gehölzen in Uferzonen gerne ausbreiten, zumal sie etwas Urwüchsiges, Wildes an sich haben. Wo andere, empfindlichere Pflänzchen bedrängt werden, werden sie besser nicht angesiedelt oder nur vereinzelt in Kolks bzw. eingegrenzten Zonen. Die zur Familie der Zypergrasgewächse zählenden Gräser nehmen Sonne oder Schatten in ständig feuchtem Boden gleichermaßen hin. Die Anpflanzung ist auch in Wasserbecken möglich.
Pflege/Vermehrung: Die Sorge um Carex-Arten dreht sich mehr um ihre Einschränkung als um den Erhalt. Wo sie günstige Bedingungen finden, breiten sich Seggen durch Wurzelausläufer und Samen aus. Es gilt deshalb in Wassergärten, den Bestand in Zaum zu halten und zwar auch von typischen Wasserpflanzen wie etwa *Carex pseudocyperus*. Die welken Blätter können – wie übrigens auch bei ande-

ren sommergrünen Arten – im Winter stehen bleiben, wo sie bereift oder auch nur durch die braune Farbe weiterhin dekorativ wirken. Die Pflanzen verkümmern dann bis zum Frühjahr und werden von frischen Trieben überwallt. Eine gezielte Vermehrung ist am einfachsten durch Teilung möglich.
Arten/Sorten: Neben der Scheinzypergras-Segge gibt es einige andere, die im Wasser wachsen (z.B. *C. riparia, C. gracilis)* und eine ganze Reihe für nicht nasse Plätze am Teichrand.

Wollgras

Eriophorum-Arten; Cyperaceae

Die Vielfalt der Gräser bietet neben immergrünen (z.B. bestimmte Seggen) und ungewöhnlich großen (z.B. Papyrus) auch seltsam blühende wie das Wollgras. Während die Pflanze selbst wenig attraktiv wirkt und vielleicht sogar stört, wenn sie sich zu stark ausbreitet, sehen ihre Blüten wie kleine weiße Fahnen aus, die im Wind wehen. Die Blütezeit beschränkt sich auf wenige Wochen im April/Mai. Wollgräser sind in vielen Regionen der Erde verbreitet. Weite Bestände sind vor allem in Mooren zu finden, zumal die Pflanzen sauren Boden brauchen.
Standort: Alle Wollgräser benötigen ständig nassen Boden in sonniger Lage. Als typische Moorpflanzen entwickeln sie sich nur in saurem Substrat gut. Im Wassergarten bekommen sie einen Platz in der Sumpfzone oder in Verlandungszonen von Naturteichen. Wo sie sich ausbreiten können, bilden sie dichte Rasen.
Pflege/Vermehrung: Die frostharten Gräser gedeihen in einem ständig nassen Milieu. Sie vertragen aber kein kalkhaltiges Wasser und müssen mit Regenwasser versorgt werden. Eine besondere Pflege ist nicht nötig. Ein Rückschnitt ist möglich und wirkt der Verfilzung entgegen. Wollgräser säen sich selbst aus, wenn sie auf fruchtbaren Boden fallen. Die vegetative Vermehrung ist wie bei allen Gräsern durch Teilung möglich.
Arten/Sorten: Neben dem Scheiden-Wollgras *(E. vaginatum)*, sind das Breitblättrige Wollgras *(E. latifolia)* und das Schmalblättrige Wollgras *(E. angustifolia)* in der Wasserpflanzen-Abteilung der Stauden-Gärtnereien zu bekommen.

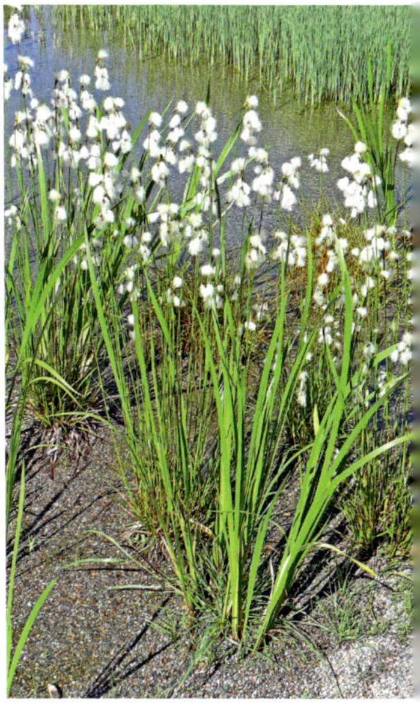

Eriophorum-Arten,
Wollgras

Wasserschwaden (Wasser-Süßgras)

Glyceria maxima; Gramineae

Diese wuchernde Wasserpflanze, die in Europa heimisch ist, nimmt in wenigen Jahren ganze Flussufer, Teichränder und Baggerseen in Besitz. Das geschieht mit dicken Wurzelrhizomen, die auch mit der Strömung an neuen Ufern landen, wenn sie z.B. bei einem Sturm losgerissen werden. Sie dringt aber nicht weit ins tiefe Wasser vor. Offenbar wird dieses mehrjährige Süßgras (Familie: *Gramineae)* gut mit wechselfeuchten Standorten fertig. Die üppigen, etwa 1 m hohen Horste sind oft noch im Winter grün, was sie natürlich recht wertvoll macht. Die typischen Gräser-Blüten, die sich im Juli/August entfalten, sind weniger auffällig.
Standort: Wasserschwaden stehen am besten ständig mit den Wurzeln im Wasser. Wechselnde Wasserstände z.B. durch Hochwasser nehmen sie ohne Schwierigkeiten hin. Sie breiten sich selbst auf Kiesbänken aus, sobald sich eine Schlammschicht bildet. Die Lage kann sonnig oder schattig sein. Für kleine Wassergärten sind diese Pflanzen zu wüchsig. Wasserschwaden eignen sich nur zur Uferbegrünung großer Gewässer oder als Filterpflanze in Klärbecken.

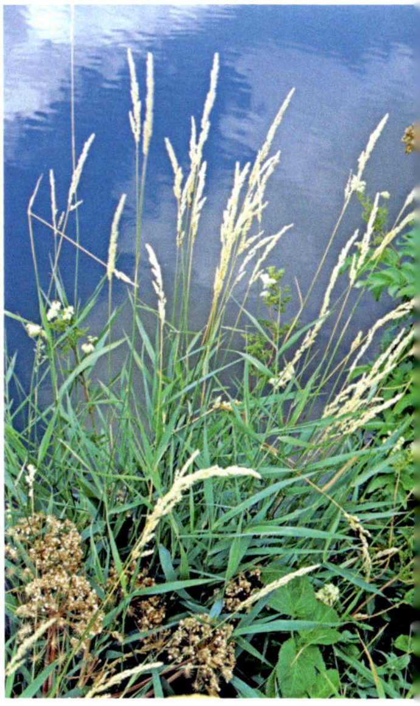

Glyceria maxima,
Wasserschwaden

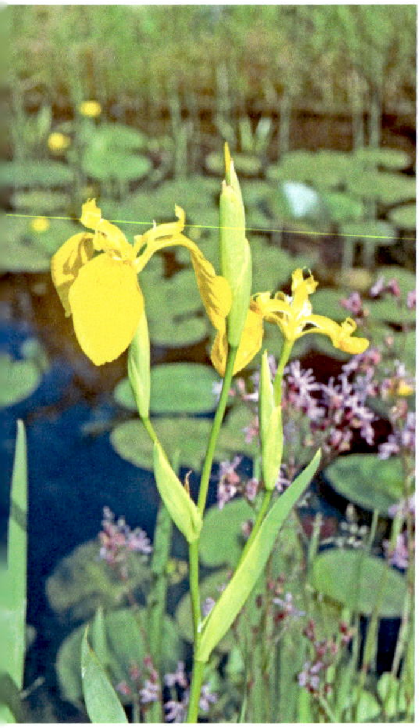

Iris pseudacorus,
Wasserschwertlilie

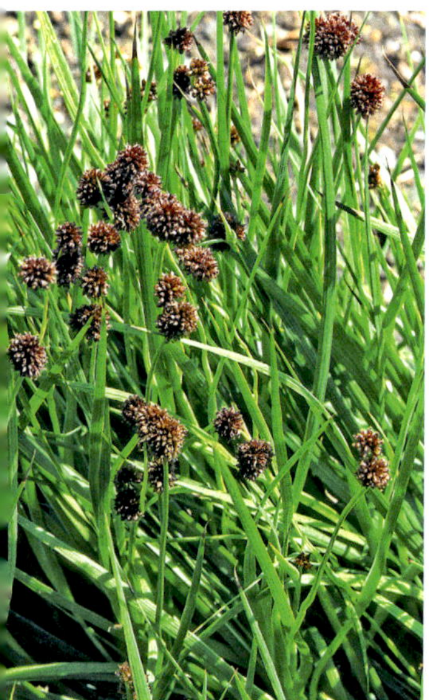

Juncus-Arten,
Binse

Pflege/Vermehrung: Wo dieses oft wintergrüne Süßgras wuchern darf, braucht es keine Pflege. Um der Verlandung in einem Teich durch abgestorbene Pflanzenteile vorzubeugen, kann es aber im Herbst oder Frühjahr abgeschnitten werden. Es verjüngt sich in der folgenden Saison aus dem Wurzelstock. Die Vermehrung gelingt am einfachsten durch Teilstücke der dicken Wurzelrhizome, die nur in den Schlamm gesteckt werden.
Arten/Sorten: Neben der großen Art breitet sich gelegentlich eine kleinere kriechend an Gewässern aus *(G. fluitans)*. Zudem ist eine weiß-grüne Sorte erhältlich *(G. maxima ‚Variegata')*.

Wasserschwertlilie

Iris pseudacorus; Iridaceae

Eine der wohl schönsten Wasserpflanzen, die in Europa, Vorderasien, Nordafrika und Nordamerika wild an Bächen, Flüssen und Seen vorkommt, ist die Wasserschwertlilie. Der botanische Name weist auf ihre Ähnlichkeit mit dem Kalmus *(Acorus calamus)* hin. Diese sind jedoch geruchlos und sie bleiben oft bis in den Winter grün. Zu erkennen ist diese mehrjährige Flachwasserstaude an ihren gelben Blüten, die sich im Juni öffnen. Die üppigen Staudenhorste erreichen mehr als 1 m Höhe. Die Blüten ragen darüber hinaus.
Standort: Obwohl sie unter Naturschutz steht, kommt die Wasserschwertlilie recht häufig an natürlichen Gewässern wild vor. Sie braucht einen ständig feuchten Boden am Ufer, verträgt aber auch wechselnden Wasserstand z.B. durch Hochwasser. Im Wassergarten passt die Wasserschwertlilie vorzugsweise in die Feuchtzone; sie lässt sich ebenso an Bächen und Gräben sowie in Wasserbecken ansiedeln.Der Boden muss nährstoffreich sein. Die Lichtverhältnisse sind weniger wichtig. Sowohl vollsonnige als auch halbschattige Plätze werden hingenommen.
Pflege/Vermehrung: Die recht robuste und völlig frostharte Wasserschwertlilie sollte – sobald sie erfolgreich angesiedelt ist – ungestört wachsen dürfen. Dann entwickelt sie von Jahr zu Jahr üppigere Horste, die regelmäßig blühen. Die Vermehrung ist durch bewurzelte Ausläufer möglich.
Arten/Sorten: Neben der Wildform ist eine weiß-grün blättrige Züchtung namens *Iris pseudacorus ‚Variegatus'* erhältlich.

Binse

Juncus-Arten; Juncaceae

Binsen sind auf der ganzen Erde verbreitet. Sie zählen auch in Europa zu den häufigsten Wasserpflanzen. Es gibt einige Arten, die an den festen, runden Halmen erkennbar sind. Sie bilden dichte Büschel, die oft bis in den Winter grün bleiben. Je nach Art entwickeln sie gedrungene, etwa 30 cm hohe Polster wie die Zwergbinse *(J. ensiflorus)* oder üppige Grashorste mit mehr als 1 m Höhe wie die Flatterbinse *(J. effusus)*.
Die kleinen, brauen Blütenköpfchen öffnen sich von Juni bis September. Die Samen fliegen dann im Herbst aus.
Standort: Die kleinen Binsen bilden schöne Polster an Teichen, Gräben und Bächen. Die hohen Arten wie z.B. Rohrkolben oder Schilf passen besser in den Hintergrund oder in Klärbecken. Alle Arten lassen sich auch in Wasserbecken ansiedeln. Binsen gedeihen auf wechselfeuchten Plätzen an Bächen, Teichen oder Seen. Die hohen Arten, insbesondere Flatterbinsen, dringen auch in tieferes Wasser ein und sind mit Vorsicht anzusiedeln.

Alle Arten brauchen kalkfreien Boden. Die Lage sollte sonnig sein.

Pflege/Vermehrung: Zur Wasserversorgung darf nur kalkfreies Wasser dienen. Wenn die welken Büschel stören, können sie schon im Herbst abgeschnitten werden. Sonst bleiben sie bis zum Frühjahr stehen. Die Pflanzen erneuern sich aber auch ohne Rückschnitt und überwachsen die alten Triebe. Zu sehr wuchernde Horste lassen sich abtrennen und anderenorts als Jungpflanzen nutzen.

Arten/Sorten: Weltweit sind mehr als 20 verschiedene Arten verbreitet.

Scheinkalla

Lysichiton-Arten; Araceae

Die recht schönen, aber seltenen Aronstabgewächse *(Araceae)* aus Nordamerika bzw. Ostasien wurden in europäischen Wassergärten angesiedelt. Die Pflanzen unterscheiden sich durch die Blüten. Die Amerikanische Scheinkalla *(Lysichiton americana)* bringt große gelbe Blüten hervor, die sich im April/Mai öffnen. Die aus Ostasien stammende Scheinkalla *(L. camtschatcensis)* blüht später im Mai/Juni weiß auf. Beide Stauden bilden etwa 20 - 40 cm hohe Büschel mit großen, länglichen Blättern.

Standort: Beide Scheinkalla-Arten brauchen wechselfeuchten, sauren Boden in sonniger bis halbschattiger Lage. Die Scheinkalla-Arten passen sehr gut in Gemeinschaft zu Primeln und anderen Sumpfpflanzen an Bachrändern oder in Moorzonen am Teich. Sie lassen sich ebenso in Wasserbecken kultivieren.

Pflege/Vermehrung: Neben der Versorgung mit kalkfreiem Wasser und der Eindämmung benachbarter Begleitpflanzen bekommt diesen Sumpfstauden ein leichter Frostschutz mit Fichtenreisig gut. Die Vermehrung ist durch Teilung möglich.

Arten/Sorten: Neben den Scheinkalla-Arten kann auch die vewandte Sumpfkalla *(Calla palustris)* zum Einsatz kommen.

Gauklerblume

Mimulus luteus; Scrophulariaceae

Die lange Blütezeit, die vom Mai bis zum September anhält und das gesunde Laub, das bis in den Winter hinein grün ist, machen diese mehrjährige Blütenstaude aus der Familie der Braunwurzgewächse *(Scrophulariaceae)* für den Wassergarten wertvoll. Sie gedeiht an ständig feuchten Plätzen und breitet sich durch Ausläufer und Samen selbst aus. Die mittlerweile in vielen Gärten und Anlagen angesiedelte Staude stammt aus Amerika. Sie wird etwa 30 cm hoch.

Standort: Gauklerblumen gestalten sowohl Bachränder oder Feuchtzonen an Teichen und Gräben durch ihre leuchtend gelben Blüten freundlicher. Hier kriechen sie oft ins Wasser vor.

Pflege/Vermehrung: Außer dem Rückschnitt welker Pflanzenteile und dem Eindämmen zu üppiger Staudenhorste braucht die Gauklerblume keine besondere Pflege. Bei jungen Pflanzungen ist evtl. ein Frostschutz günstig. Die Staude bildet reichlich Samen, der zur Vermehrung dienen kann. Einfacher sind Jungpflanzen durch das Abtrennen bewurzelter Ausläufer zu bekommen. Aber auch unbewurzelte Triebe bilden im Wasser Wurzeln.

Arten/Sorten: Neben der gelben Wildform sind verschiedene andere Arten zu bekommen (z.B. *M. guttatus, M. cupreus)* sowie Züchtungen, wie *Mimulus x tigrinus ,Grandiflorus'* mit großen gelb-roten Blüten.

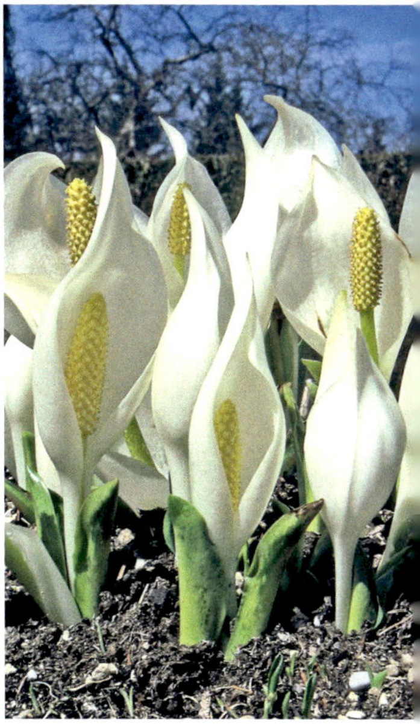

Lysichiton-Arten, Scheinkalla

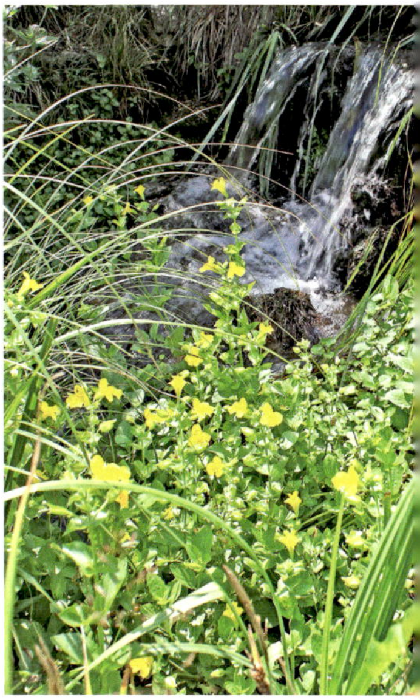

Mimulus luteus, Gauklerblume

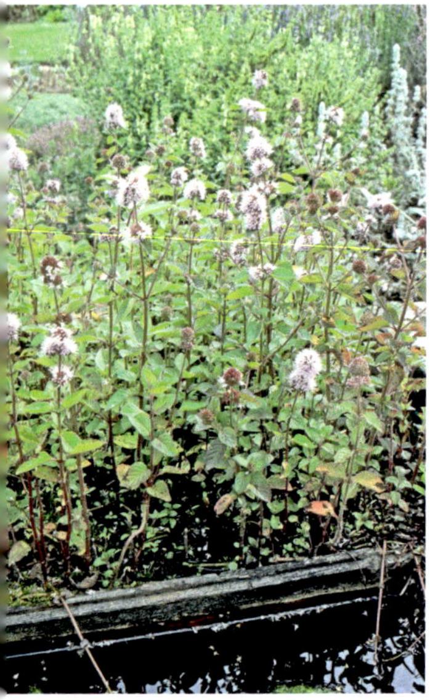

Mentha-Arten,
Minze

Minze

Mentha-Arten; Labiatae

Minzen, die zu den Lippenblütlern zählen, wachsen weltweit in Wiesen, Äckern oder auch im Wasser und bringen etwa 50 cm hohe Kräuter hervor. Eine typische Wasserminze ist die Bachminze *(Mentha aquatica)*. Aber auch andere Arten dringen ins flache Wasser vor oder gedeihen in feuchten Uferzonen. Sie sind gleichermaßen am typischen Geruch erkennbar, der beim Zerreiben der Blätter ausströmt und an den bläulichen Lippenblüten, die sie im Sommer öffnen.

Standort: Die schönen Nutzpflanzen gedeihen auf nährstoffreichen feuchten bis nassen Böden in sonniger Lage. Häufig sind sie an Flüssen oder Bächen verwildert zu finden. Manche Arten dringen bis ins Flachwasser vor.
Pflege/Vermehrung: Die Pflege der vitalen und frostharten Stauden beschränkt sich auf den Rückschnitt der welken Triebe im Herbst oder Frühjahr und das Vermindern zu wüchsiger Büschel. Das blühende Kraut kann im Sommer auch für Tees geerntet werden. Minzen breiten sich stark durch Wurzelausläufer aus, die sich zur Vermehrung nutzen lassen.
Arten/Sorten: Neben der echten Wasserminze *(M. aquatica)* sind mehr als 10 andere Arten sowie Kreuzungen erhältlich. So ist beispielsweise auch die Pfefferminze *(Mentha x piperita)* durch Kreuzung zwischen der Wasserminze *(M. aquatica)* und der Ährenminze *(M. spicata)* entstanden.

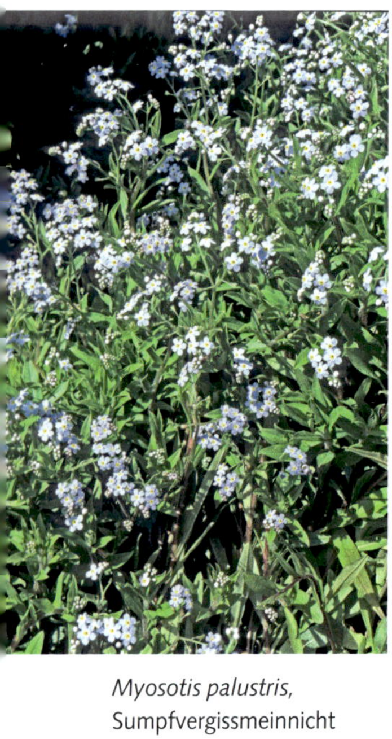

Myosotis palustris,
Sumpfvergissmeinnicht

Sumpfvergissmeinnicht

Myosotis palustris; Boraginaceae

Am oder im Wasser wachsende Vergissmeinnicht-Arten sind von Nordamerika über Europa bis Nordasien verbreitet. Die Borretschgewächse (Familie: *Boraginaceae)* bilden niedrige Polster, die von Mai bis August kleine blaue Blütchen bilden. Das grüne Laub bleibt oft bis weit in den Winter hinein grün, wenn es untergetaucht im Wasser liegt.
Standort: An Bächen, Gräben und Teichen breitet das Sumpfvergissmeinnicht dichte Horste aus. Die schöne Blütenstaude lässt sich in jedem Wassergarten ansiedeln. Am besten bekommt ihr fließendes Wasser z.B. an einem Bach. Sie lässt sich aber auch in Wasserbecken kultivieren. Die Lage kann sonnig oder halbschattig sein.
Pflege/Vermehrung: Nach der Pflanzung braucht die ausdauernde Staude ein wechselfeuchtes Milieu. Wenn sie ungehindert wachsen darf, breitet sie sich vom Ufer ins flache Wasser aus; hier sorgen die grünen Blätter auch im Winter für Sauerstoff. Im Frühjahr können zu stark wuchernde Büschel verkleinert werden. Die Vermehrung ist durch Teilung und durch Aussaat möglich.
Arten/Sorten: Neben der beschriebenen Art ist *Myosotis rehsteineri* empfehlenswert; diese Art zeichnet sich durch zartrosa Blüten und einen bodendeckenden Wuchs aus.

Schilf (Schilfrohr, Rohr)

Phragmites australis; Gramineae

Schilf ist ein weltweit verbreitetes hohes Gras, das besonders an Gewässern dichte Bestände bildet. Es kann aber auch an trockenen Plätzen Fuß fassen. Schilfrohr diente schon immer als Nutzpflanze, z.B. als Dacheindeckmaterial oder auch zum Flechten von Zäunen und Dämmmatten. Die festen Halme können – je nach Standort – 1 - 4 m Höhe erreichen. Die Blütenwedel entwickeln sich im August/ September. Sie bleiben wie die Halme den Winter über stehen, bevor sie im

Frühjahr von frischen Trieben überwuchert werden.
Standort: Schilf ist eine typische Verlandungspflanze an Teichen, Seen und Flüssen, die jedoch nicht ins tiefe Wasser vordringt. Es wächst in jeder Lage und nimmt sowohl Sonne als auch Schatten hin. Im Garten sollte die Ansiedlung vorsichtig geschehen. Die Eindämmung oder Pflanzung in eingegrenzte Bereiche hilft gewöhnlich nicht, zumal die wüchsigen Wurzelausläufer jede Barriere überwallen. In großen naturnahen Teichen oder in Klärbecken sollte diese robuste Graspflanze aber dennoch zum Bestand gehören.
Pflege/Vermehrung: Eine Pflege braucht das Schilfrohr nicht; vielmehr muss es immer wieder reduziert werden. Dabei fallen jede Menge Wurzelausläufer an, die sich zur Vermehrung nutzen lassen. Um der Verwilderung entgegenzuwirken, können die Halme im Frühjahr bis zum Boden zurückgeschnitten werden. Im Winter sollten sie stehenbleiben. Denn besonders dann wirken sie dekorativ.
Arten/Sorten: Schilfrohr ist auf der ganzen Erde verbreitet. Es gibt nur diese eine Art.

Pfeilkraut

Sagittaria-Arten; Alismataceae

Das Pfeilkraut gehört zur Familie der Froschlöffelgewächse *(Alismataceae)*. Weltweit sind mehr als 10 verschiedene Arten verbreitet. Für den Garten kommen insbesondere das Breitblättige Pfeilkraut *(S. latifolia)* und das Pfeilblättrige Pfeilkraut *(S. sagittifolia)* in die engere Auswahl. Beide sind mehrjährige Stauden, die ein aufrechtes, etwa 50 cm hohes Blattwerk entfalten und im Juni/Juli weiße Blüten hervorbringen.
Standort: In nährstoffreichem, ständig nassem Boden in sonniger Lage bildet das Pfeilkraut ausdauernde Bestände. Das Pfeilkraut ist wegen der schönen Blätter und der zarten weißen Blüten eine recht sehenswerte Staude für Flachwasserbereiche in Teichen oder Gräben. Es gedeiht aber auch in Wasserbecken.
Pflege/Vermehrung: Während der Saison ist stets ausreichende Nässe notwendig; im Herbst können die braunen Blätter abgeschnitten werden. Sie verwelken aber ohnehin und kommen der natürlichen Nährstoffversorgung zugute. Die Vermehrung geschieht durch Ausläufer oder Teilung.
Arten/Sorten: Neben den beiden in Europa verbreiteten Arten gibt es mehr als 10 andere, die zum Teil aber nicht winterhart sind (z.B. *S. subulata, S. macrophylla)*.

Simse

Scirpus-Arten; Cyperaceae

Simsen gehören mit dem Schilf, den Rohrkolben, den Binsen und anderen Gräsern zur Randvegetation vieler Gewässer. Sie sind weltweit verbreitet und kommen in vielen Arten vor. Es gibt kleine, die nur 30 cm hoch werden, und große, die 1m Höhe erreichen. Die wenig auffälligen braunen Blüten öffnen sich im Juni/Juli. Die Samen tragen dann zur Verbreitung bei.
Standort: Die Wasserpflanzen-Arten gedeihen vorzugsweise im Flachwasser oder in Überschwemmungsgebieten in sonniger Lage. Die Teichsimse dringt auch in tieferes Wasser vor. In Naturteichen bilden Simsen dichte Bestände in Randzonen. Sie lassen sich auch in Wasserbecken kultivieren.
Pflege/Vermehrung: Simsen müssen wie andere grasartige Wasserpflanzen in Zaum gehalten werden, sonst wuchern sie ein kleines Gewässer in wenigen Jahren zu. Im Frühjahr vor dem

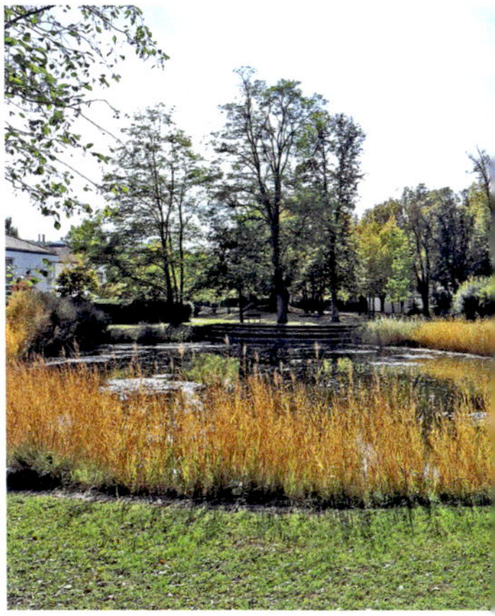

Phragmites australis, Schilf

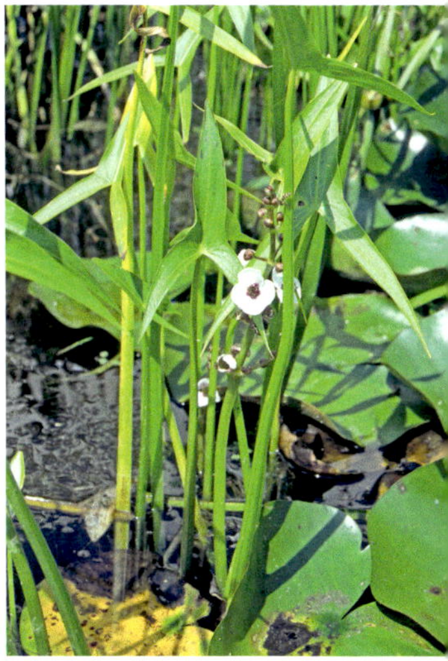

Sagittaria-Arten, Pfeilkraut

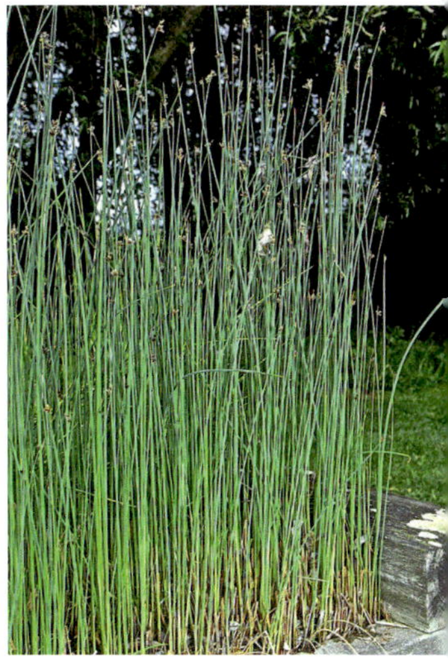

Scirpus-Arten, Simse

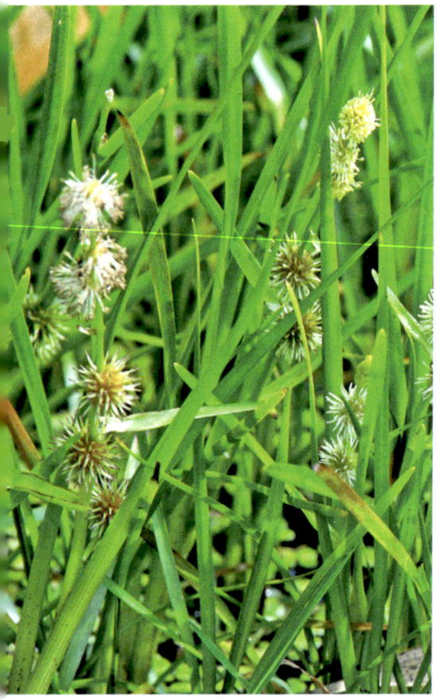

Sparganium-Arten,
Igelkolben

Austrieb können die welken Halme bis zum Boden zurückgeschnitten werden. Die einfachste Art der Vermehrung ist die Teilung.
Arten/Sorten: Neben der hohen Teichsimse sind einige andere Arten sowie die Zebrasimse, eine besondere Züchtung *(Scirpus tabernaemontani ‚Zebrinus')* erhältlich, die durch weißgrün gestreifte Blätter auffällig wirkt.

Igelkolben

Sparganium-Arten; Sparganiaceae

Wie viele andere Wasserpflanzen zeichnen sich Igelkolben nicht durch besonders farbige Blüten aus, sondern durch ungewöhnliche. Sie bringen im Juni Rispen mit kleinen, sternförmigen Kugelblüten hervor, die sich im Lauf des Sommers zu Früchten entwickeln. Die mehrjährigen Stauden, die einer eigenen Familie angehören *(Sparganiaceae)*, treiben schilfartige aufrechte Blätter. Sie erreichen etwa 60 cm Höhe. In der Natur kommen die Igelkolben in Europa und Asien wild vor.
Standort: Im Wassergarten benötigen Igelkolben ständig nasse Plätze in nährstoffreichem Boden mit einem Wasserstand von etwa 10 cm. Igelkolben passen mit anderen niedrigen Wildstauden in Randbereiche von Naturteichen, Klärbecken oder Gräben. Sie können auch in Wasserbecken angesiedelt werden.Die Lage kann sonnig oder halbschattig sein.
Pflege/Vermehrung: Die recht wüchsige und frostharte Wildstaude sollte eingedämmt werden. Nach dem Einziehen lassen sich die welken Blätter entfernen. Die Vermehrung ist durch Aussaat der reifen Früchte und durch Abtrennen von Ausläufern möglich.
Arten/Sorten: Neben dem Aufrechten Igelkolben *(S. erectum)* gibt es unter anderen Arten den kleineren Einfachen Igelkolben *(Sparganium simplex)*.

Pflanzen für die Flachwasserzone (10 bis 50 cm Wassertiefe)

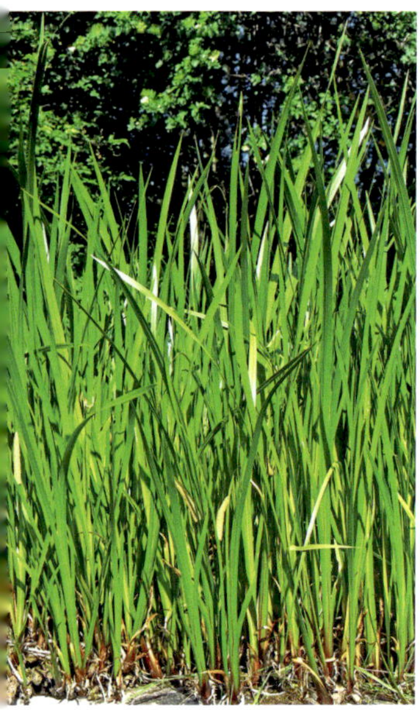

Acorus calamus,
Kalmus

Kalmus (Magenwurz, Deutscher Ingwer) *Acorus calamus; Araceae*

Diese sehr vitale Sumpfstaude stammt ursprünglich aus Ostasien. Heute ist sie gelegentlich an Dorfteichen, Flüssen oder Gräben zu finden. Die langen, sattgrünen Blätter erreichen etwa 1 m Höhe. Sie riechen sehr würzig und bringen im Sommer Blütenkolben hervor. Diese sind nicht besonders auffällig, lassen aber die Verwandtschaft mit anderen Aronstabgewächsen erkennen. Die fleischigen, meterlangen Wurzeln wurden früher als Verdauungsmittel und zur Appetitanregung genutzt. Sie dienen auch heute noch als Aromastoffe bei der Getränkeproduktion (z.B. Magenbitter). Kalmuspflanzen wachsen nicht nur an Teichen oder Bächen gut, sondern auch in Kübeln, z.B. auf dem Balkon oder der Terrasse. Dazu werden Jungpflanzen oder nur einige Wurzelstücke in Behälter mit nährstoffreicher Gartenerde gesteckt. Ideale Einsatzorte stellen zudem Klärteiche oder Regenwasserfilterbecken dar, die Gartenteichen vorgelagert sind.
Standort: Der Kalmus passt am besten in die Sumpfzone oder das Flachwasser großer Teiche. In kleinen, seichten Wassergärten ist die sehr wüchsige Staude besser in eingegrenzten Zonen aufgehoben. Sie beschränkt sich jedoch nur aufs flache Wasser und dringt nicht in tiefe Zonen vor. Der Kalmus lässt sich aber auch in Wasser-

becken kultivieren. Er braucht allerorts einen schlammigen, nährstoffreichen Boden in sonniger Lage.
Pflege/Vermehrung: Wo der Kalmus wachsen darf, benötigt er keine besondere Pflege. Er ist völlig winterhart und verträgt das Durchfrieren bis zum Boden. Wo er zu sehr wuchert, lässt er sich gelegentlich mit Hilfe eines Spatens reduzieren. Alte Pflanzen sind sehr fest im Schlamm verankert. Das Ausgraben muss in einem Folienteich natürlich vorsichtig geschehen. Bei dieser Gelegenheit fällt eine Menge an Wurzelstücken an, die zur Vermehrung oder zum Verschenken genutzt werden können.
Arten und Sorten: Neben der beschriebenen Wildform ist die weißgrün blättrige Sorte *Acorus calamus ,Variegatus'* empfehlenswert

Froschlöffel (Wasserwegerich)

Alisma plantago-aquatica; Alismataceae

Die mehrjährige Staude ist auf der nördlichen Erdhalbkugel weit verbreitet. Die unverkennbare Sumpf- oder Flachwasserpflanze streckt sattgrüne, spitze „Löffel" straff nach oben. Die Blatt- und Blütenstaude sollte in keinem Wassergarten fehlen, zumal sie vom Sommeranfang bis zum Herbst zarte Blüten entwickelt, die ein wenig an Schleierkraut erinnern. Die Blüten bzw. Samenstände bleiben noch stehen, wenn im Herbst die Blätter welk werden. Die Pflanze bildet etwa 30 cm hohe Büschel. Die Blütenstände recken sich allerdings 1m in die Höhe.
Standort: In freier Natur ist der Froschlöffel weniger verbreitet. Vielmehr gedeiht er gezielt eingesetzt in Gartenteichen. Am besten passt ihm ein Standort im Sumpf oder in nassen, nährstoffreichem Boden und zwar vorzugsweise in sonniger Lage. Hier können sich dichte Bestände bilden. Gewöhnlich bleiben die Büschel aber in Gartenteichen kompakt, besonders wenn sie von wüchsigeren Wasserpflanzen in Zaum gehalten werden.
Pflege/Vermehrung: der Froschlöffel hat sich als robuste, krankheitsreistente und frostharte Sumpfpflanze etabliert. Er braucht keine besondere Pflege und benötigt auch keinen Frostschutz. Das völlige Durchfrieren des Wassers nimmt er ohne Schaden hin. Die Samenstände und welken Blätter werden erst im Frühjahr abgeschnitten, wenn das frische Grün sprießt. Die Vermehrung ist durch Aussaat möglich, einfacher und schneller ist das Ausgraben von Jungpflanzen.
Arten und Sorten: Neben dem Gemeinen Froschlöffel gibt es einige andere Arten *(P. gramineum, P. lanceolatum etc.)*, die aber seltener in Teichanlagen eingesetzt werden

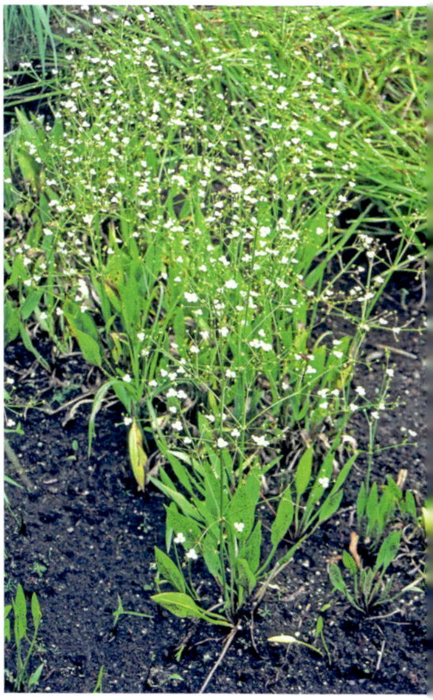

Alisma plantago-aquatica, Froschlöffel

Schachtelhalm

Equisetum-Arten ; Equisetaceae

Diese „Dinosaurier der Pflanzenwelt" kommen in vielen Regionen der Erde wild vor. Allerdings erreichen die jetzt lebenden Schachtelhalme bei weitem nicht mehr die Größe ihrer Urformen. Der bekannte Ackerschachtelhalm bringt es gerade mal auf etwa 30 cm. Dafür greift er aber mit Wurzelausläufern weit um sich. Im Wassergarten können zwei Arten zum Einsatz kommen und zwar der etwa 30 cm hohe Sumpfschachtelhalm *(E. palustre)* in Randzonen und der bis 150 cm hoch wachsende Teichschachtelhalm *(E. fluviatile)* von der Sumpfzone bis in 1 m tiefe Zonen. Beide Arten sollten jedoch nicht ungehindert wuchern dürfen, zumal sie sonst anderen Pflanzen auf den Leib rücken. Schachtelhalme zeichnen sich durch ihre borstigen Triebe aus, die senkrecht aufwachsen

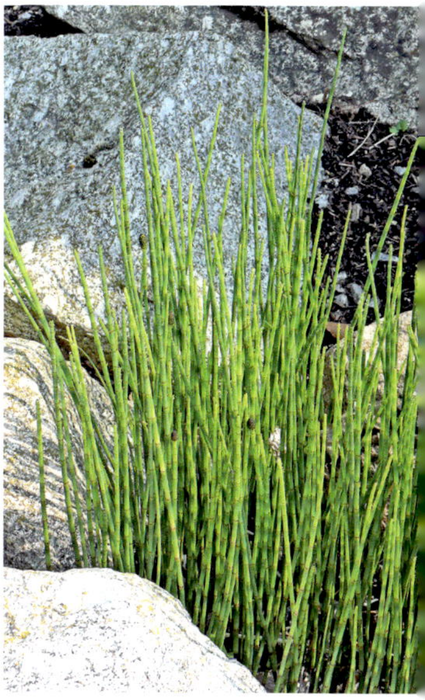

Equisetum-Arten, Schachtelhalm

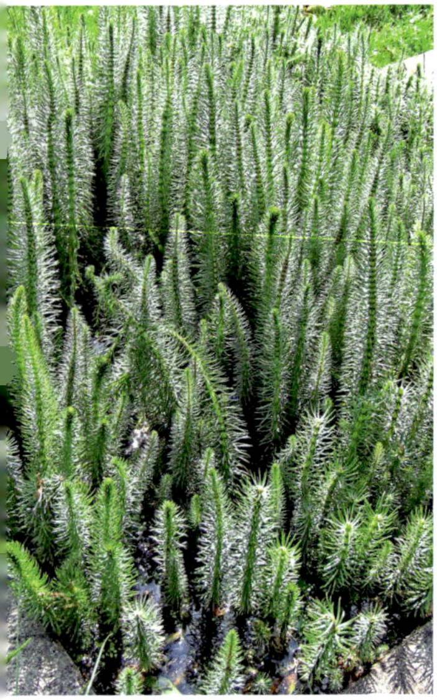

Hippuris vulgaris, Tannenwedel

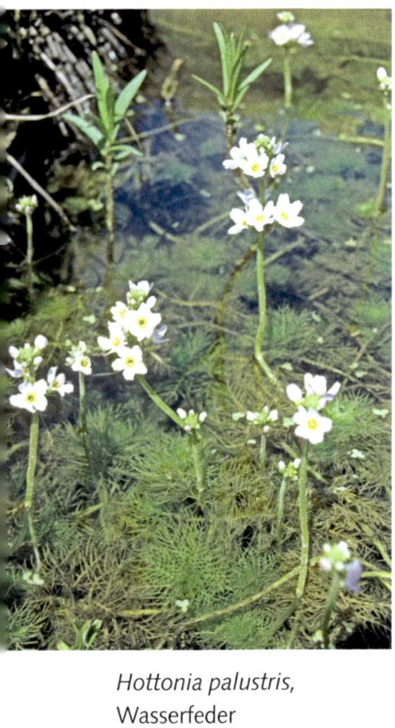

Hottonia palustris, Wasserfeder

und quirlige Blätter treiben. Als typische Sporenpflanzen entwickeln sie keine Blüten.
Standort: Schachtelhalme gedeihen am Teichrand oder an stehenden Gewässern in sumpfigem Boden. Der Standort kann sonnig oder schattig sein. Der Sumpfschachtelhalm bleibt auf die nassen Randzonen beschränkt. Der Teichschachtelhalm kann aber durchaus weit ins tiefe Wasser vordringen. Beide Arten lassen sich auch in Wasserbecken kultivieren, wo sie recht sonderbar wirken. Seltsam sehen sie in schmalen, hohen Wasserfässern aus, wo ihr straffer Wuchs besonders zur Geltung kommt.
Pflege/Vermehrung: Beide Arten sind frosthart und robust. Sie brauchen keine besondere Pflege. Wen die welken Triebe im Herbst stören, kann sie abschneiden. Die Vermehrung ist durch Wurzelausläufer möglich. Die Aussaat von Sporen bleibt normalerweise den Gärtnern vorbehalten, zumal diese generative Methode ziemlich langwierig ist.
Arten/Sorten: Weltweit wachsen etwa 10 verschiedene Schachtelhalm-Arten; ins Wasser dringen jedoch nur die beiden beschriebenen Arten vor.

Tannenwedel

Hippuris vulgaris; Hippuridaceae

Diese Wasserstaude, die einer eigenen Familie und zwar den Tannenwedelgewächsen (Hippuridaceae) zugeordnet wird, ist in vielen Regionen der Erde, insbesondere in Europa, Nordasien und Amerika verbreitet. Sie wurzelt bis in eine Tiefe von etwa 50 cm im Teichgrund und treibt dunkelgrüne quirlige Triebe nach oben. Bei niedrigem Wasserstand ragen diese „Tannenwedel" senkrecht bis 50 cm in die Luft. Die Staude breitet sich durch Wurzelausläufer aus. Die grünen Blüten sind unauffällig und ohne Zierwert.
Standort: Günstig sind stehende Gewässer mit einer geringen Tiefe. Die recht vitale und ansehnliche Wasserpflanze eignet sich für alle großen und kleinen Wassergärten, sie lässt sich auch in Wasserbecken ansiedeln. Die Lage sollte sonnig sein.
Pflege/Vermehrung: Unter Wasser bleibt der Tannenwedel bis in den Winter grün. Die welken Triebe werden dann im Frühjahr im Zuge der Teichreinigung mit abgefischt. Die Staude verjüngt sich jedes Jahr wieder aus dem Wurzelstock. Die Vermehrung ist durch bewurzelte Ausläufer möglich.
Arten/Sorten: Weltweit ist nur diese eine Wild-Art in Kultur.

Wasserfeder

Hottonia palustris; Primulaceae

Ihre Zugehörigkeit zur Familie der Primelgewächse *(Primulaceae)* ist dieser feingliedrigen Unterwasserpflanze nicht auf den ersten Blick anzusehen. Sie bildet lange quirlige Triebe, die sich im Wasser schwebend ausbreiten. In kleinen Becken entwickelt sich in wenigen Jahren ein dichtes Geflecht, das den Winter gesund und grün überdauern kann. Die Wasserfeder trägt daher auch unter einer Eisdecke zur Sauerstoffversorgung bei. Erst im Mai/Juni bringt sie ihre weißen Blüten hervor, die eine Verwandtschaft mit Primeln erkennen lassen. Die Ausbreitung ist auf Europa beschränkt.
Standort: Die zarte Pflanze benötigt eine stille Nische im sonnigen Flachwasser. Sie eignet sich zum Einsatz in kleinen Teichen oder in Flachwasserzonen großer Wassergärten, entwickelt sich aber auch in großen Wasserbecken üppig.

Pflege/Vermehrung: In ungestörten, sonnigen Becken breitet sich die Wasserfeder ohne Hilfe unter Wasser aus. Sie braucht jedoch – falls nötig – kalkfreies Regenwasser. Die Vermehrung erfolgt durch Samen oder durch Winterknospen. Das sind gebündelte Triebenden, die sich im Herbst entwickeln. Zur Vermehrung können aber auch ganze Pflanzen abgefischt und umgesetzt werden.
Arten/Sorten: Bekannt ist nur diese eine Art, die übrigens unter Naturschutz steht.

Fieberklee

Menyanthes trifoliata; Menyanthaceae

Fieberklee, der früher als Heilpflanze unter anderem gegen Verdauungsstörungen, Appetitlosigkeit und Entzündungen diente, wird heute im Garten nur noch als Zierpflanze kultiviert. Die medizinische Nutzung ist Spezialbetrieben vorbehalten. Dank ihrer starken Ausläuferbildung hat sich diese mehrjährige Staude in vielen Regionen der nördlichen Hemisphäre angesiedelt. Sie breitet sich vor allem in Sumpfzonen aus, von wo sie ins flache Wasser vordringt. Typisch sind die dreilappigen Blätter. Ebenso dekorativ wirken die großen, weißen Blütenstände, die sich im Mai/Juni entfalten. Die Pflanze erreicht eine Gesamthöhe von etwa 30 cm.
Standort: Am besten bekommt dem Fieberklee als Blütenstaude ein sonniger Platz in der Feuchtzone oder im flachen Wasser. Er braucht saures Substrat und gedeiht deshalb gut in Moorzonen.
Pflege/Vermehrung: Die Pflege beschränkt sich auf die Versorgung mit kalkfreiem Wasser und das Entfernen welker Pflanzenteile. Die Vermehrung ist einfach durch Teilung der dicken Wurzeln möglich.
Arten/Sorten: Weltweit ist nur die beschriebene Art bekannt.

Brunnenkresse

Nasturtium officinale; Cruciferae

Das würzige, essbare Kraut aus der Familie der Kreuzblütler wächst in freier Natur besonders an klaren Bächen. Hier bleibt es immergrün, wenn es vom Wasser überschwemmt wird. Untergetauchte Pflanzen kommen jedoch nicht zur Blüte. Am Wasser wachsende Brunnenkresse bildet buschige, etwa 30 cm hohe Horste, die im Juni weiße Blüten entwickeln. Die mehrjährige Staude kommt weltweit vor.
Standort: An klaren Bächen und anderen Fließgewässern bildet die Brunnenkresse ausdauernde Horste, die sich zunehmend ausbreiten. Die Lage kann sonnig bis schattig sein. An Teichen ist die Ansiedlung ebenfalls möglich. Und selbst in Wasserbecken mit nährstoffreichem Boden bilden sich dichte Bestände.
Pflege/Vermehrung: Wenn sich diese würzige Wildstaude ungehindert ausbreiten kann, macht sie viele Jahre Freude. Eine Versorgung mit kühlen, klarem Wasser kommt ihr sehr zugute. Die Vermehrung ist einfach durch Teilung und Stecklinge möglich, die bald bewurzeln (siehe Seite 95).
Arten/Sorten: Neben der beschriebenen Art ist eine sehr ähnliche kleinblättrige Art *(N. microphyllum)* zu bekommen.

Rohrkolben

Typha-Arten; Typhaceae

Die Rohrkolben, die zu einer eigenen Familie *(Typhaceae)* gehören, haben ihren Namen von den braunen Blütenkolben, die sie im Juli/August entwickeln. Sie reifen im Herbst aus und zerfallen in unzählige Samen, die der

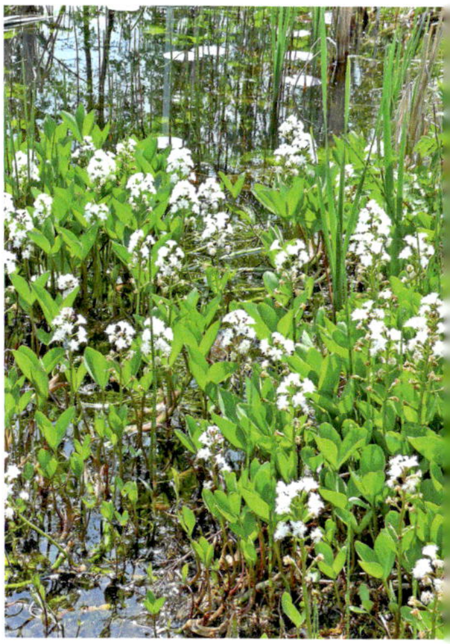

Menyanthes trifoliata, Fieberklee

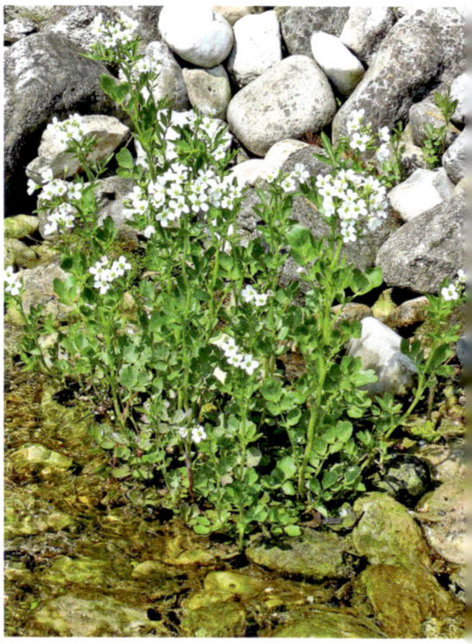

Nasturtium officinale, Brunnenkresse

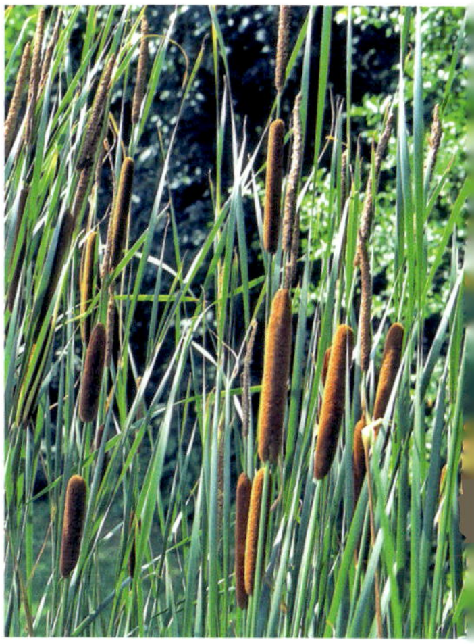

Typha-Arten, Rohrkolben

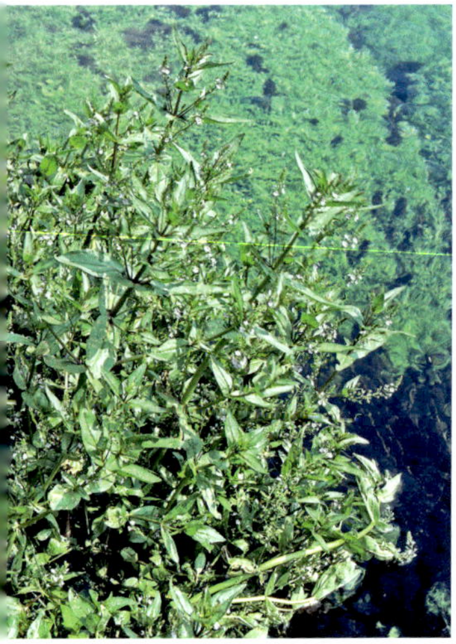

Veronica beccabunga,
Bachbunge

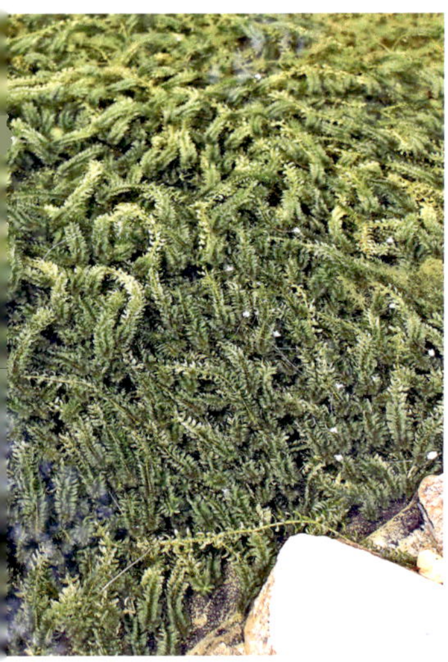

Elodea canadensis,
Wasserpest

Wind weit verbreitet. Die verschiedenen Arten sind auf der nördlichen Erdkugel und in Australien recht häufig. Sie tragen mit dem Schilf zur Verlandung von Gewässern bei. Je nach Art erreichen diese sehr wüchsigen und ausdauernden Stauden eine Höhe von 50 cm bis 2 m.

Standort: Rohrkolben gedeihen am besten im Flachwasser an natürlichen und naturnahen Gewässern in sonniger bis halbschattiger Lage. Die sehr wüchsige Wasserpflanze ist nur für große Teiche oder als Filterpflanze in Klärbecken geeignet.

Pflege/Vermehrung: Die völlig frostharten und robusten Stauden brauchen keine Pflege. Allerdings muss eine zu starke Ausbreitung verhindert werden. Die Vermehrung geschieht durch Abtrennen bewurzelter Ausläufer.

Arten/Sorten: Neben dem Schmalblättrigen Rohrkolben *(T. angustifolia)* und dem Breitblättrigen *(T. latifolia)* gibt es eine kleine Art *(T. minima)*, die nur etwa 50 cm hoch wird und kleine Kolben bildet.

Bachbunge (Bach-Ehrenpreis)

Veronica beccabunga; Scrophulariaceae

Eine Wasserstaude, die sowohl am Ufer als auch unter Wasser gedeiht, ist die Bachbunge. Diese wintergrüne Staude ist in Europa, Vorderasien und Nordafrika beheimatet, wo sie vor allem an klaren Bächen vorkommt. Sie bringt neben dem zartgrünen, kriechenden Kraut von Mai bis August blaue Blüten hervor, die sie für den Wassergarten attraktiv machen.

Standort: Die Bachbunge braucht vorzugsweise klares, fließendes Wasser in sonniger Lage. Bachbungen passen neben Sumpfdotterblumen, Sumpfvergissmeinnicht und Brunnenkresse vor allem an Gräben, Bäche und andere Fließgewässer Sie lässt sich auch neben einem Sprudelstein ansiedeln.

Pflege/Vermehrung: Wo ihr der Standort passt, breitet diese Veronika-Art üppige Polster aus, die mehrjährig erhalten bleiben. Die Vermehrung ist recht einfach durch Stecklinge möglich, die oft schon im Wasser Wurzeln gebildet haben.

Arten/Sorten: Weltweit sind mehr als 30 Veronica-Arten zu finden, wovon einige am oder im Wasser wachsen.

Pflanzen für die Tiefwasserzone (50 bis 120 cm Wassertiefe)

Wasserpest

Elodea canadensis; Hydrocharitaceae

Der deutsche Name weist auf die Vitalität dieser ursprünglich aus Nordamerika stammenden Unterwasserpflanze hin. Sie breitet sich mittlerweile weltweit in stehenden und fließenden Gewässern durch lange quirlige Triebe aus und vermehrt sich nur ungeschlechtlich durch Teilung. Wo sie einmal angesiedelt wurde, lässt sich die Wasserpest kaum noch ausrotten. Allerdings können zu üppige Bestände einfach durch Abfischen verringert werden. Im Wassergarten dient die Wasserpest als Sauerstoffproduzent und Wasserfilter. Besonders im Winter trägt sie unter einer Eisdecke zur Verbesserung der Wasserqualität bei.

Standort: Die Wasserpest entwickelt sich gleichermaßen in seichten oder tiefen Wasserstellen in sonniger Lage. Sie taucht im Winter in frostfreie Zo-

nen ab und überdauert dort bis zum Frühjahr.
Pflege/Vermehrung: Eine besondere Pflege ist nicht nötig. Vielmehr müssen zu üppige Bestände gelegentlich ausgedünnt werden, was am besten im Frühjahr geschieht. Bei dieser Gelegenheit lassen sich auch Grünalgen abfischen, die sich besonders im Frühjahr stark entwickeln und direkt mit den fiedrigen Blättern der Wasserpest verwoben sind. Die Vermehrung geschieht ganz leicht durch Abtrennen von Teilstücken, die einfach ins Wasser geworfen werden.
Arten/Sorten: Neben der beschriebenen gibt es noch andere Arten, die ebenfalls aus Nordamerika *(E. nuttallii)* oder aus Südamerika *(E. callitrichoides, E. ernstiae)* stammen.

Gelbe Teichrose (Mummel)

Nuphar lutea; Nymphaeaceae

Ein Seerosengewächs *(Nymphaeaceae)* aus heimischen Gewässern ist die Mummel oder Teichrose. Sie kommt gelegentlich in tiefen Buchten träger Flüsse oder in Teichen wild vor. Hier verankert sie sich mit dicken Wurzeln im Schlamm und treibt neben großen Blättern gelbe Blüten an die Wasseroberfläche. Die Blütezeit dauert etwa von Juni bis August. Diese mehrjährige Schwimmblattpflanze steht unter Naturschutz. Außer in Europa gibt es auch in Vorderasien, Sibirien und Nordafrika Bestände.
Standort: Teichrosen lassen sich nur in ausreichend tiefen Teichen (ab 80 cm) ansiedeln. Hier brauchen sie einen schlammigen Grund und eine sonnige Lage. Diese heimischen Wildstauden sind besonders gut für die Gestaltung naturnaher Gartenteiche geeignet.
Pflege/Vermehrung: Außer der Sorge für einen ausreichend tiefen Wasserstand, besonders im Winter, und dem Entfernen welker Blätter braucht die Teichrose keine besondere Pflege; vielmehr soll sie in Ruhe gelassen werden. Teichrosen werden wie Seerosen durch Teilung oder Teilstücke der Wurzeln vermehrt.
Arten/Sorten: Neben der europäischen Teichrose gibt es eine japanische Art *(N. japonica)*, eine amerikanische *(N. advena)* und eine Zwergform *(N. pumila)*.

Seerose

Nymphaea-Arten und Sorten; Nymphaeaceae

Ein Teich ohne Seerosen ist wie ein Garten ohne Rosen. Die Fülle an Arten und Sorten bietet für jeden Teich und Geschmack etwas. Es gibt Wildarten wie die heimische Weiße Seerose *(Nymphaea alba)* und eine Reihe von weißen, gelben, roten oder rosafarbenen Züchtungen. Selbst in kleine Wasserbecken sind Zwergformen einsetzbar (z.B. *N. alba ‚Minor')*. Wer es exotisch mag, bekommt in Spezialbetrieben auch blaue Sorten (z.B. *‚Panama Pacific'*). Seerosen zählen zu den ausdauernden Stauden. Sie bilden im Schlamm armdicke Wurzeln, die vom Frühjahr bis zum Herbst Blätter und Blüten an die Wasseroberfläche treiben. Im Winter ziehen sie ein und überdauern in den Wurzeln. Die Hauptblütezeit dauert etwa von Juni bis August.
Standort: Die schönen Schwimmblattpflanzen brauchen je nach Art einen ausreichend tiefen Wasserstand in nährstoffreichem Boden und ruhiges, stehendes Wasser. In Sprudelbecken oder fließenden Gewässern verkümmern sie leicht oder kommen nicht richtig zur Entwicklung. Die Wasserstelle sollte sonnig sein.
Pflege/Vermehrung: Die vitalen Wasserstauden können uralt werden,

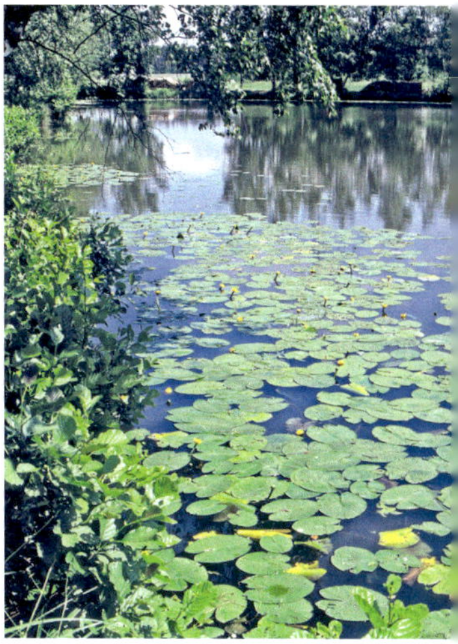

Nuphar lutea,
Gelbe Teichrose

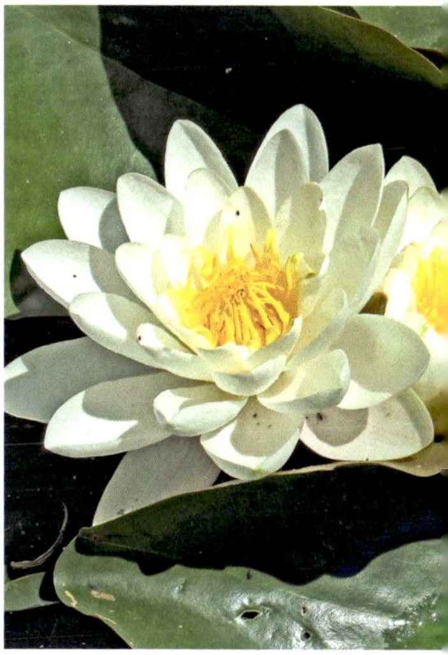

Nymphea-Arten,
Seerose

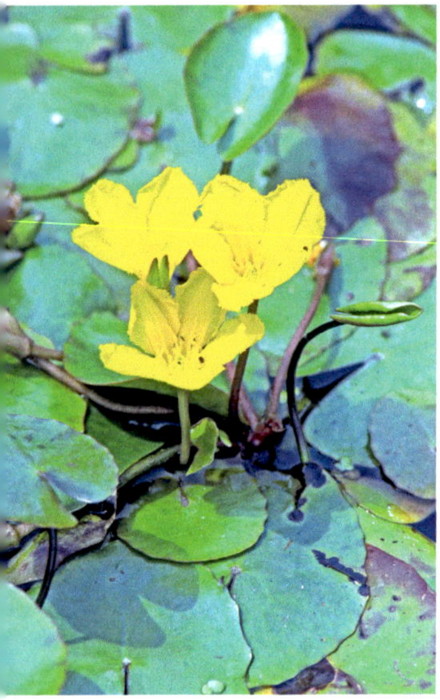

Nymphoides peltata,
Seekanne

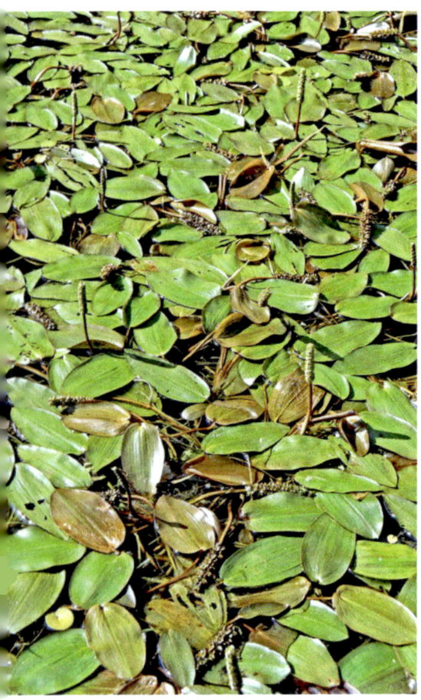

Potamogeton natans,
Laichkraut

wenn ihnen der Standort passt. Vor allem muss der Wasserstand stimmen, damit die Wurzelstöcke im Winter frostfrei bleiben (je nach Sorte 30 - 120 cm Wassertiefe). Das Ausquartieren während der Frostperiode, z.B. aus seichten Teichen ist überlebenswichtig. Die meisten Züchtungen sind aber robuster als oft angenommen wird. Das Ausquartieren aus weniger seichten Teichen ist normalerweise unnötig oder nur für echte Exoten (z.B. Ostafrikanische Arten) überlebenswichtig. In kleinen Teichen kann der Einsatz in Körben die zu starke Entwicklung einschränken. Seerosenblätter haben viele Feinde. Die Larven des Seerosenzünslers und anderer Arten hinterlassen oft Fraßspuren. Schädlinge werden abgesammelt oder bei starkem Befall mit den Blättern beseitigt, damit sich neue Blätter bilden. Vermehren lassen sich Seerosen am einfachsten durch Teilung der fleischigen Wurzeln.
Arten/Sorten: Neben der Weißen Seerose *(N. alba)*, die in Europa und Vorderasien heimisch ist, gibt es weltweit mehr als 20 Wildarten und davon eine Reihe von Züchtungen.

Seekanne

Nymphoides peltata; Menyanthaceae

Die gelbblühende Seekanne sieht wie eine kleine Verwandte der Teichrose aus. Sie zählt jedoch zu den Fieberkleegewächsen *(Menyanthaceae)* und ist nur entfernt mit Teichrosen verwandt. Die Schildartige Seekanne *(N. peltata)* kommt in Gewässern mit einem Wasserstand von 30 - 120 cm oder an Seerändern von Europa bis Ostasien wild vor. Sie ist jedoch selten und steht unter Naturschutz. Wie die Seerose wurzelt sie in schlammigem Boden und breitet sich mit Wurzelrhizomen aus. Die kleinen Blüten entwickeln sich von Juli bis September.
Standort: Seekannen passen vorzüglich in kleine Wasserbecken. Sie lassen sich aber auch in Teichen gut ansiedeln, z.B. kombiniert mit Teich- und Seerosen, wenn sie einen hellen, sonnigen Platz im flachen Wasser bekommen. Die seltene Schwimmblattpflanze ist winterhart.
Pflege/Vermehrung: Die Pflege beschränkt sich auf das Abfischen welker Blätter und die Versorgung mit Wasser. Die Vermehrung ist durch Teilung oder Abtrennen von Wurzelrhizomen kein Problem.
Arten/Sorten: Neben der heimischen Art gibt es zwei amerikanische, die Wasserkanne *(N. aquatica)*, die in den USA verbreitet ist und die Humbold Seekanne *(N. humboldtiana)*, die in tropischen Regionen wächst. Außerdem ist eine asiatische Art bekannt *(N. indica)*.

Laichkraut

Potamogeton natans; Potamogetonaceae

Laichkräuter sind auf der nördliche Erdhalbkugel weit verbreitete Wasserpflanzen mit enormer Wuchskraft. Gelegentlich kommen sie zudem in Südamerika und Neuseeland vor. Die mehrjährigen Stauden wurzeln im Grund von Teichen, Seen, Gräben und Flüssen, zumal sie die Strömung vertragen. Typisch sind die langen, glänzenden Blätter, die sie unter Wasser entwickeln. Von Juni bis August sind die nicht sehr auffälligen Blütenähren über der Wasseroberfläche zu sehen.
Standort: Die wüchsigen Wasserpflanzen kommen untergetaucht in vielen natürlichen Gewässern bis zu einer Tiefe von etwa 2 m vor. Sonnige Standorte in nährstoffreichem Wasser passen ihnen am besten. Im Garten lassen sie sich in tiefen Zonen eines Teiches oder auch in einem Bach-

lauf ansiedeln. Das Laichkraut ist eine wertvolle Filterpflanze in nährstoffreichen Gewässern und zudem ein wichtiger Sauerstoffprozudent.

Pflege/Vermehrung: Die Wasserstauden sind völlig robust und winterhart. Sie brauchen keine besondere Pflege und nehmen sogar zeitweise Trockenheit etwa beim Ablassen des Wassers während der Wintermonate hin, wenn die Wurzeln feucht bleiben. Zur Vermehrung werden nur einige Triebe aus dem Wasser gezogen und umgesetzt. Sie wurzeln selbst im Teichgrund ein.

Arten/Sorten: Neben dem Untergetauchten Laichkraut *(P. natans)*, sind das Krause Laichkraut *(P. crispus)* und weitere Arten in Wassergärten kultivierbar.

Wasserschlauch

Utricularia vulgaris; Lentibulariaceae

Diese Unterwasserpflanze ernährt sich mitunter von Insekten, die in den feinen Blattquirlen hängen bleiben. Die seltsame Begleitpflanze z.B. in Seerosenbecken bildet Winterknospen, die das Überleben der kalten Jahreszeit am Teichgrund ermöglichen. Es gibt verschiedene Arten, die auf dem ganzen Globus verbreitet sind. Der bei uns heimische Wasserschlauch steht unter Naturschutz. Er blüht von Juni bis August.

Standort: Der Wasserschlauch entwickelt sich vorzugsweise in warmen stehenden Gewässern in sonniger Lage, zumal die langen quirligen Triebe viel Licht brauchen.

Pflege/Vermehrung: Die frostempfindliche Pflanze braucht im Winter einen ausreichend hohen Wasserstand, damit sie in frostfreie Zonen absinken kann. Zur Versorgung ist kalkfreies Wasser nötig. Die Vermehrung geschieht durch Teilstücke oder Winterknospen; das sind Triebenden, die sich zu kleinen Büscheln geschlossen haben.

Arten/Sorten: Weltweit sind mehr als 15 Arten auf dem ganzen Globus verbreitet.

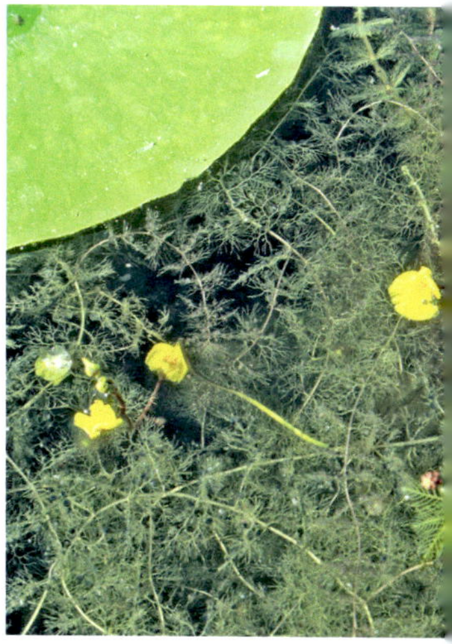

Utricularia vulgaris,
Wasserschlauch

Schwimm- und Schwimmblattpflanzen

Algenfarn (Karolina Moosfarn)

Azolla caroliniana; Azollaceae

Der kleine Schwimmfarn kommt in allen wintermilden Regionen der Erde wild vor. Er breitet sich stark durch Brutblätter aus und entwickelt in sehr warmen Gewässern auch Jungpflanzen durch Sporen. Bei Wärme bilden sich auch dichte Teppiche, die das Wasser schattieren. Intensive Sonneneinstrahlung färbt die sonst grünen Blätter braun. Der Algenfarn ist eine zweijährige Pflanze. Der Bestand ist allerdings durch die starke Jungpflanzen-Entwicklung ausdauernd. Wie andere Farne bildet er keine Blüten.

Die schönen Algenfarne passen auch gut zu Seerosen und anderen Schwimmblattpflanzen in sonnig gelegenen Gartenteichen.

Standort: Algenfarne gedeihen vor allem in warmem Wasser. Sie sind bei uns also nur im Sommer im Freien kultivierbar. Im Winter benötigen sie ein frostfreies, aber helles Quartier. Günstig sind z.B. Wasserbecken in einem Wintergarten. Hier können die schönen Schwimmer auch ganzjährig gehalten werden.

Pflege/Vermehrung: Bei guter Lage breiten sich Algenfarne flächig auf dem Wasser aus. Dichte Teppiche kommen aber nur in geschützter Um-

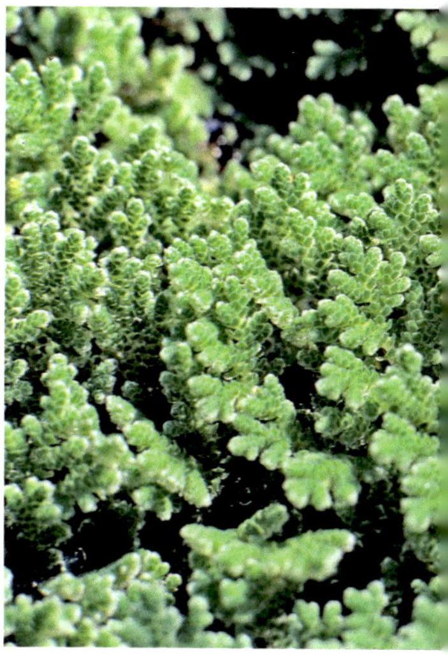

Azolla caroliniana,
Algenfarn

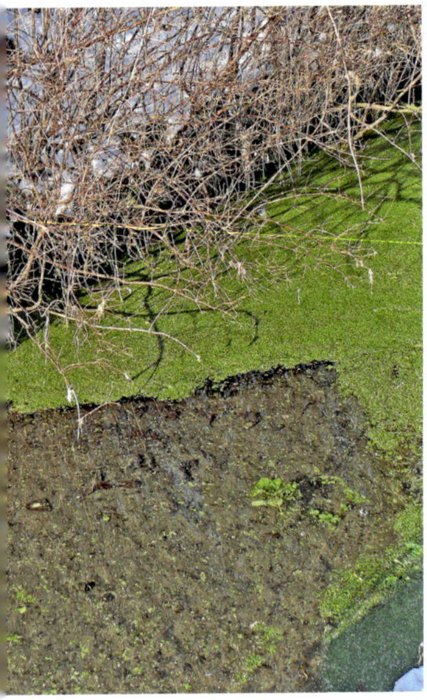

Lemna minor, Wasserlinse

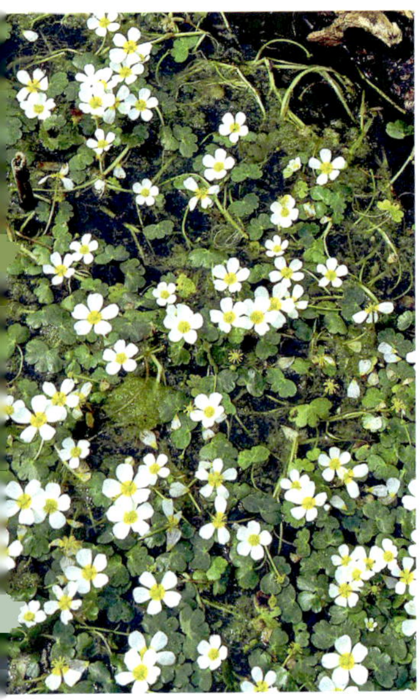

Ranunculus-Arten, Wasserhahnenfuß

gebung zustande. Die Pflege beschränkt sich auf das Abfischen einiger Pflanzen zur Überwinterung in einem Wasserbecken im Haus. Natürlich muss ständig für einen ausreichenden Wasserstand gesorgt werden. Die Vermehrung geschieht ganz einfach durch das Abfischen einiger Pflanzen. Sporen bilden Algenfarne nur bei günstigen Bedingungen.
Arten und Sorten: Neben dem Karolina Moosfarn gibt es einige andere Arten *(A. pinnata, A. africana* u.a.)

Wasserlinse (Entengrütze)

Lemna minor; Lemnaceae

Diese winzig kleinen Schwimmpflanzen sind fast weltweit verbreitet, zumal sie oft mit anderen Wasserpflanzen eingeschleppt werden. Sie bilden bald dichte Teppiche, die auch im Winter grünen. Blüten sind selten zu beobachten, obwohl auch eine generative Vermehrung stattfindet. Hauptsächlich breiten sich Wasserlinsen aber durch Brutblätter aus.
Standort: Wasserlinsen wachsen überall, wo sie angesiedelt oder eingeschleppt wurden; besonders prächtig gedeihen sie in Dorfteichen und anderen nährstoffreichen Gewässern. Selbst in Bächen können sie sich halten, indem sie in ruhige Zonen schwimmen oder andere Pflanzen gegen die Strömung nutzen. Sie eignen sich zur Schattierung in veralgten Teichen. Der Einsatz gefährdet aber immer den Bestand andere Unterwasserpflanzen, denen leicht das Licht entzogen wird.
Pflege: Wo sie einmal zum Wasserpflanzenbestand gehören, sind Wasserlinsen kaum noch zu beseitigen. Allerdings ist die Verminderung ganz leicht durch Abfischen möglich. Mit einem Griff ins Wasser sind unzählige Jungpflanzen zu bekommen.
Arten/Sorten: Wasserlinsen sind in verschiedenen Arten verbreitet. Dazu zählen die Kleine Wasserlinse *(L. minor)*, die Bucklige Wasserlinse *(L. gibba)* und die Untergetauchte Wasserlinse *(L. triscula)*, die meist in Gemeinschaft vorkommen.

Wasserhahnenfuß

Ranunculus-Arten; Ranunculaceae

Vom Hahnenfuß sind mehr als 20 Arten bekannt, die einer eigenen Familie, den Hahnenfußgewächsen *(Ranunculaceae)* angehören. Davon gibt es einige typische Wasserpflanzen wie den weißblühenden Wasserhahnenfuß *(R. aquatilis)* oder solche Arten, die wechselfeuchte Standorte hinnehmen und ins flache Wasser vordringen (z.B. *R. lingua* oder *R. flammula)*. Die „Hahnenfüße" kommen außer in Europa auch in anderen Kontinenten wild vor. Sie bilden mehrjährige Stauden mit gelben oder weißen Blüten, die sich von Juni bis August öffnen.
Standort: Je nach Art brauchen Hahnenfußpflanzen ständig Nässe wie der Wasserhahnenfuß *(R. aquatilis)*, der sich vorzugsweise in langsam fließenden Gräben ansiedelt. Der Sumpfhahnenfuß *(R. lingua)* gedeiht wie der Brennende Hahnenfuß *(R. flammula)* an ständig feuchten Teichrändern oder im Sumpf. Alle Arten gedeihen am besten in sonnigen Lagen. Die gelbblühenden Sumpfarten passen gut an den Teichrand oder in Wasserbecken, die weiße Wasserstaude kann ebenfalls im Teich oder auch in Gräben bzw. in Wasserbecken angesiedelt werden.
Pflege/Vermehrung: Hahnenfuß-Arten greifen stark durch Ausläufer um sich. Wo sie willkommen sind – etwa in Klärteichen oder in Naturteichen – dürfen sie sich ungehindert ausbreiten. In kleinen Gartenteichen werden sie bes-

ser eingedämmt, sonst dringen sie vom Ufer weit ins Wasser vor. Vermehrung ist durch Ausläufer möglich.
Arten/Sorten: Neben den beschriebenen sind weitere Arten insbesondere in Europa sowie in Asien verbreitet; dazu zählt auch der Kriechende Hahnenfuß *(R. repens)*.

Krebsschere (Wasseraloe)

Stratiotes aloides; Hydrocharitaceae

Eine sonderbare Schwimmpflanze, die in keinem Wassergarten fehlen sollte, ist die Krebsschere. Sie gehört zu den Froschbissgewächsen *(Hydrocharitaceae)* und kommt in Europa und Vorderasien wild vor. Das sternförmige Gebilde lässt im Juni/Juli recht schöne weiße Blüten in den Blattachseln aufblühen. Das Besondere aber ist ihr Verhalten. Sie sinkt im Herbst ab und überwintert auf dem Teichgrund. Im Frühjahr taucht sie dann wieder auf. Während der Saison vermehrt sie sich durch Brutpflanzen, sogenannte Kindel.
Standort: Die Schwimmpflanze entwickelt sich in kleinen und großen Teichen vorzugsweise in sonniger Lage.
Pflege/Vermehrung: Alte Exemplare gehen ein, nachdem sie zahlreiche Jungpflanzen hervorgebracht haben. Bevor sie verwesen, werden sie abgefischt und beseitigt. Jungpflanzen sind ganz einfach aus dichten Beständen zu bekommen, sie werden von den Mutterpflanzen abgetrennt. Krebsscheren sind nicht frosthart und überleben nur in tiefen Teichen.
Arten/Sorten: Es gibt nur die eine Art.

Wassernuss

Trapa natans; Trapaceae

Die einjährige Schwimmpflanze treibt auf kleinen Luftballons, die sie jeweils an den Blättern entwickelt, auf der Wasseroberfläche. Während der kurzen Lebenszeit bringt sie von Juni bis August kleine weiße Blüten hervor, woraus sich recht große Früchte entwickeln. Diese sinken auf den Teichgrund und überwintern im Schlamm. Im Frühjahr keimen neue Pflanzen. Die Wassernuss ist von Europa bis Asien heimisch. Die schönen grünen Blattrosetten treiben auf Teichen und Seen. Im Herbst färben sie sich rot.
Standort: Die Wassernuss braucht flache Gewässer in sonniger Lage, die einen schlammigen Boden haben.
Pflege/Vermehrung: Wenn ihr das Gewässer behagt, breitet sich diese Schwimmpflanze flächig aus und kommt jedes Jahr wieder. Die Vermehrung ist durch Abfischen einzelner Exemplare und durch Aussaat möglich.
Arten/Sorten: Von der Wassernuss ist nur eine Art bekannt.

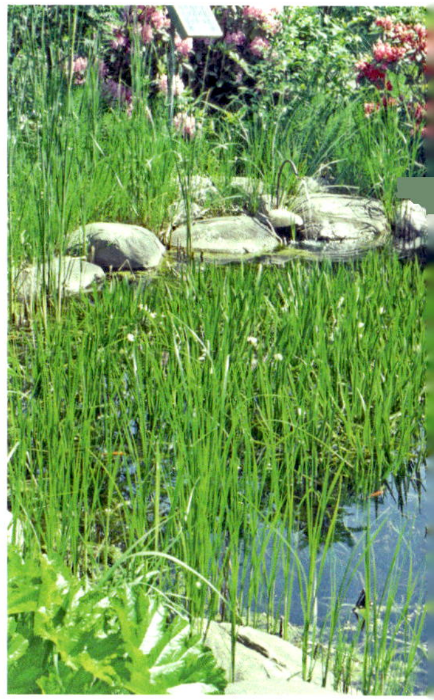

Stratiotes aloides,
Krebsschere

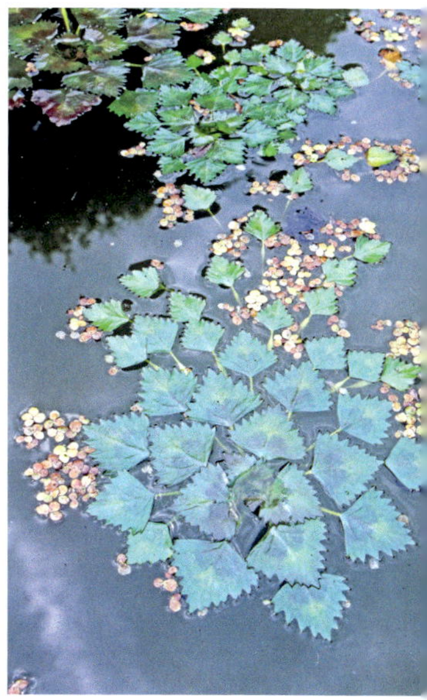

Trapa natans,
Wassernuss

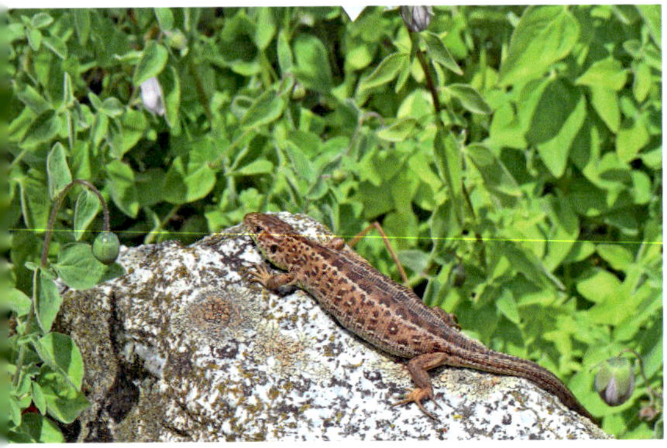

Zauneidechse

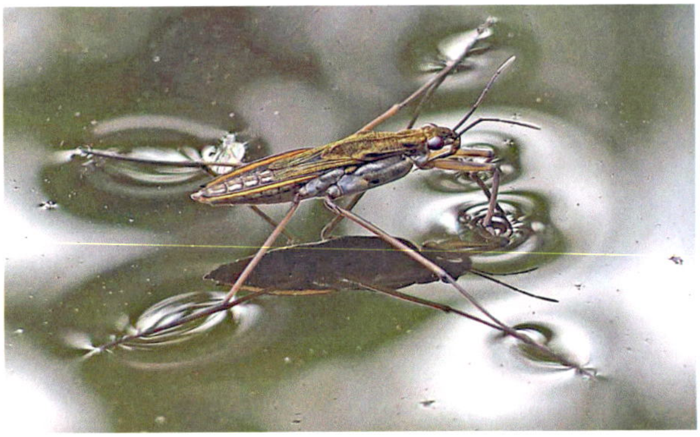

Wasserläufer

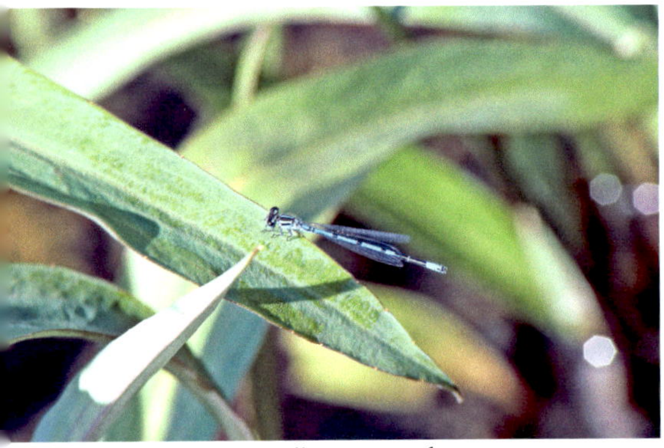

Coenagrion puella, Azurjungfer

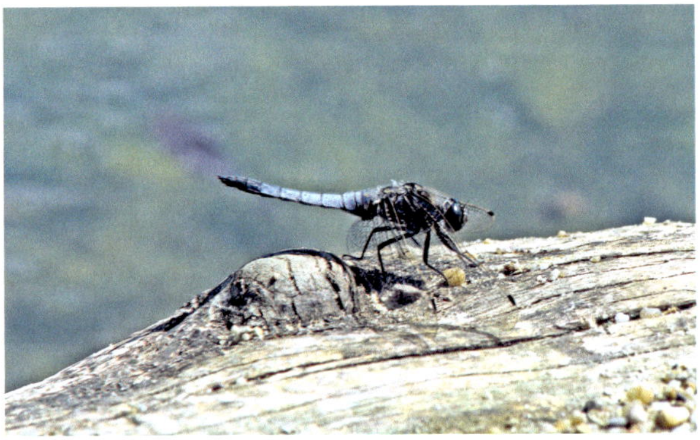

Libellula depressa, Plattbauchlibelle

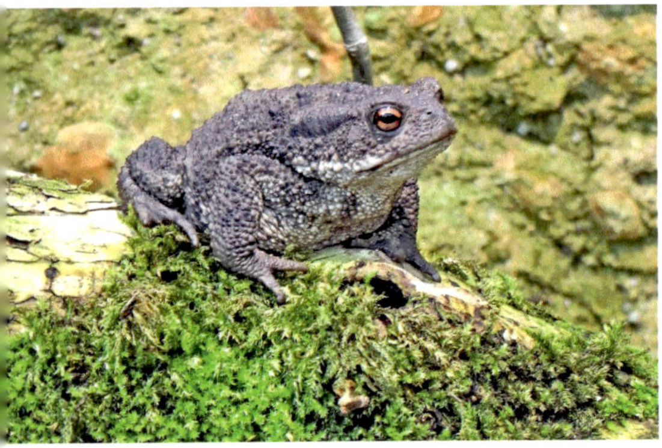

Kröte

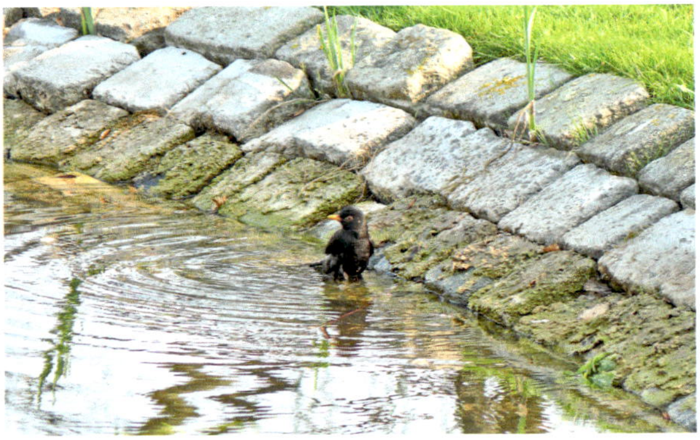

Amsel

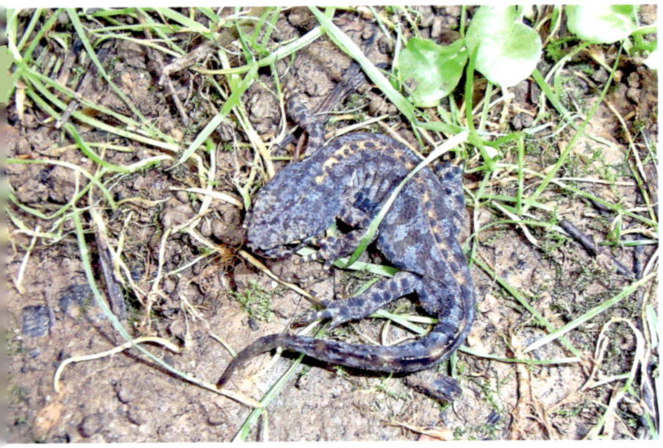

Teichmolch

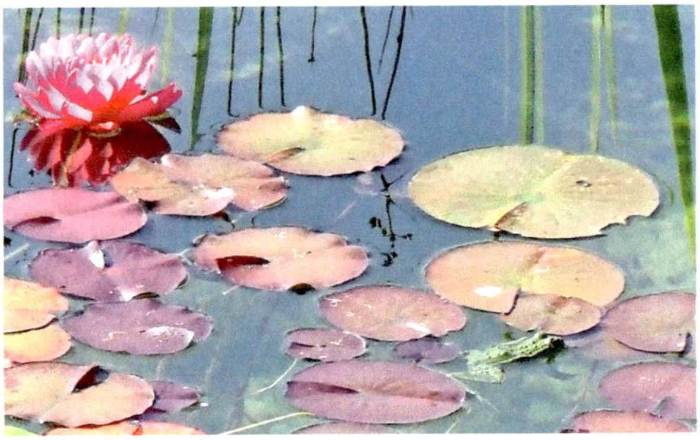

Wasserfrosch

10 Tiere im und am Wasser

Teiche sind Lebensraum für Tiere wie Kaulquappen, Molche, Moderlieschen und viele andere. Schon während der Anlage eines Gartenteiches stellen sich unübersehbar die ersten geflügelten Gäste, wie z.B. Libellen ein. Ihre Larven leben unter Wasser und ernähren sich von kleinen Tierchen. Neben der blauen Mosaikjungfer, der seltenen Moorlibelle und der prächtigen Königslibelle gibt es eine Reihe anderer Arten. Eine gezielte Ansiedlung im Hausgarten ist kaum möglich. Förderlich wirken sich aber eine möglichst großzügige Anlage mit offenen Wasserflächen und üppiger Uferbegrünung aus. Naturnahe Teiche laden auch andere Tiere ein, wie Gelbrandkäfer – die sich, wie die Libellenlarven auch – von Stechmückenlarven ernähren.

Wichtig ist, dass ein Teich ausreichend tiefe Bereiche hat (mindestens 80 cm Tiefe), damit die Tiere sich im Winter in frostfreien Zonen aufhalten können. Das gilt auch für Stichlinge, Elritzen, Moderlieschen, Bitterlinge und andere Fische sowie für Frösche, die in Erdlöchern, unter Laubhaufen am Ufer oder im Wasser überwintern. In dieser Zeit atmen diese wechselwarmen Lurche durch die Haut. Erst im Frühjahr, wenn die Sonne das Wasser erwärmt, tauchen sie wieder auf und werden aktiv. Frösche fangen Fliegen und andere Insekten. Sie sind recht standorttreu, wenn die Lebensbedingungen passen.

Insbesondere brauchen Wasserfrösche – ebenso wie Kröten und andere Lurche – neben genügend Bewegungsfreiheit geschützte Ruheräume. Beliebt sind beispielsweise Holzstege, große Steine oder Ähnliches am Wasser. Hier sitzen sie an schönen Som-

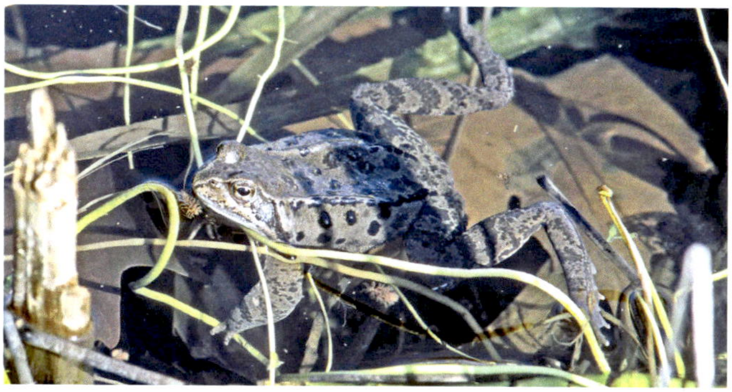

10.1 Frosch

10.2 Goldfische

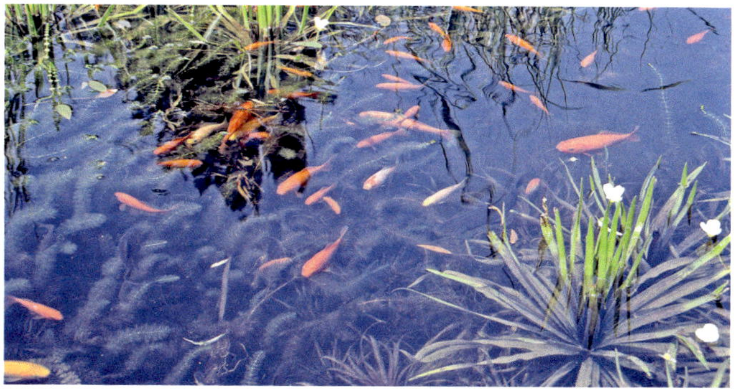

Tabelle 10.1 Tiere im und am Wasser (Auswahl)

Art	Lebensweise	Überwinterung
Goldfisch *(Carassius auratus)*	gesellig in Gruppen, auch mit anderen Arten	ruhend, im tiefen Wasser oder geschützt im Haus
Goldorfe *(Leuciscus idus)*	gesellig in Gruppen, flinker als Goldfische, nur für große Teiche	ruhend, im tiefen Wasser
Wasserfrosch *(Rana esculenta)*	gesellig, im Wasser oder am Ufer	eingegraben am Ufer, oder in Teichboden
Teichmolch *(Triturus vulgaris)*	einzeln, nur zur Paarung gemeinsam im Wasser o. am Ufer	Winterschlaf, eingegraben
Posthornschnecke *(Planorbarius corneus)*	gesellig, wertvolle Algenvernichter	unter Wasser, in frostfreien Zonen
Erdkröte *(Bufo bufo)*	einzeln, zur Paarung gesellig, standorttreu	eingegraben am Ufer
Zauneidechse *(Lacerta agilis)*	einzeln oder paarweise in eigenen Territorien	eingegraben im Boden
Blindschleiche *(Anguis fragilis)*	Echte Echse (keine Schlange) in Feuchtbiotopen	eingegraben im Boden
Ringelnatter *(Natrix natrix)*	selten, in Feuchtbiotopen mit Felsen und Brachland	abseits vom Wasser, in Höhlen o. eingegraben
Libelle *(viele Arten)*	einzeln, bei der Paarung verbunden	Larven im Wasser oder Schlamm

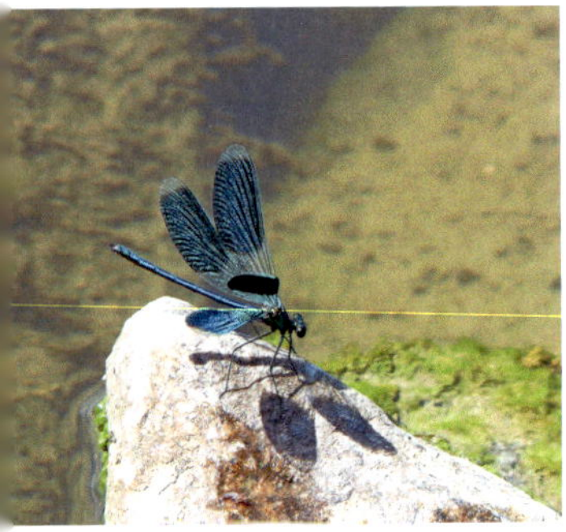

10.3 Gebänderte Prachtlibelle

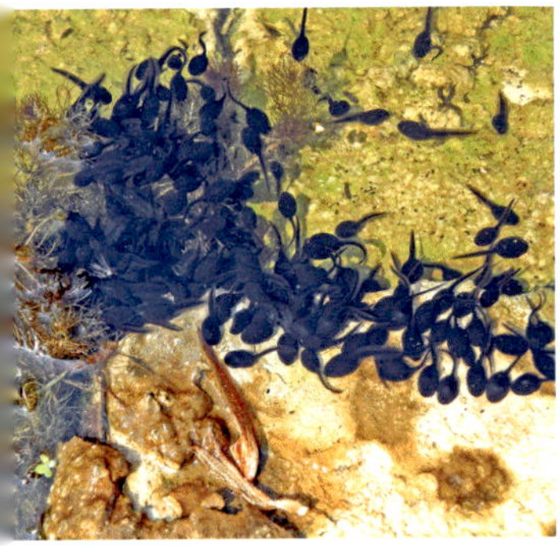

10.4 Kaulquappen

mertagen und lassen sich von der Sonne aufwärmen. Bei Gefahr rettet sie ein Sprung ins nahe Nass. Weniger sprunghaft sind Molche, die ihr Leben vorwiegend unter Wasser verbringen. Auch diese Lurche leben lang. Sie brauchen aber wie Fische und Frösche eine frostfreie Wasserstelle und Verstecke im Teich.

Ideale Lebensbedingungen bieten Biotope mit vielfältiger Unterwasserbepflanzung. Bewährt haben sich Laichkraut, Wasserpest und andere Arten, die üppige Bestände bilden, aber die Wasserfläche nicht zuwuchern. Die vitalen Unterwasserpflanzen schweben entweder frei (z.B. Wasserpest) und lassen sich leicht abfischen, wenn sie zu sehr wuchern oder sie wurzeln im Teichgrund ein. Auch hier ist die Reduzierung im Zuge der Teichpflege leicht möglich. Diese leistungsfähigen Sauerstoffproduzenten sollten aber, wenn möglich, durchaus üppig gedeihen, zumal sie Nährstoffe aus dem Wasser filtern.

Neben den pflanzlichen Nützlingen sind auch Wasserflöhe als Reiniger wertvoll. Das Vorhandensein der winzigen Krebstierchen weist auf eine hohe Wasserqualität hin. Ebenso wie Wasserflöhe tragen Wasserschnecken zur Reinigung bei. Sowohl Posthornschnecken, als auch Spitzhornschnecken weiden Algenrasen ab. Diese erhaltenswerten Schnecken dürfen sich gerne vermehren. Übrigens ist ein überschaubarer Algenwuchs durchaus zu dulden. Algen sind immergrüne Pflanzen und bieten beispielsweise Fröschen im Winter Unterschlupfmöglichkeiten. Im Frühjahr, wenn sie besonders stark wuchern, werden die dichten Büschel einfach mit dem Rechen abgefischt und kompostiert.

Ein Teich im Garten ist aber nicht nur für die spezialisierten Lebewesen wichtig, die auf den Lebensraum Wasser angewiesen sind, sondern auch für Nützlinge. So suchen Singvögel oder auch Igel die Wasserstelle gerne zum Trinken auf. Wichtig ist, dass die Tiere die Wasserstelle ungehindert erreichen und nach dem Trinken wieder verlassen können, steil abfallende Uferzonen sollten daher vermieden werden. Teiche müssen wenigstens einige flache Übergänge vom Wasser zum Ufer haben.

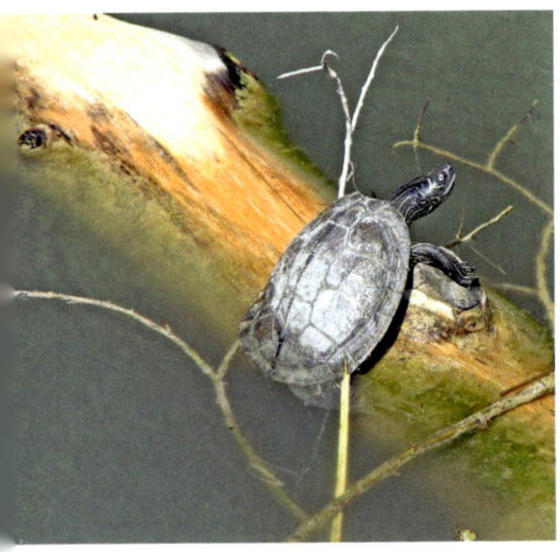

10.5 Wasserschildkröte

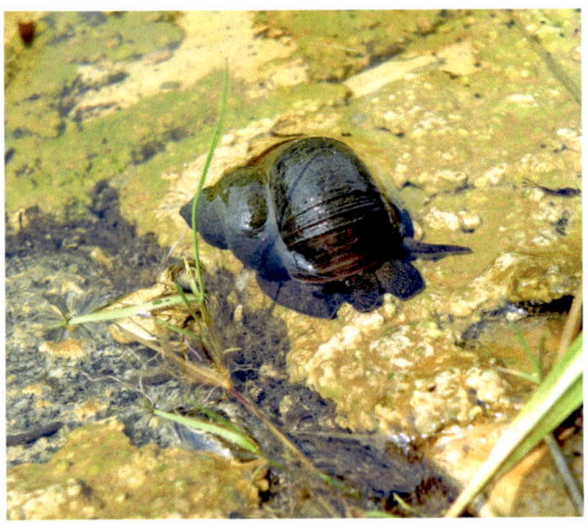

10.6 Spitzschlammschnecke

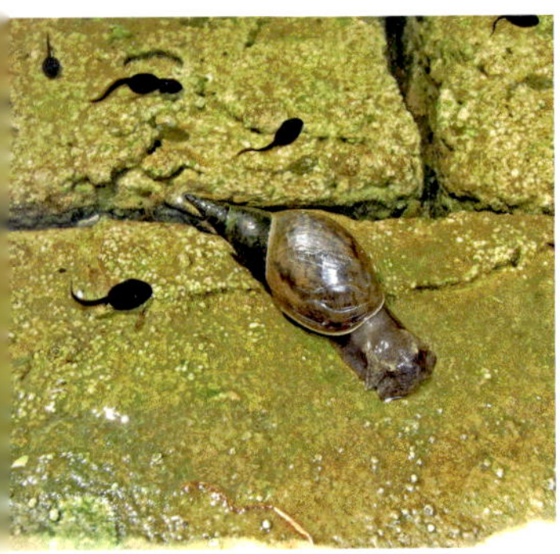

10.7 Spitzhornschnecke und Kaulquappen

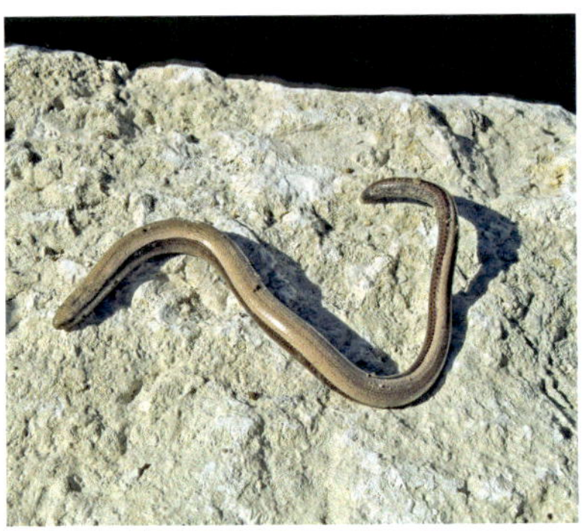

10.8 Blindschleiche

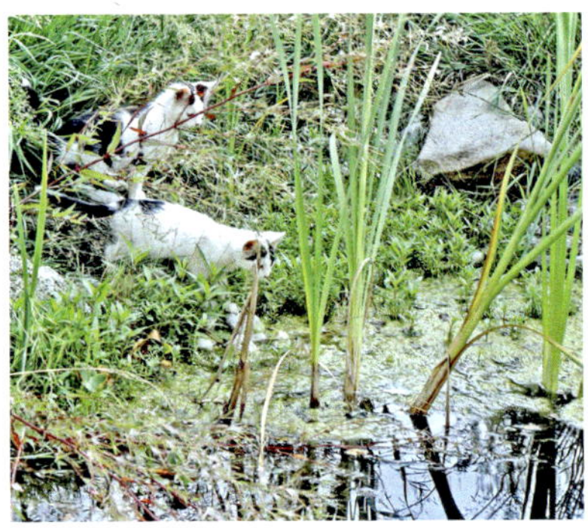

10.9 Junge Katzen am Teich

11 Teichpflege

Richtig angelegte Wassergärten brauchen weniger Pflege als Rasenflächen! Ein Gartenteich an passender Stelle platziert und mit Sorgfalt gebaut und bepflanzt, bleibt jahrelang gut erhalten und benötigt nur wenige Eingriffe rund ums Jahr, damit er gesund, wüchsig und sehenswert bleibt. Wie viel Pflege notwendig ist, wird von den Besitzern bestimmt und von der Art der Anlage beeinflusst. Während ein abseits angelegtes Feuchtbiotop möglichst ungestört wachsen soll, benötigt ein Schwimmteich eine regelmäßige Reinigung. Je größer und großzügiger der Wassergarten angelegt wird, desto leichter lässt er sich pflegen. Bei sich ausbreitenden Wasserpflanzen sind bei größeren Wasservolumina seltener Eingriffe zur Reduzierung nötig. Empfindliche Pflanzen brauchen in großen Teichen weniger Schutz als in kleinen oder flachen Teichen. Es kommt auch kaum vor, dass ein großer Teich bis zum Grund durchfriert, was in kleinen Teichen durchaus geschehen kann.

Die meisten heimischen Wasserpflanzen sind völlig winterhart. Sumpfdotterblumen, Wasserschwertlilien, Kalmus und andere Arten im Teich oder am Bach nehmen keinen Schaden, wenn das Wasser zufriert. Diese Stauden sind auch an natürlichen Gewässern der Kälte ungeschützt ausgesetzt. Sie sterben überirdisch ab und überwintern im Boden beziehungsweise in Teichsubstrat. Im Frühjahr erfolgt dann ein frischer Austrieb aus dem Wurzelstock. Einige Arten, wie die Bachbunge (*Veronica beccabunga*) bleiben sogar im Winter grün. Andere Arten, wie Krebsscheren, tauchen im Herbst ab und überwintern auf dem frostfreien Teichgrund.

Auch Seerosen brauchen keine Pflege, wenn die frostempfindlichen Wurzelrhizome in ausreichender Tiefe sitzen. Normalerweise genügt eine Pflanztiefe von etwa 60 - 80 cm unter der Wasseroberfläche.

Besonders im Frühjahr, zur Zeit ihrer Blüte, lassen sich Algen recht einfach und in großen Mengen mit einem Rechen abfischen (Wasserschnecken, die sich im Algenfilz verfangen haben, werden wieder eingesetzt, sie sind nützliche Algenvertilger). Bei dieser Gelegenheit werden auch abgestorbene Pflanzenteile entfernt. Der Rückschnitt der welken Stauden und Gräser muss noch vor dem Neuaustrieb erledigt werden. Schilfrohr, Rohrkolben oder auch Uferpflanzen wie Lampenputzergras und andere oberirdisch abgestorbene Gewächse sollten nicht schon im Herbst abgeschnitten werden. Sie wirken auch im Winter schön und bieten Tieren Schutz und Samenkörner. Im Frühjahr, bevor die frischen Triebe aus dem Wurzelwerk ans Licht sprießen, lassen sich die welken Büschel leicht beseitigen, in dem sie mit einer Hand umfasst und mit der Schere abgeschnitten werden.

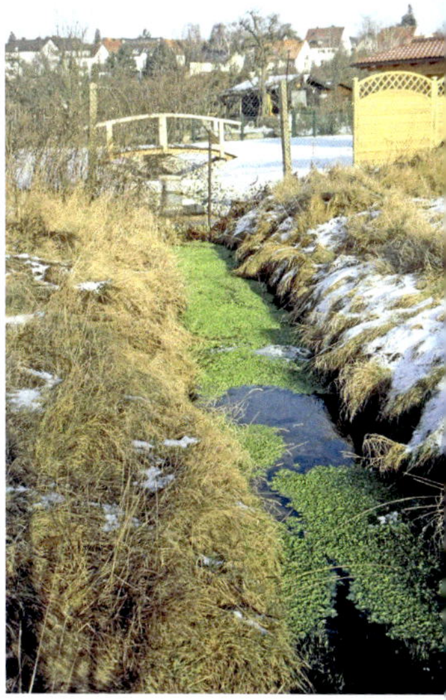

11.1
Bachbungen (*veronica beccabunga*) bleiben im Winter grün.

11.2 Teich mit Eisdecke

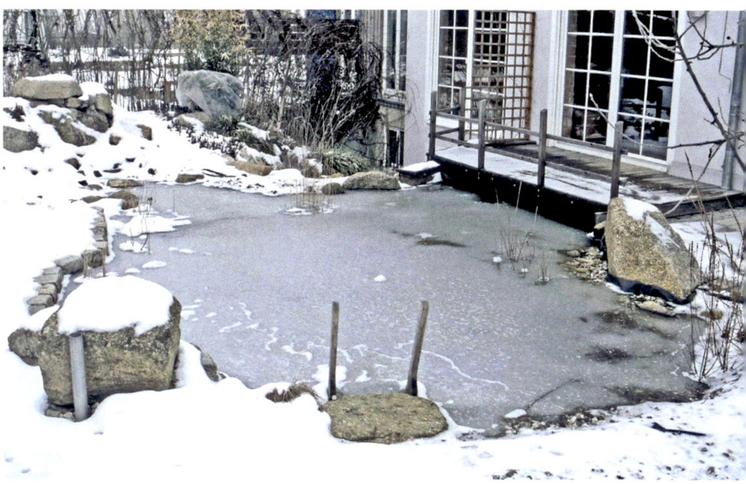

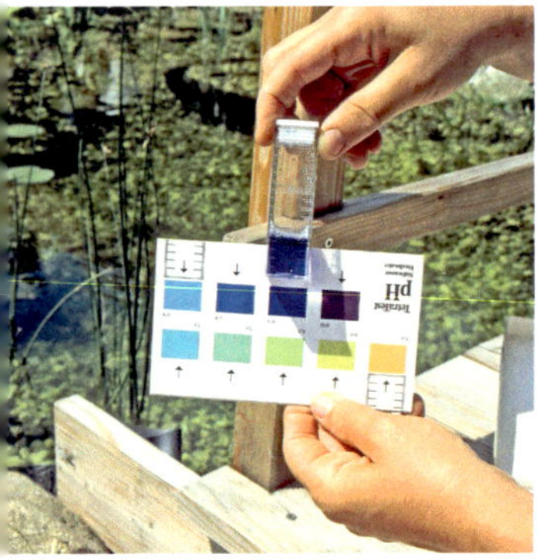

11.3
Teichwasser untersuchen: hier pH-Wert prüfen

Achtung: Beim Abschneiden von Chinaschilf ist Vorsicht geboten! Die langen Blätter sind messerscharf und verursachen schlimme Wunden, wenn sie etwa beim Abschneiden durch die Hand gleiten.
Im Spätwinter sind auch kleine Umpflanzungen möglich, sowie die Vermehrung von Wasser- und Uferstauden durch Teilung. Gehölze am Ufer erhalten falls nötig einen Rückschnitt oder störende Äste werden abgetrennt (bei Frühblühern wie Kätzchenweiden wird damit besser bis nach der Blüte gewartet).

Im Sommer erhält der Wassergarten – falls nötig – Frischwasser. Moorpflanzen dürfen nur mit kalkfreiem Regenwasser versorgt werden. Regenwasser ist auch für alle anderen Teichgewächse gut verträglich, wenn auch die meisten kalkhaltiges Leitungswasser oder Brunnenwasser ohne Schaden hinnehmen. Die Qualität des Wassers wirkt sich ganz entscheidend auf den Zustand und die Entwicklung der Wasserpflanzen aus. Gelegentliche Tests mit einfachen Indikatoren zeigen unter anderem den Sauerstoffgehalt, den Kohlendioxidanteil, den Kalkgehalt und andere Stoffe an. Solche Tests sind vor allem dann lohnend, wenn die Pflanzen kümmern oder kränkeln und sicherlich vor irgendeiner Behandlung mit chemischen Mitteln wie Algenvernichtern und dergleichen. Meist lassen sich die Fehler leicht erkennen und durch unbedenkliche Methoden, wie der Zufuhr von Frischwasser beheben. Werden kleine Stauden offensichtlich von wuchernden Arten bedrängt, ist ihnen durch Eindämmen oder Vermindern der Wurzelausläufer zu helfen. Mit tierischen Schädlingen (z.B. Blattläusen) oder mit Krankheiten (z.B. Pilzerkrankungen) haben Wasserpflanzen recht selten zu kämpfen. Manchmal fallen z.B. Seerosenzünsler über die Blätter der Seerosen her. Sie lassen sich aber einfach durch Absammeln der Larven oder durch Abpflücken stark befallener Blätter vermindern. Das gilt auch für andere Schädlinge.
Im Herbst sollte das Falllaub umstehender Bäume und Sträucher vom Teich ferngehalten werden. Das kann durch das Aufspannen eines Kunststoffnetzes geschehen.
Besonders im Winter sollte für einen ausreichenden Wasserstand gesorgt werden, damit der Teich möglichst nicht zufriert. Eine Eisdecke schadet allerdings nicht, wenn darunter genügend Wasser für Lurche, Frösche oder Fische zur Verfügung steht. Eine geschlossene Eisdecke sollte nicht betreten werden, die Tritte stören die ruhenden Tiere.

11.4
Pumpe reinigen

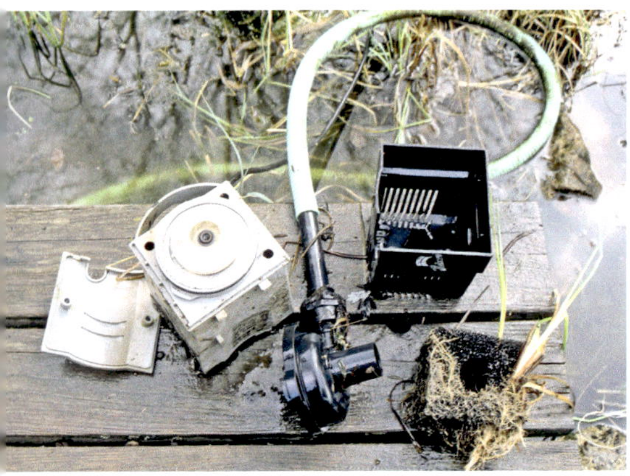

11.5
Ist der Teich von Bäumen und Sträuchern umgeben, fängt im Herbst ein Netz das Fallaub auf.

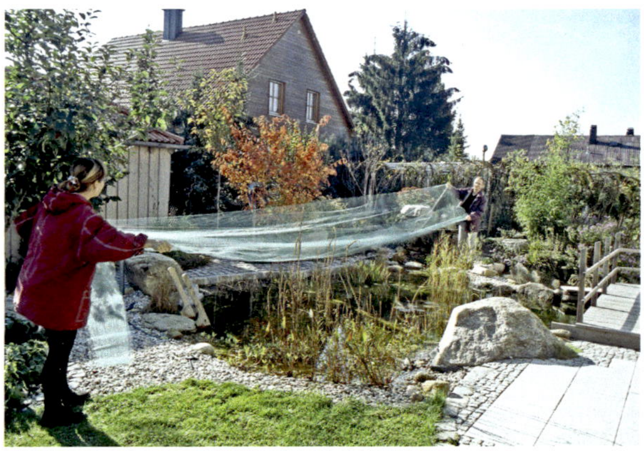

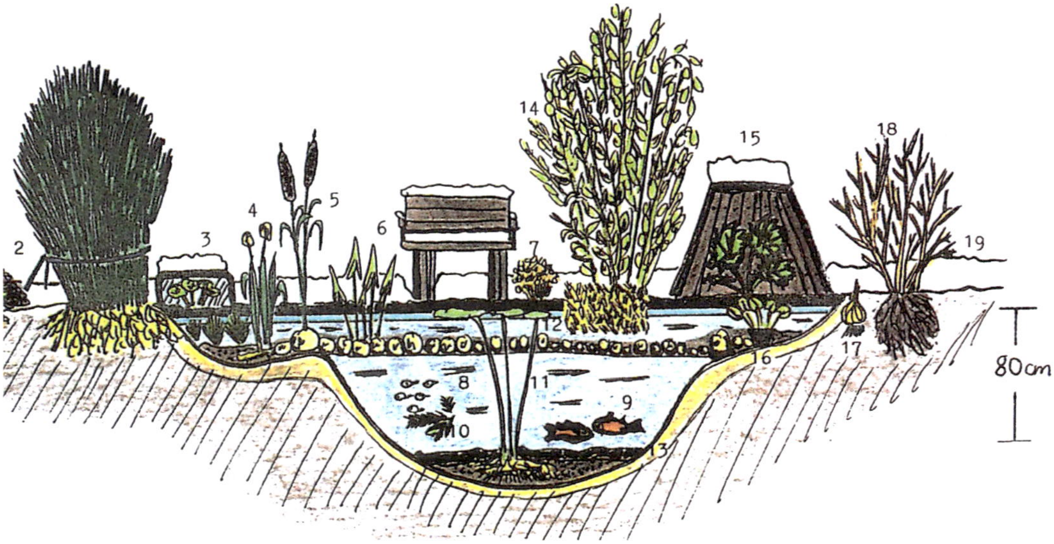

Gartenteichpflege im Winter

(1) Eine Laubschüttung hält starke Fröste von gefährdeten Uferpflanzen ab. (2) Gebundene Grasbüschel hindern die Kälte am Eindringen in den Wurzelstock. (3) Styroporkisten schützen niedrige Stauden. (4 und 5) Trockene Blütenstände und Gräser bleiben stehen. (6) Heimische Pflanzen ertragen auch Eis. (7) Stauden wie Primeln etc. ziehen in den Boden ein. (8) Absinkendes organisches Material, z.B. Blätter, sollte abgefischt werden. (9) Eingesetzte Fische überwintern am Teichgrund und sollten nicht gestört werden. (10) Unterwasserpflanzen leben im eisfreien Bereich weiter. (11) Der Wurzelstock von Seerosen muss mindestens 80 cm tief sitzen. (12) Faulgase entweichen durch einen Strohballen, gleichzeitig kann Sauerstoff eindringen. (13) Faulschlamm und Algen sollten rechtzeitig ausgeräumt werden. (14) Winterharte Uferpflanzen brauchen keinen Schutz. (15) Fest eingewurzelte Exoten, z.B. Gunnera, werden am besten unter einer Holzhaube überwintert. (16) Empfindliche Topfpflanzen sollten herausgenommen und kühl und feucht im Haus überwintert werden. (17) Zwiebeln für den Frühjahrsflor werden schon im Herbst gesteckt. (18) Ufergehölze wie Weiden, Erlen, etc.) sind winterhart. (19) Einen guten Winterschutz bietet eine geschlossene Schneedecke, sie kann auch auf dem Eis liegen bleiben.

12 Teicherneuerung

Eine Wasserstelle mit Folie als Abdichtung hält bei sachgemäßer Verlegung mehr als 15 Jahre. Eine Erneuerung kann früher notwendig sein, z.B. wenn zu viel Erde eingefüllt wurde und die Pflanzen zu sehr wuchern oder wenn Wasser versickert.

Die meisten Fehler beim Teichbau stellen sich durch zu steile Uferböschungen ein, durch das Einfüllen von nährstoffhaltigem Substrat oder durch eine zu üppige Bepflanzung. Steile Böschungen lassen sich schlecht ausbauen. Liegt die Folie stellenweise frei, ist sie stärker der Verwitterung ausgesetzt. Obwohl Teichfolien mehr oder weniger UV-beständig sind, werden sie mit der Zeit doch angegriffen. Eine Schutzschicht aus Sand oder Kies bewahrt sie nicht nur vor der Verwitterung, sondern verschont sie auch vor Tritten oder Werkzeughieben.

Nährstoffreiche Erde im Teich fördert den Algenwuchs und eine zu üppige Wasserpflanzenentwicklung. Der Teich verschlämmt mit der Zeit. Es bilden sich Faulgase. Das Wasser „kippt" um, das heißt, es verkommt wegen Sauerstoffmangel zu einer unangenehmen Brühe. Dann hilft nur noch

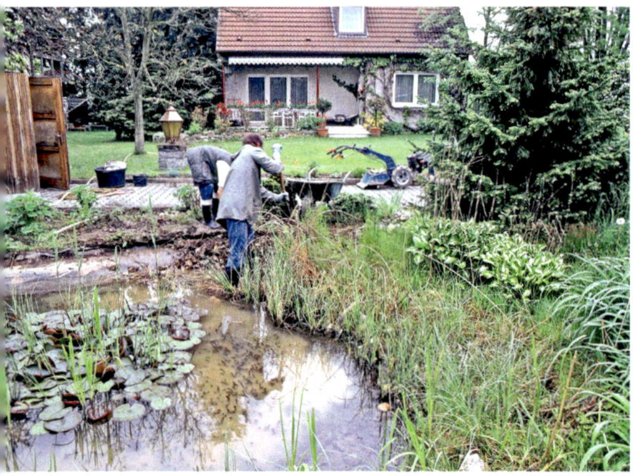

12.1 Die stark verwurzelten Uferstauden lassen sich nur mit Mühe ausgraben. dabei sind Beschädigungen der Folie meist nicht zu vermeiden.

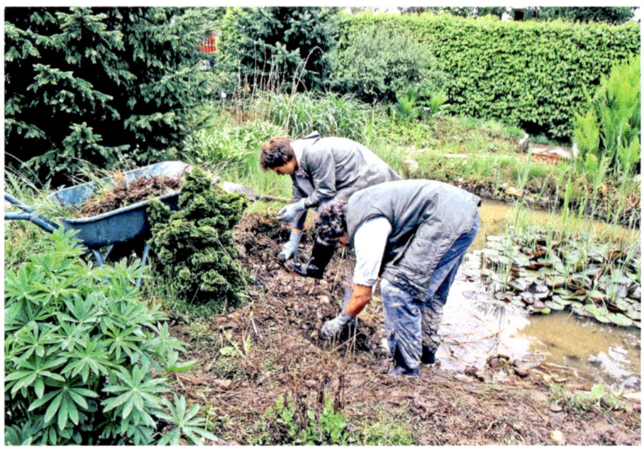

12.2 Während das Teichbecken geräumt wird, ist auf Tiere zu achten, die sich im Schlamm verstecken.

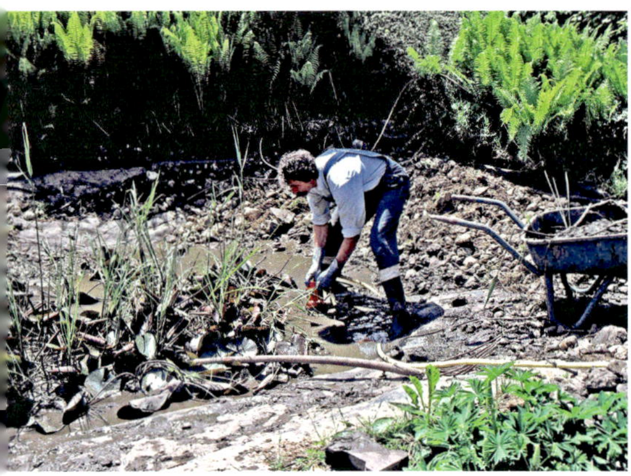

12.3 Der Teich wird mit einer leistungsfähigen Pumpe leergepumpt.

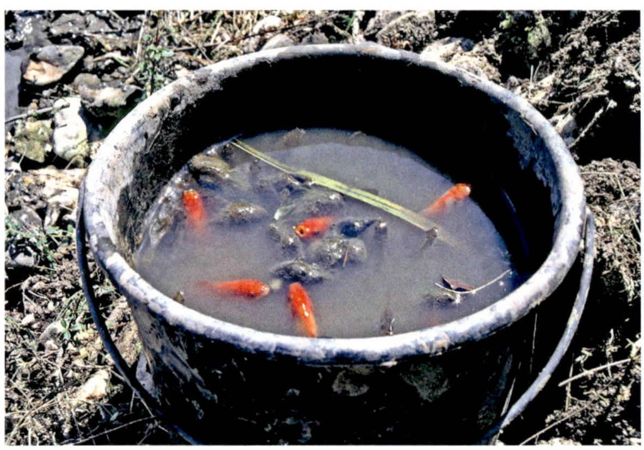

12.4 Fische und andere Teichtiere überdauern die Räumung in bereitgestellten Wasserbecken.

eine grundlegende Erneuerung, insbesondere muss die wuchernde Vegetation vermindert und der Schlamm zum Teil ausgeräumt werden. Das Wasser wird mit einer leistungsfähigen Pumpe entleert, Fische und andere Teichtiere überleben die Räumung in bereitgestellten Wasserbecken

Folie entsorgen: Die Räumaktion ist kaum ohne Beschädigung der Folie durchführbar. Ein einziger Schaufelhieb beim Schlammabtragen oder ein Spatenstoß beim Teilen wuchernder Wurzeln macht die sonst recht feste Folie zunichte. Die Beschädigungen sind kaum zu sehen, das Flicken ist schwierig und gewährleistet keine zuverlässige Dichtheit des Teichbettes, so dass diesbezüglich eine Unsicherheit bestehen bleibt. Wer sehr vorsichtig vorgeht, kann die vorhandene Folie vielleicht ohne Schaden erhalten und erneut nutzen. Es lohnt sich dann allerdings, vor dem erneu-

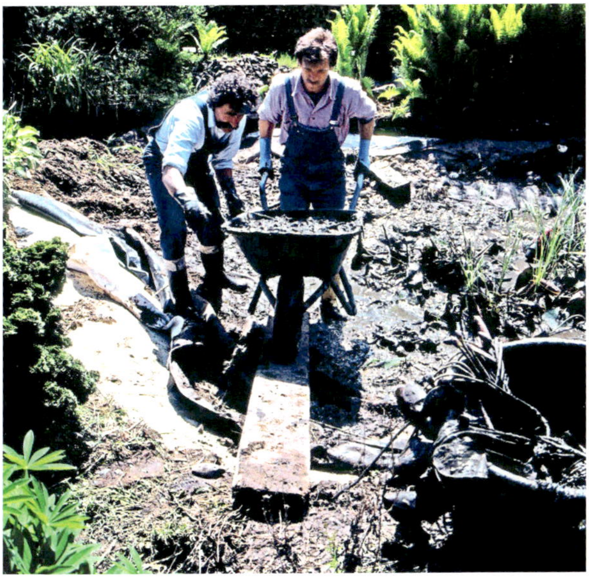

12.5 Der nährstoffreiche Schlamm landet auf dem Kompost. Bei jeder Fuhre dorthin ist auf verbliebene Teichtiere zu achten. Der Schlamm lässt sich teilweise auch als Substrat in Pflanzgefäßen wiederverwenden.

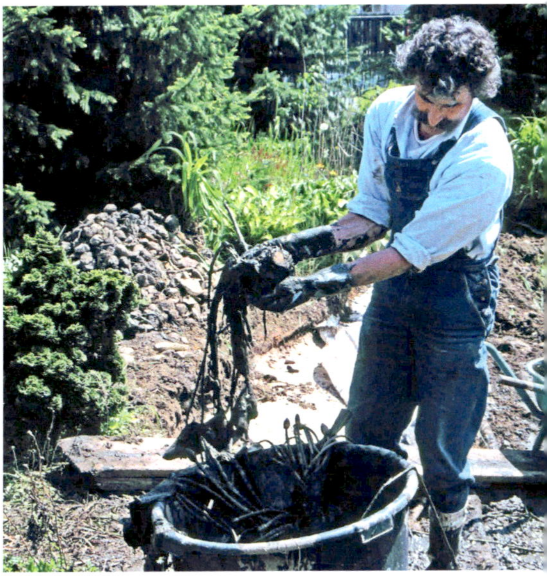

12.6 Eine Teichrenovierung ist auch eine gute Gelegenheit, Seerosenwurzeln zu teilen.

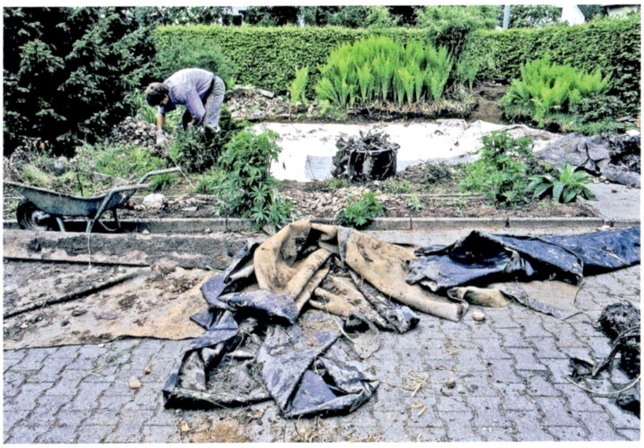

12.7 Die alte Teichfolie wird komplett entfernt und in der Müllverbrennungsanlage entsorgt.

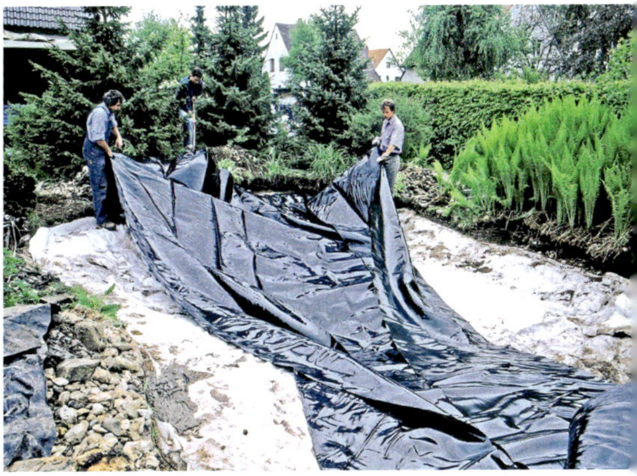

12.8 Sind Vlies und Sandpolster noch brauchbar, kann das Teichbett gleich mit neuer Folie belegt werden.

ten Bepflanzen zu prüfen, ob das Teichbett tatsächlich noch immer wasserdicht ist. Muss die Folie ersetzt werden, können Teichfolienstücke vielleicht als Mulchmaterial im Garten oder als wetterfeste Abdeckplanen genutzt werden.

Guten Unterbau erhalten: Auch wenn die Folie ersetzt werden muss, sind das Vlies und die Polsterschicht darunter noch auf jeden Fall brauchbar und können als Basis für die neue Folienauskleidung dienen. Ebenso bleiben einige Pflanzen erhalten, sowie die Kiesel und technische Geräte, soweit sie noch funktionieren und den Sicherheitsstandards entsprechen.

Neue Fehler vermeiden: Die Neueinrichtung des Teiches ermöglicht Änderungen, wie z.B. das Abflachen steiler Ufer oder das Setzen einzelner Wasserpflanzen in Körbe, damit die Wasserfläche großzügig wirkt und der Teich nicht wieder zuwächst (es sei denn er soll als Klärbecken dienen). Die Folie wird gänzlich mit Sand oder Kies bedeckt, an Steilstellen mit großen Kieseln oder kantigen Steinen. Ist der gewünschte Wasserstand erreicht, werden die Folienränder passend geschnitten. Falls nötig wird noch stellenweise mit Erde oder Kieselsteinen unterfüllt. Anschließend verschwindet auch der gesamte Ufersaum unter einer Kieselsteinschüttung.

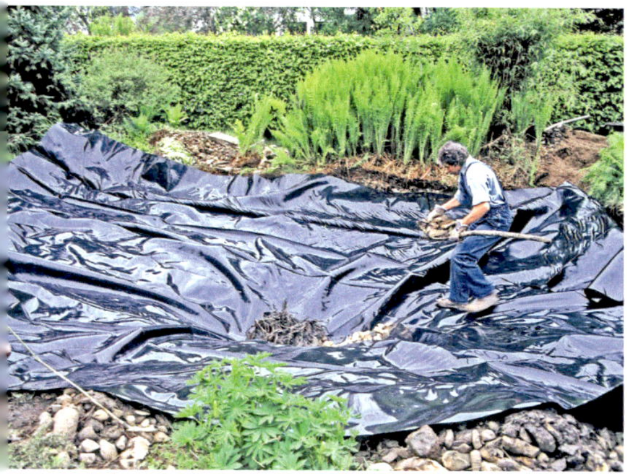

12.9 Einige Pflanzen bleiben erhalten, ebenso die Kieselsteine und die Teichtechnik, sofern sie funktioniert und den Sicherheitsstandards entspricht. Die Seerosen werden mit wenig Substrat eingesetzt.

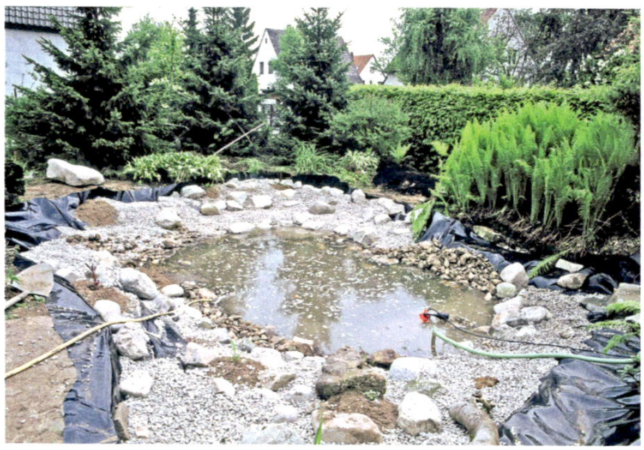

12.10 Beim Neueinrichten des Teiches sind Änderungen möglich: Steile Ufer lassen sich abflachen oder neue Buchten graben. Vor allem sollten fehlerhafte oder ungünstige Stellen geändert werden.

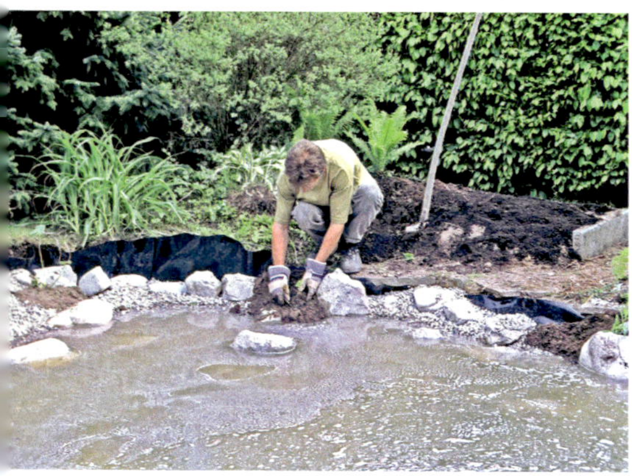

12.11 Pflanzen werden am Ufer eingesetzt, die neue Teichfolie aufgestellt, unterfüttert und abgeschnitten.

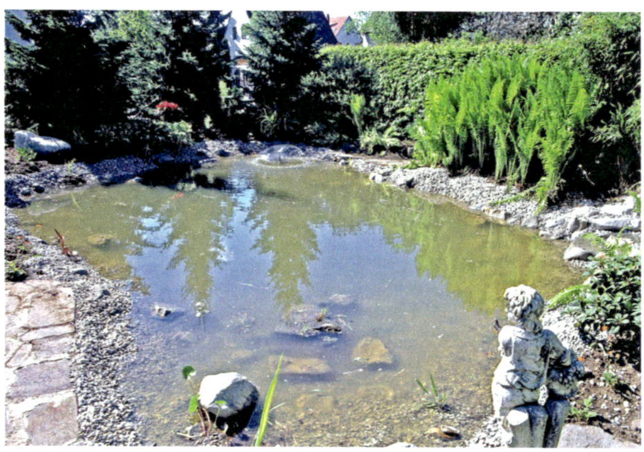

12.12 Der Teich ist renoviert, die Fische fühlen sich darin wohl, das Wasser klärt sich bereits.

Dank / Bildnachweis

Ein besonderer Dank geht an die Gartenbesitzer bzw. Betreiber der Anlagen, sowie an die Mitarbeiter beim Teichbau auf den folgenden Seiten für die Möglichkeit zum Fotografieren.

Titelseite, oben links: Fam. Dechant-Jawork, Burglengenfeld;
Oben rechts: Wohnbau Tretzel, Regensburg;
Mitte und rechts: Fam. Nuß, Regenstauf;
Unten links, Fam. Karl, Hamberg;
Seite 4: Fam. Karl, Hamberg;
Seite 5, 1.1: Fam. Dechant-Jawork;
Seite 6: Fa. Dehner, Rain am Lech;
Seite 7: Fa. Lang, Neumarkt;
Seite 13 rechts und 16: Fam. Frank, Regensburg;
Seite 18 unten: Fam. Ernst Himmelhuber, Maxhütte-Leonberg;
Seite 19 unten links: Fam. Sieß, Steinberg;
Seite 19 unten rechts: Fam. Bengler-Hillenmayer, Burglengenfeld;
Seite 20 unten rechts: Fam. Karl, Hamberg;
Seite 21 oben: LGS Bamberg;
Seite 22: Fa. Dehner, Rain am Lech;
Seite 23: Fa. Tretzel, Regensburg;
Seite 26: Fam. Ernst Himmelhuber, Maxhütte-Leonberg;
Seite 27 und 31: Kleingarten-Anlage, Wolfersteiner Straße, Regensburg;
Seite 28 unten: Fam. Karl, Hamberg;
Seite 32-33: Fam. Tschochner, Lappersdorf;
Seite 34-36: Fam. Dechant-Jawork, Burglengenfeld;
Seite 37-38: Fa. Nicolai und Spitzer, Regensburg;
Seite 40-41: Fa. Nicolai und Spitzer, Regensburg;
Seite 42-45: Fam. Klebl, Lauterhofen; Fa. Lang, Neumarkt (Gartenbau);
Seite 46-50: Fa. Nicolai und Spitzer; Regensburg;
Seite 51-55: Fam. Elsinger, Frauenberg, Baggerei Schnack;
Seite 56-58: Fa. Nicolai und Spitzer, Regensburg;
Seite 59-63: Fa. Tretzel (Bau) Regensburg und Fa. Leibl (Gartenbau) Straubing;
Seite 66 unten: Fam. Bengler-Hillenmayer, Burglengenfeld;
Seite 67 unten: Fa. Nicolai und Spitzer, Regensburg;
Seite 72: Fam. Karl, Hamberg;
Seite 74 und 76-80: Fam. Schöner, Haugenried;
Seite 75 und 81-88: Fam. Nuß, Regenstauf;
Seite 120-122: Fa. Nicolai und Spitzer, Regensburg.

Weitere Bücher im ökobuch Verlag

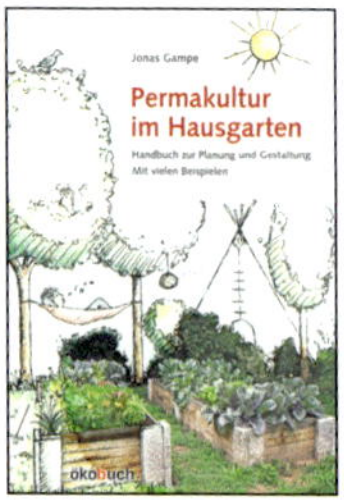

Anders gärtnern

Permakultur-Elemente im Hausgarten. Ob Kräuterspirale, Krater- bzw. Hochbeet, Kartoffelturm, Wurmfarm oder Erdgewächshaus mit Hühnerstall, bei allem dient die Natur als Vorbild. Mit vielen Anleitungen für einen Hausgarten, in dem die Bereiche harmonisch zusammenwirken und sich gegenseitig fördern. Von Margit Rusch. 96 Seiten, mit vielen farbigen Abbildungen, 14,95 €

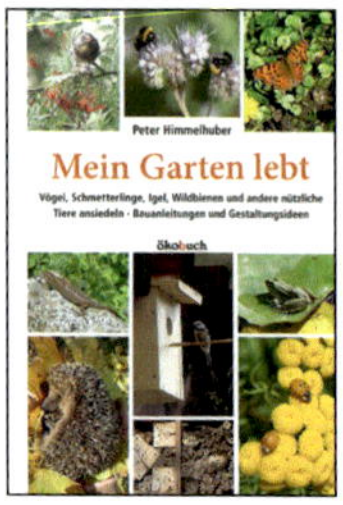

Mein kleiner Permakultur-Garten

300 kg Ernte auf 150 m² Fläche mitten in der Stadt. Der Autor Josef Chauffrey beschreibt die Kultivierung eines Reihenhausgartens nach Permakultur-Prinzipien und zeigt, wie sich beachtliche Ernteerfolge an Obst u. Gemüse erzielen lassen. 110 Seiten, mit vielen farbigen Abbildungen, 14,95 €

Das Biogarten-Praxisbuch

Anleitung zum naturgemäßen Gärtnern in Bildern. Hier wird das notwendige Wissen vermittelt, um erfolgreich den Boden zu bestellen und reichhaltig gesundes Obst und Gemüse zu ernten. Susanne Bruns. 224 Seiten, viele Abbildungen, 18,95 €

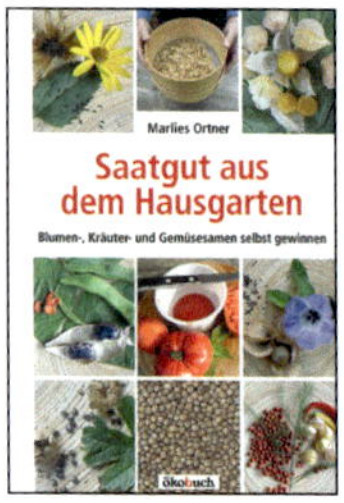

Permakultur im Hausgarten

Mit diesem Buch gibt der Autor einen Leitfaden an die Hand, wie ein Hausgarten Stück für Stück zum persönlichen und vielseitigen Permakultur-Garten gestaltet oder umgestaltet werden kann. Jonas Gampe. 144 Seiten, mit vielen Abbildungen, 16,95 €

Auf 300 qm Gemüseland

… den Bedarf eines Haushalts ziehen. Wie man auf kleinstem Raum einen Nutzgarten anlegt und erfolgreich bewirtschaftet, können wir von unseren Vorfahren lernen. Mit schnellen, praktischen, alphabetisch geordneten Infos über die wesentlichen Pflanzen, über Anbau- und Arbeitsmethoden. Von Arthur Janson. Neugestalteter Nachdruck der Erstausgabe von 1926. 170 Seiten, 13,95 €

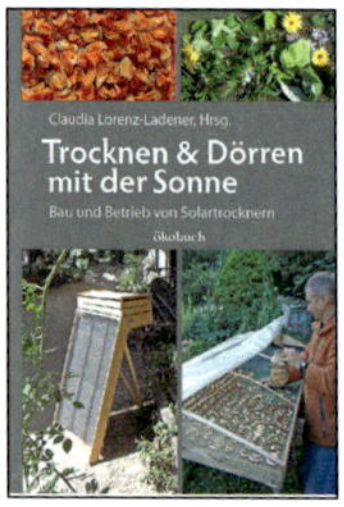

Saatgut aus dem Hausgarten

Nach einer Einführung in die Saatgutgewinnung und in die Praxis der Vermehrung werden die nötigen Hilfsmittel, Ernte, Reinigung und Lagerung der Samen sowie Aussaat und Aufzucht beschrieben. Mit kurzen Pflanzenporträts aller im Hausgarten üblichen Kräuter, Gemüse und Blumen. Von Marlies Ortner. 138 Seiten, mit vielen farbigen Abbildungen, 19,90 €

Trocknen und Dörren mit der Sonne

Bau & Betrieb von Solartrocknern. Ein Buch für alle, die einen funktionstüchtigen Solartrockner kostengünstig selbst bauen möchten, um Obst, Gemüse und Kräuter natürlich und hochwertig haltbar zu machen. Außerdem: Praxis des Trocknens mit vielen Tipps aus langjähriger Erfahrung. Herausgegeben von Claudia Lorenz-Ladener. 96 Seiten, mit vielen farbigen Abbildungen, 13,95 €

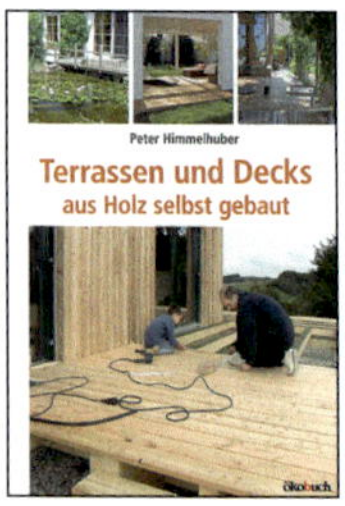

Terrassen und Decks aus Holz selbst gebaut

Planungsüberlegungen, sinnvolle Konstruktionen, Materialempfehlungen. Viele Beispiele und Schritt-für-Schritt-Bilder vermitteln das Wissen zum Bau schöner Holzdecks. Von Peter Himmelhuber. 102 Seiten, mit vielen farbigen Abbildungen, 14,95 €

Mein Garten lebt

Vögel, Schmetterlinge, Igel, Wildbienen und andere nützliche Tiere ansiedeln. Mit Bauanleitungen und Gestaltungsideen, um durch Nisthilfen, Schlafquartiere u.ä, Gärten tierfreundlich zu gestalten. Von Peter Himmelhuber. 96 Seiten, mit vielen farbigen Abbildungen, 14,95 €

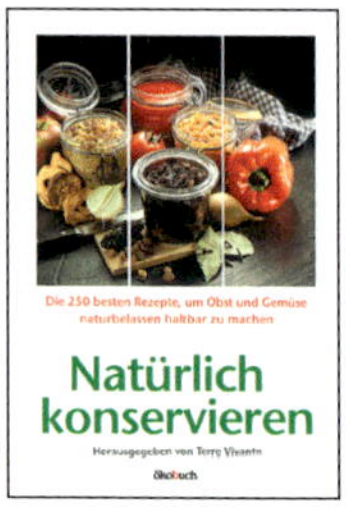

Natürlich konservieren

Die 250 besten Rezepte, um Gemüse und Obst möglichst naturbelassen haltbar zu machen und ein maximum an Vitaminen, Nährstoffen und Geschmack zu erhalten. Herausgegeben von Terre Vivante. 160 Seiten, mit vielen Abbildungen, 14,95 €

Trockenmauern für den Garten

Bauanleitung & Gestaltungsideen. Ob Sitzplätze oder Hochbeete einzufassen, eine Hangfläche zu terrassieren oder das Grundstück einzugrenzen: Mit einfachen Werkzeugen kann jeder kostengünstig eine schöne und dauerhafte Trockenmauer selbst bauen. Von Jana Spitzer und Reiner Dittrich. 96 Seiten, mit vielen farbigen Abbildungen, 13,95 €